U0534888

教育部人文社会科学重点研究基地成果
中国语言文学国家双一流建设学科成果

汉语方言语法研究丛书

顾问　邢福义　张振兴

主编　汪国胜

武汉方言语法研究
修订本

赵葵欣 ◎ 著

中国社会科学出版社

图书在版编目（CIP）数据

武汉方言语法研究/赵葵欣著.—修订本.—北京：中国社会科学出版社，2022.3

（汉语方言语法研究丛书）

ISBN 978 - 7 - 5203 - 9556 - 4

Ⅰ.①武… Ⅱ.①赵… Ⅲ.①西南官话—语法—方言研究—武汉 Ⅳ.①H172.3

中国版本图书馆 CIP 数据核字（2022）第 018668 号

出 版 人	赵剑英
责任编辑	张　林
特约编辑	乔盖乔
责任校对	夏慧萍
责任印制	戴　宽

出　　版	中国社会科学出版社
社　　址	北京鼓楼西大街甲 158 号
邮　　编	100720
网　　址	http://www.csspw.cn
发 行 部	010 - 84083685
门 市 部	010 - 84029450
经　　销	新华书店及其他书店
印刷装订	北京君升印刷有限公司
版　　次	2022 年 3 月第 1 版
印　　次	2022 年 3 月第 1 次印刷
开　　本	710×1000　1/16
印　　张	20.25
字　　数	323 千字
定　　价	118.00 元

凡购买中国社会科学出版社图书，如有质量问题请与本社营销中心联系调换
电话：010 - 84083683
版权所有　侵权必究

总　　序

20世纪80年代以来，随着汉语方言研究的拓展和深化，方言语法的研究越来越受到学界的关注和重视。这一方面是因为方言语法客观上存在着不同程度的不容小视的差异，另一方面，共同语（普通话）语法和历史语法的深入研究需要方言语法研究的支持。

过去人们一般认为，跟方言语音和词汇比较而言，方言语法的差异很小。这是一种误解，让人忽略了对方言语法事实的细致观察。实际上，在南方方言，语法上的差异还是不小的，至少不像过去人们想象的那么小。当然，这些差异大多是表现在一些细节上，但就是这样一些细节，从一个侧面鲜明地映射出方言的特点和个性。比如湖北大冶方言的情意变调[1]，青海西宁方言的左向否定[2]，南方方言的是非型正反问句[3]，等等，这些方言语法的特异表现，既显示出汉语方言语法的丰富性和复杂性，也可以提升我们对整体汉语语法的全面认识。

共同语语法和方言语法都是对历史语法的继承和发展，它们密切联系，又相互区别。作为整体汉语语法的一个方面，无论是共同语语法还是历史语法，有的问题光从本身来看，可能看不清楚，如果能将视线投向方言，则可从方言中获得启发，找到问题解决的线索和证据。朱德熙和邢福义等先生关于汉语方言语法的许多研究就是明证。[4] 可见方言语法对于共同语语法和历史语法研究的重要价值。

---

[1]　汪国胜：《大冶话的情意变调》，《中国语文》1996年第5期。
[2]　汪国胜：《从语法角度看〈现代汉语方言大词典〉》，《方言》2003年第4期。
[3]　汪国胜、李曌：《汉语方言的是非型正反问句》，《方言》2019年第1期。
[4]　朱德熙：《从历史和方言看状态形容词的名词化》，《方言》1993年第2期；邢福义：《"起去"的普方古检视》，《方言》2002年第2期。

本《丛书》由教育部人文社会科学重点研究基地华中师范大学"语言与语言教育研究中心"筹划实施并组织编纂,主要收录两方面的成果:一是单点方言语法的专题研究(甲类),如《武汉方言语法研究》;二是方言语法的专题比较研究(乙类),如《汉语方言疑问范畴比较研究》。其中有的是国家或教育部社科基金项目的结项成果,有的是作者多年潜心研究的学术结晶,有的是博士学位论文。就两类成果而言,应该说,当前更需要的是甲类成果。只有把单点方言语法研究的工作做扎实了,调查的方言点足够多了,考察足够深了,有了更多的甲类成果的积累,才能更好地开展广泛的方言语法的比较研究,才能逐步揭示汉语方言语法及整体汉语语法的基本面貌。

出版本《丛书》,一方面是想较为集中地反映汉语方言语法的研究成果,助推方言语法研究,另一方面,也是想为将来汉语方言语法的系统描写做点基础性的工作。《丛书》能够顺利面世,得力于中国社会科学出版社张林编辑的全心支持,在此表示衷心的感谢。《丛书》难免存在这样那样的问题,盼能得到读者朋友的批评指正。

汪国胜
2021 年 5 月 1 日

目　　录

第一章　绪论 ·· (1)
 第一节　武汉概况及方言归属 ·· (1)
 第二节　方言语法研究回顾 ·· (3)
  一　汉语方言语法研究回顾 ··· (3)
  二　武汉方言研究回顾 ·· (6)
 第三节　研究方法、语料来源及本书结构 ························ (9)

第二章　武汉方言概貌 ··· (15)
 第一节　武汉方言语音系统 ·· (15)
  一　声母 ·· (15)
  二　韵母 ·· (17)
  三　声调 ·· (19)
  四　文白异读 ··· (20)
 第二节　20世纪初期汉口方言的记录 ···························· (20)
  一　《汉口语自佐》简介及版本 ·································· (21)
  二　《汉口语自佐》的内容和体例结构 ························ (24)
  三　《汉口语自佐》的特点、不足及存疑之处 ·············· (27)
  附录一　《汉口语自佐》相关语言点调查问卷 ·············· (35)
  附录二　《汉口语自佐》封面及正文样例 ····················· (37)
 第三节　《马可福音》武汉方言译本的语音系统 ············· (40)
  一　《马可福音》武汉方言译本的记音符号 ················· (41)
  二　《马可福音》所记武汉方言的语音系统 ················· (45)
  三　比较与讨论 ·· (46)
  附录三　《马可福音》武汉方言译本封面及正文样例 ······· (53)

第四节　与本地地名有关的武汉方言歇后语 ……………… (57)
　　一　花楼到硚口——明儿［mən²¹⁴·ɯ］会 ……………… (57)
　　二　黄陂到孝感——现（县）过现（县） ……………… (58)
　　三　棉花街到广益桥——连谈（弹）带吹 ……………… (58)
　　四　黄鹤楼上看翻船——袖手旁观 ……………………… (58)
　　五　汉阳门的车子——留倒 ……………………………… (59)
　　六　汉阳过来的——贱三爷 ……………………………… (59)
　　七　武昌人吃豆丝——一点味儿没［mə⁵⁵］得 ………… (60)
　　八　洞庭湖里吹喇叭——不晓得哪里哪 ………………… (61)

第三章　武汉方言的数量表达 ……………………………… (63)
第一节　数量范畴及相关研究 ………………………………… (63)
第二节　武汉方言的物量表达 ………………………………… (65)
　　一　物量的基本表达形式 ………………………………… (65)
　　二　量词的特别用法 ……………………………………… (66)
　　三　特殊数字构词 ………………………………………… (68)
第三节　武汉方言的动量表达 ………………………………… (72)
　　一　动量的基本表达形式 ………………………………… (72)
　　二　动作增量的表达 ……………………………………… (73)
　　三　动作减量的表达 ……………………………………… (76)
　　四　动词重叠和动量 ……………………………………… (76)
第四节　武汉方言的时间量和空间量 ………………………… (78)
　　一　时点表达 ……………………………………………… (79)
　　二　时段表达 ……………………………………………… (80)
　　三　空间量表达 …………………………………………… (81)
第五节　武汉方言的约量和主观量 …………………………… (83)
　　一　约量是一种模糊量的表达 …………………………… (83)
　　二　主观量 ………………………………………………… (88)
　　附录四　武汉方言常用量词表 …………………………… (92)

第四章　武汉方言的程度表达 ……………………………… (97)
第一节　程度的表达方式 ……………………………………… (97)
第二节　武汉方言表达程度的词汇手段 ……………………… (98)

一　有程度表现的合成词 ………………………………… (98)
　　二　前缀 ……………………………………………………… (98)
　　三　后缀 ……………………………………………………… (99)
　　四　形容词的其他生动形式 …………………………………(101)
　第三节　武汉方言表达程度的句法手段 ………………………(101)
　　一　副词表达程度 ……………………………………………(102)
　　二　指示词表达程度 …………………………………………(107)
　　三　述补结构表达程度 ………………………………………(108)
　第四节　武汉方言程度表达的特点 ……………………………(111)
　　一　不平衡性 …………………………………………………(112)
　　二　层级性 ……………………………………………………(114)

第五章　武汉方言的体貌 ……………………………………………(117)
　第一节　体貌的概念意义及相关研究 …………………………(117)
　　一　关于 aspect ………………………………………………(117)
　　二　已有研究回顾 ……………………………………………(118)
　第二节　武汉方言的体貌系统 …………………………………(121)
　　一　完成体 ……………………………………………………(121)
　　二　经历体 ……………………………………………………(124)
　　三　短时体 ……………………………………………………(126)
　　四　进行体 ……………………………………………………(127)
　　五　持续体 ……………………………………………………(129)
　　六　起始体 ……………………………………………………(132)
　　七　继续体 ……………………………………………………(132)
　　八　先行体 ……………………………………………………(133)
　　九　小结 ………………………………………………………(134)

第六章　武汉方言的否定表达 ………………………………………(137)
　第一节　否定范畴及研究现状 …………………………………(137)
　第二节　武汉方言的否定词 ……………………………………(143)
　　一　存在否定词：冇得、没得 ………………………………(143)
　　二　普通否定词：不、冇、□［miou⁴²］ …………………(145)
　　三　情态否定词：莫、不消、不得/不会、不能、不准 ……(146)

第三节　武汉方言的否定结构 …………………… (152)
　　一　懒 V 得 ……………………………………… (152)
　　二　V 不得 ……………………………………… (153)
　　三　不好 V 得 …………………………………… (154)
　　四　才+不+V+咧 ………………………………… (155)
　　五　冇得+代词+不+V …………………………… (155)
　　六　赶不倒 ……………………………………… (155)

第七章　武汉方言的疑问表达 ………………………… (157)
　第一节　疑问系统及研究现状 ……………………… (157)
　第二节　武汉方言的是非问句 ……………………… (160)
　　一　语调型是非问 ……………………………… (160)
　　二　语气词"□[·pə]"结尾的是非问 …………… (160)
　第三节　武汉方言的反复问句 ……………………… (161)
　　一　V–不–VP 式 ………………………………… (162)
　　二　V–冇/□[miou⁴²]–VP ……………………… (167)
　　三　有冇得/□[·mə]得/□[piou⁴²] NP ………… (171)
　　四　有冇 VP ……………………………………… (172)
　第四节　武汉方言的特指问句 ……………………… (173)
　　一　询问人、物、事的特指问 ………………… (174)
　　二　询问方式、状态的特指问 ………………… (175)
　　三　询问原因的特指问 ………………………… (175)
　　四　询问处所、时间的特指问 ………………… (176)
　　五　询问数量的特指问 ………………………… (177)
　第五节　武汉方言的选择问句 ……………………… (180)
　　一　是 X，还是 Y？ …………………………… (180)
　　二　是 X 咧/啊，是 Y 咧/啊？ ………………… (180)
　　三　XY 啊？ …………………………………… (181)
　第六节　武汉方言问句的系统考察 ………………… (181)

第八章　武汉方言的处置、被动表达 ………………… (188)
　第一节　处置句、被动句及其研究现状 …………… (188)
　第二节　武汉方言的处置句 ………………………… (193)

一　"把"字句 …………………………………………（193）
　　二　句末代词回指句 …………………………………（197）
　　三　句法限制及回指代词的功能 ……………………（197）
第三节　汉语方言代词回指处置句的类型和差异 …………（202）
　　一　代词回指处置句的类型及分布 …………………（203）
　　二　汉语方言代词回指处置句的共性及差异 ………（210）
　　三　代词回指处置句的来源 …………………………（216）
　　附录五　汉语方言代词回指处置句追加调查问卷 …（220）
第四节　武汉方言的被动句 …………………………………（221）
　　一　受事+把/把得/把倒+施事+动词 ………………（221）
　　二　关于"被"字句 …………………………………（222）
　　三　意合被动句 ………………………………………（224）
第五节　处置、被动共用同一标记现象 ……………………（224）
　　一　武汉方言"把"的共时分布 ……………………（226）
　　二　"把"成为处置标记的语法化途径 ……………（229）
　　三　"把"成为被动标记的语法化途径 ……………（230）
　　四　处置和被动共用同一标记现象的讨论 …………（231）
　　五　小结 ………………………………………………（234）

第九章　武汉方言的多功能情态词"得" ……………………（237）
第一节　情态及情态研究概述 ………………………………（237）
　　一　情态研究概貌 ……………………………………（237）
　　二　"得"的情态研究回顾 …………………………（239）
　　三　相关概念说明 ……………………………………（241）
第二节　武汉方言"得"的情态用法 ………………………（242）
　　一　动词前"得"的情态用法 ………………………（243）
　　二　动词后"得"的情态用法 ………………………（244）
　　三　小结 ………………………………………………（246）
第三节　武汉方言"得"的情态功能演变 …………………（247）
　　一　动词前"得"的情态演变 ………………………（247）
　　二　动词后"得"的情态演变 ………………………（253）
第四节　小结及余论 …………………………………………（258）

第十章　武汉方言的语篇 …………………………………… (263)
第一节　相关篇章研究回顾 ………………………………… (263)
　　一　相关篇章研究回顾 …………………………………… (264)
　　二　本章研究范围和语料 ………………………………… (265)
第二节　武汉方言口语篇章的添加连接 …………………… (266)
　　一　添加具体解释 ………………………………………… (266)
　　二　添加主观评价 ………………………………………… (267)
　　三　引出新信息 …………………………………………… (268)
第三节　武汉方言口语篇章的转折连接 …………………… (270)
　　一　一般转折连接 ………………………………………… (270)
　　二　意外转折连接 ………………………………………… (270)
　　三　实情转折和让步转折 ………………………………… (271)
第四节　武汉方言口语篇章的因果连接 …………………… (272)
第五节　武汉方言口语篇章的时间连接 …………………… (274)
　　一　起始时间连接 ………………………………………… (274)
　　二　中间时间连接 ………………………………………… (274)
　　三　完结时间连接 ………………………………………… (276)
第六节　小结及余论 ………………………………………… (277)

第十一章　结语 ……………………………………………… (280)
参考文献 ……………………………………………………… (286)
修订版后记 …………………………………………………… (312)

第一章 绪论

第一节 武汉概况及方言归属

武汉位于中国中部、湖北省东部，长江和汉水交汇处。地理位置北纬29°58′—31°22′，东经113°41′—115°05′。市区被长江和汉水分隔为武昌、汉口、汉阳，三镇鼎立，隔江相望。武汉市是湖北省省会，也是全省政治经济文化教育中心。

武汉是武昌、汉口、汉阳三镇的合称。2018年辖江岸、江汉、硚口、汉阳、武昌、青山、洪山、蔡甸、江夏、黄陂、新洲、东西湖、汉南13个行政区及武汉经济技术开发区（汉南区）、东湖新技术开发区、东湖生态旅游风景区、武汉化学工业区（2018年与青山区合并）、武汉临空港经济技术开发区和武汉新港6个功能区。全市总面积8569.15平方公里，常住人口1108.1万人（2018年末）。[①] 为华中地区最大都市，长江中下游特大组团式城市。

武汉历史悠久。自商周、春秋、战国以来，一直是重要城镇。元明两代，武汉成为长江中游的商业都会，明末清初，汉口与朱仙镇、景德镇、佛山镇同称天下"四大名镇"，成为"楚中第一繁盛"。"武汉"这一名称最早出自1822年（清道光2年），范锴所著《汉口丛谈》中"遂陷武汉等郡"一句，但当时这一名称实际上只是指武昌、汉阳，汉口还并不在内。汉口的独立地位是在1899年（光绪二十五年）才确立的，当时名为"夏口"。20世纪20年代国民政府将汉口市（辖汉阳县）

[①] 武汉市人民政府网：行政建置、人口分布，http://www.wuhan.gov.cn/zjwh/whgk/，2020年9月12日。

与武昌合并，作为首都，并建立统一的武汉市政府，此时，武汉才取得了作为政区、市区的称谓。新中国成立后，政府将汉口、武昌、汉阳（县府所在地及邻近地区）合并为武汉市，武汉市人民政府设在汉口。至此，武汉三镇才名副其实地合三为一了。

武汉方言是汉语北方方言的一个分支。现代汉语各方言之间的差异表现在语音、词汇、语法各个方面，语音方面尤为突出。根据方言的特点，联系方言形成和发展的历史，以及目前方言调查的结果，当前语言学界一般认为现代汉语有十大方言区，分别是：北方方言（也称官话方言）、晋方言、吴方言、湘方言、赣方言、客家方言、粤方言、闽方言、徽州方言和平话方言。每个大方言区下面又可分为若干次方言区，次方言区下面还可以再划分为"片"和"小片"，直至最小的方言点。

武汉方言属于北方方言的西南官话次方言区。北方方言是汉语方言中范围最广、使用人口最多的方言。它又可以分为以下4个次方言区：（1）华北、东北官话，分布在京津两市，河北、河南、山东、辽宁、吉林、黑龙江，还有内蒙古的一部分地区。（2）西北官话，分布在陕西、山西、甘肃等省和青海、宁夏、内蒙古的一部分地区。新疆汉族使用的语言也属西北方言。（3）西南官话，分布在四川、云南、贵州等省及湖北大部分（东南角咸宁地区除外），广西西北部，湖南西北角等。（4）江淮官话，分布在安徽省、江苏长江以北地区（徐州、蚌埠一带属华北、东北方言，除外）、镇江以西九江以东的长江南岸沿江一带。武汉方言是西南官话的代表点之一。

虽然我们可以很简单地说武汉方言就是指武汉市所使用方言，但是行政区划意义上的武汉市，如前所述包括江岸区、江汉区、硚口区、汉阳区、武昌区、青山区、洪山区、蔡甸区、江夏区、黄陂区、新洲区、东西湖区和汉南13区。这些地区，特别像蔡甸、黄陂、新洲等远城区的方言内部还是有差异的。本书研究的武汉方言，是指以武汉市区汉口话为代表点的方言。因为汉口自明清以来，就一直是武汉经济文化中心，现在也是武汉市政府所在地。而且近代武汉方言，也主要是融合了武昌、汉阳话的汉口话。因此我们也把研究对象界定为武汉市区，以汉口话为代表点。

第二节 方言语法研究回顾

一 汉语方言语法研究回顾

　　汉语作为汉民族共同语已经有几千年的历史，虽然汉语一直有共同的书面语作为其发展的基础，但由于中国土地广大，在发展过程中又出现过程度不同的分化和统一，因而使汉语产生了很多种方言。方言的地理差异悬殊，所以方言研究自古就受到重视。西汉扬雄《輶轩使者绝代语释别国方言》（简称《方言》），是中国第一部记录方言的著作，也是世界上第一部方言比较词汇集。

　　现代意义上的汉语方言学研究，应该是从20世纪初期北京大学民谣收集活动开始的。当时欧洲语言学理论和方法已经介绍到了中国国内，一些学者在收集民谣的过程中，逐渐发现方言本身研究的价值和任务。在这种看法的影响下，1928年成立了国立中央研究院历史语言研究所，开始调查方言。有名的《湖北方言调查报告》（赵元任、丁声树、杨时逢、吴宗济、董同龢）、《关中方音调查报告》（白涤洲）等都是这一时期调查的结果。

　　这一时期的方言研究，主要是在现代语言理论的指导下，描写各个方言的语音。赵元任《钟祥方言记》、罗常培《临川音系》等都是这一时期的代表作。随着描写的方言点越来越多，方言分区的问题也成为讨论的热点。

　　20世纪50年代中国科学院语言研究所成立后，展开了全国范围内的方言普查工作。在两年多的时间里，共调查了1849个市县的汉语方言，编写了调查报告近1200种。方言普查记录了丰富的方言材料，增加了人们对于汉语方言全面的认识。这一时期的方言研究虽然还是以语音为主，但方言词汇方面的研究，主要是记录方言特征词的工作也增加了进来。比如这一时期的代表作《昌黎方言志》（河北省昌黎县志编纂委员会、中国社会科学院语言研究所合编）就对方言音系、词汇、语法、方音与北京音的比较对应、方言内部差异等都有涉及。同音字表、分类词表等语料都很丰富。

　　方言普查完成后，学者们关于汉语方言分区也有了基本一致的看法。汉语方言分为官话方言、吴方言、湘方言、赣方言、客家方言、粤方言和闽方言这七个方言区的结论逐渐被研究者们普遍接受。

"文化大革命"以后，中国社会科学院语言研究所方言研究室成立，《方言》杂志创刊，都为方言研究的进一步发展提供了必要的条件。这之后由语言所牵头的方言重点调查、方言地图绘制、词典编纂、音档录制等工作都陆续开始启动。这一时期的方言研究，除了继续语音描写以外，词汇方面的研究也有了一定的发展，各地方言词典陆续出版。如《普通话闽南方言词典》（厦门大学汉语方言研究室，1982）、《北京方言词典》（陈刚，1985）、《广州话方言词典》（饶秉才、欧阳觉亚、周无忌，1985）、《四川方言词典》（王文虎、张一舟、周家筠，1987）、《福州方言词典》（李如龙、梁玉璋等，1994）等。而由社科院语言所主编的《现代汉语方言大词典》更是一部大型综合性方言辞典，共收 42 种分地方言词典，每一种收入词语都在 7000 以上。另外，许宝华、宫田一郎的《汉语方言大词典》（1997），兼收共时和历时的方言词语，更是一部古今方言词汇集。

汉语方言语法的研究，一直是方言研究最薄弱的环节。因为语言学界长时期存在一种误解，那就是认为汉语方言之间的差异，主要是语音和词汇方面，语法方面大同小异。另外在方言语音、词汇都还没调查清楚的情况下，研究语法确实比较困难也是事实。所以方言研究中语法部分一直处于滞后状态。

20 世纪 80 年代以后，朱德熙先生结合方言语法来研究现代汉语语法问题，写了著名的《北京话、广州话、文水话和福州话里的"的"字》（1980）、《汉语方言里的两种反复问句》（1985）等。这些文章的观点和研究方法，让人耳目一新，不仅方言学研究者开始注意各种方言语法的内部差异，也吸引了一些语法学研究者开始关注方言的语法现象。80 年代后期开始，方言语法研究逐步发展起来。从最早对方言问句系统的讨论研究开始，方言构词法、句式、虚词等各方面的研究都取得了不少成果。出现了《汕头方言动词短语重叠式》（施其生，1988）、《重庆话名词的重叠构词法》（喻遂生，1990）、《闽南方言的两种比较句》（陈法今，1982）、《苏州方言的发问词与"可 VP"句式》（刘丹青，1991）、《苏州方言的指示代词》（李小凡，1984）、《成都话的动态助词"倒"和"起"》(张清源,1991)等一大批论文。方言语法专著也相继问世,如《大冶方言语法研究》(汪国胜,1994)、《连城方言语法研究》(项梦冰,1997)、《上海话语法》(钱乃荣,1997)、《苏州方言语法研究》(李小凡,1998)等。另外,一些专题研究的论文集,如《汉语方言体貌论文集》(胡明扬编,1996)、《汉语方言共时与历时语法研讨论文集》(伍云姬编,1999)等也相继问世。黄伯荣主编《汉语方言语法类编》(1996)则首次汇集了29个省市自治区和香港地区250个方言点的语法材料500多篇,并按照词法、句法和语义、语法形式等顺序分门别类排列起来,列为2500个词条,成为方言语法研究不可缺少的工具书。

进入21世纪后,方言语法研究成果首先要提到的是两本工具性质的书——《汉语方言地图集·语法卷》(曹志耘主编,2008)和《语法调查研究手册》(刘丹青编著,2017)。《汉语方言地图集·语法卷》共有地图102张,内容涉及人称代词、指示代词、疑问词、否定词、量词定指用法、副词(很、最、又、也、反正等)、词缀("阿~、老~、圪~、洋~、~头、~崽/仔、~囝")、小称、儿化、名词及动词重叠、语序(如副词后置)、体貌标记(完成体、进行体、持续体、已然和将然)、补语、和一些特殊句式(存在句、处置句、被动句、比较句、反复问句)等,是方言语法研究重要的参考资料。刘丹青编著的《语法调查研究手册》在翻译科姆里(Bernard Comrie)和史密斯(Norval Smith)所编制的《语言描写问卷》(Lingua Descriptive Studies: Questionnaire)基础上,结合汉语方言、民族语甚至诸多外语对原问卷进行了细致地解说和注释,为汉语方言语法调查提供了一个可参考的规范和框架。同时该书解说部分所分析的众多汉语方言语法实例,也是类型学视野下方言语法研究的示范性成果。

当代语言学的各种新兴理论与汉语方言语法研究的结合,是21世纪以来方言语法研究的突出特点。吴福祥(2001、2002a、2003a、2009、2017)及吴福祥、金小栋(2019)等一系列论文,从语法化、语言类型学、语言接触角度考察了汉语方言、特别是南方方言状态补语标记与完成体标记的关系、能性述补结构的类型、汉语方言中多功能虚词主要是介词、连词的演变等问题①。这些研究不再局限于某一方言点内部语法现象的描写，而是将视野扩展到诸多方言表达相同语义的语言形式，从而发现语言表达的类型差异，并参照古代、近代汉语从历时角度考察其衍生关系。这一研究思路大大开阔了方言语法研究的可能性。不仅是将当代西方语言学理论运用到方言语法研究，还能以汉语方言的众多类型对西方语言学理论做出检验和修正。这种共时、历时相结合的方法，是汉语方言语法研究引人注目的新视角。

再比如邓思颖（2003）用生成语法的最简方案来考察粤语的与格结构、双宾结构和被动结构，比较并阐释了粤语语法系统与普通话语法系统的差异。邓思颖（2006）又采用生成语法学的动词移位理论对汉语方言受事话题句的类型现象做出重新分析，并论证话题化的差异和汉语方言词序的差异最终是由动词移位来决定的②。另外，还有运用参考语法理论描写北京土话的《老北京土话语法研究》（卢小群 2017）、将配价理论运用到方言语法研究的《湘方言动词句式的配价研究——以隆回方言为例》（丁家勇 2006）、用制图理论解释客家话问物疑问词"么个"从疑问用法发展出"抱怨念力"过程的《非典型疑问词的句法层级和语用效应——从比较语法看客家话的"么个"》（钟叡逸、蔡维天 2020）等著作或论文。可见，21 世纪的汉语方言语法研究视野更加开阔，而且在系统性和理论性上都进步显著。

二 武汉方言研究回顾

最早对武汉方言进行整理、记录，并留下汉口话语音和词汇资料的，就笔者现阶段目之所及是英国汉学家 Edward H. Parker（汉语名庄延龄，1849—1926）。庄延龄生于利物浦，1869 年来华，先后在英国驻

---

① 吴福祥：《南方方言几个状态补语标记的来源（一）》，《方言》2001 年第 4 期；《南方方言几个状态补语标记的来源（二）》，《方言》2002 年第 1 期；《汉语能性述补结构"V 得/不 C"的语法化》，《中国语文》2002 年第 1 期；《汉语伴随介词语法化的类型学研究》，《中国语文》2003 年第 1 期；《南方方言能性述补结构"V 得/不 C"带宾语的语序类型》，《方言》2003 年第 3 期；《汉语方言中的若干逆语法化现象》，《中国语文》2017 年第 3 期。吴福祥、金小栋：《东南方言多功能"趁"的语义演变》，《方言》2019 年第 4 期。

② 参见邓思颖《汉语方言语法的参数理论》，北京大学出版社 2003 年版；《汉语方言受事话题句类型的参数分析》，《语言科学》2006 年第 6 期。

北京、上海、汉口等领事馆任职。他在中国生活了差不多30年，多次在中国西部、南部做长途旅行，对方言口语表现出特别的兴趣。1895年离开中国后返回利物浦，先在利物浦大学做中文讲师，1901年起在曼彻斯特维多利亚大学任中文教授。庄延龄以中国历史、经济、外交方面的著作而知名，但同时也发表了一些关于汉语，特别是汉语方言的研究和记录。被称作是第一位不是为了传教而学习汉语方言的西方人（Branner 1999）[①]。

庄延龄1875年在 *The China Review* Vol. 3 上发表了一篇短文 The Hankow Dialect。虽然只有4页，但该文以北京话为参照点，用威妥玛拼音将汉口方言语音整理为316个音节，5个声调，还注明了若干异读现象，是目前所见最早对汉口话语音进行系统整理的资料。1878年庄延龄又在 *Journal of the North China Branch of the Royal Asiatic Society* 上发表了一篇长文 "The Comparative Study of Chinese Dialects"，着重介绍了北京（Peking）话、汉口（Hankow）话、广东（Canton）话、福州（Foochow）话中的一些口语词，他指出这些词在当时的词典里找不到，甚至没有字。在汉口话部分，他加上了小标题"WAIFS AND STRAYS IN THE HANKOW DIALECT（汉口话的流浪儿——笔者译）"，记录了50个他听到的当时汉口方言口语词。这些词汇也都是用威妥玛拼音记录的，每个词条有编号，然后是读音（右上角标调号），后面用英语注明意思。如"3. Hao^4: to swim."，表示第3号词，读音为 Hao^4，意思是 swim。

庄延龄（1875、1878）的这些记录反映了19世纪中期汉口话语音、词汇的面貌，特别因其忠实反映当时的口语而显得更加珍贵[②]。20多年后，《汉音集字》（Ingle 1899，KUNGHING）出版。这是美国传教士 Ingles 参考牧师 W. Scarborough 的《汉口方言字表》手稿编写的汉口方言同音字表。全书收1万多字，按音节分301部，注音方式沿用威妥玛拼音字母。这是19世纪末汉口方言的语音记录，也是目前最广为人知的

[①] Branner, David P. "The Linguistic Ideas of Edward Harper Parker", *Journal of the American Oriental Society*, Vol. 119, No. 1, 1999, pp. 12–34.

[②] 关于庄延龄这两份资料，详细可参见刘存雨（2018）；Coblin（2018）和赵葵欣（2021）的研究。

早期武汉方言研究资料。

　　现代语言学意义上的武汉方言研究,应该是始于 20 世纪中期的中央研究院历史研究所在湖北进行的方言调查。1936—1938 年,赵元任、丁声树等对湖北省内武昌、汉口、汉阳、汉川、沔阳、天门、京山等 64 个点的方言进行了调查,编成《湖北方言调查报告》。此书 1948 年由上海商务印书馆出版。其中关于武汉方言的调查报告,分为武昌、汉口、汉阳三个点,首次利用国际音标,记录整理了武汉方言的语音系统,并与中古音进行对比,探讨了武汉方言语音的演变及特点。

　　而后来的研究也主要是配合全国范围的方言普查,但正式出版的研究成果较少。直到 20 世纪 80 年代后期,中国社会科学院语言研究所选定全国 13 地进行方言重点调查,武汉方言研究被列入国家"七五"社会科学规划重点项目。由此,武汉方言的研究专著《武汉方言研究》(朱建颂)于 1992 年由武汉出版社出版。这本书主要部分是同音字表和分类词表,是对武汉方言语音和基础词汇的基本记录。此外,书中还探讨了武汉方言语音、词汇方面的演变、武汉方言的内部差异,以及与普通话和中古音的对比等。总的来说,这是第一部专门研究武汉方言的专著,特别对武汉方言基本词汇的记录和整理是开创性的。

　　90 年代以后,《武汉方言词典》(朱建颂,1995)、侯精一主编的《现代汉语方言音库》丛书之一《武汉话音档》(刘兴策、赵葵欣,1997)也相继出版。这一时期,在汉语方言语法研究逐渐受到瞩目的大环境下,武汉方言研究也出现了更加多样的研究方向。如《武汉方言中的两种问句》(赵葵欣,1993)、《武汉方言的"在"》(赵葵欣、陈前瑞,1996 年)、《武汉方言"着"字与"着"字句》(萧国政,2000)、《武汉方言中的"VV 神"》(毕晟,2000 年)、《武汉方言中的差比句》(毕晟,2005)、《武汉方言中由"V+他"形成的祈使句》(李崇兴、胡颖,2006)、《武汉方言的句法程度表示法》(李佳,2007)、《武汉方言中的程度副词"这"》(张诗妍,2009)等。近年来,以华中师范大学为中心,出现了不少研究武汉方言语法的硕士论文,如《武汉方言的否定句》(张义,2005)、《武汉方言语气词研究》,(吴翩翩,2009)、《武汉方言副词研究》(胡琪,2009)等。但是,迄今为止,还没有一本关于武汉方言的语法专著。

第三节　研究方法、语料来源及本书结构

汉语方言研究一直以来特别重视描写的方法。忠实地记录某一方言的语音、词汇及语法系统，是方言研究中非常重要的基础工作。本书也首先注重事实的描写。在田野调查的同时，还充分利用方言影视作品、小品戏剧、报刊材料等，多方位考察武汉方言，特别是现在人们仍经常使用的活生生的口语。除了描写以外，本书还特别注意运用比较的方法。比较又有两种，一是共时的比较，二是历时的比较。

共时比较就是在现代这一共同时间范围内，将武汉方言横向与普通话、其他西南官话、其他汉语方言甚至汉语以外的其他语言进行比较。有比较才能充分了解到底哪些是武汉方言的特点。只看到武汉方言与普通话的不同就说，这是武汉方言的特点是不充分的。而有效的、成功的比较最重要的是掌握大量的相关资料。现代汉语共同语、方言、各种外语，掌握的资料越多，比较才越有价值，得出的结论才会越可靠。举一个很简单的例子，人们一度曾认为有声调是汉语的特点，并对此大加发挥，说汉语是多么多么特别的语言。可是后来随着人们对世界语言了解的增多，我们发现实际上世界上有声调的语言并不少，很多汉藏语系的语言，比如藏语、苗语、羌语等都是有声调的。一些亚洲语言如越南语也是有声调，而且越南语的声调比汉语普通话还要多，一共6个。另外，在非洲和美洲一些地方，也分布着一些声调语言，如非洲撒哈拉沙漠以南的地区多为声调语言，如班图语。美国阿拉斯加州的土著印第安人所使用的阿萨巴斯卡语，美国西南部以及墨西哥土著所使用的纳瓦霍语等，都是有声调的语言。所以本书一般不说什么什么是武汉方言的特点，但是在研究中会指出不同，比如与哪些语言相比，有些什么不同，但尽量不轻易下结论说这就是武汉方言的特点。随着现代汉语普通话、各种方言、语言类型学研究的不断深入，现阶段我们能收集对比的资料应该说是越来越多了，这也为本书的研究提供了良好的条件。

历时比较也就是和古代汉语、近代汉语的比较。汉语方言和普通话的源头都是古代汉语。古代汉语丰富的文献资料，是研究汉语方言有力的参照。方言语音不用说，能从古汉语、中古韵书中找到清晰的发展线

索,比如,古入声字在武汉方言里都归入阳平,一、七、八等字,分别读为 [i^{213}]、[$tɕʰi^{213}$]、[pa^{213}]。而且这一规律,还是西南官话的共同规律,成为划分西南官话的一条标准。方言词汇也能在古代汉语中得到考证。比如武汉方言中把"收拾鱼"的动作叫"□[$tsʰ\gamma^{213}$]鱼"。这虽然是个常用词,但这个"□[$tsʰ\gamma^{213}$]"字究竟是个什么字呢?也能在古代汉语中找到本字。据朱建颂(1995:4)考察,广韵里有记载,之韵直之切,意思是"理也"。"理"当然就是收拾、整理了。正合武汉方言中这儿的用法。所以这个字就是"治",但因为武汉方言发音的变化,现在读为"□[$tsʰ\gamma^{213}$]"。《元曲选·望江亭》里也有"这个是势剑……借与我治三日鱼好那"这样的句子。这样,这个方言词的来源就非常清楚了。而在语法方面,方言语法的演变虽然不像语音、词汇那么明显,但是也一样可以从古代汉语、近代汉语中找到解释的依据。比如,武汉方言的"把",既可以用来表示处置,如"快把书还倒我";还可以表示被动,如"我们说的话都把他听倒了"。这看起来是很奇怪的,因为处置句和被动句"把"后宾语在语义上正好是相反的,前者是受事(patient),后者是施事(agent),在一般的语言里施事标记和受事标记应该是来源互不交叉的(石毓智、王统尚 2009)[①]。那么为什么武汉方言会出现这种情况呢?笔者通过对武汉方言中"把"各种用法的详细考察发现,这跟"把"表"持拿"的本义有关,在武汉方言里"把"还从"持拿"义发展出了"给予"的用法,然后经过各自的语法化途径,最后形成了这种现象。而这种语法化过程,在近代汉语里可以找到完全相同的发展轨迹(具体参见第八章第五节)。这样,通过与近代汉语的历时比较,我们就能对这个问题作出满意的解释。

可见,如果说描写的方法是在静态捕捉语言的各种现象,回答"是什么"的问题的话,那么比较的方法就是在动态解释"为什么"的问题。方言研究中"是什么"固然很重要,但能回答"为什么"则是更进一步的、深入的研究。笔者认为,汉语方言研究不仅需要准确地描写,也需要能对各种方言现象作出合理的解释和探讨,这也是本书的一

---

① 参见石毓智、王统尚《方言中处置式和被动式拥有共同标记的原因》,《汉语学报》2009 年第 2 期。

种追求。

语法研究，总的来说有两种切入方式，一是从形式考察意义，二是从意义考察形式。

第一种从形式考察意义，就是从语言形式入手，比如名词重叠、形容词重叠，先观察描写名词重叠、形容词重叠有哪些具体的表现形式，是 AABB，还是 ABAB，或者其他形式，然后考察这些重叠形式具有何种意义和功能等。这是一种从外到内的研究途径，也是比较普遍采用的研究方法。

第二种是从意义到形式，就是先从语言的功能意义入手来考察语言形式。比如研究语言中"程度"的表达。对事物的认识都会有一个程度，这是人类共同的认知行为，但是如何表达程度，各种语言就可能会有不同的语言形式。比如，武汉方言表达程度可以用词缀，有前缀，也有后缀；还可以用副词，比如"几、够、才"等；还可以用句式，比如一些程度补语"～得要命""～得了"等。这是一种从内到外的研究方式，本书就是采用的这种研究方法，也就是从意义到形式。我们之所以采用这种研究方法，主要是基于以下考虑：

1. 汉语本身就不是一种形态发达的语言。比如要告诉别人昨天很冷这件事，英语要说"It was cold yesterday"；日语要说"昨日寒かった"。"was"是"be"动词的过去式，"寒かった"也是"寒い"的过去式，这里都有很清楚的形态标记。可是汉语呢，我们说"昨天很冷。"这跟"今天很冷""今年冬天会很冷。"谓语部分形容词在语言形式上完全一样。所以如果从形式来切入，这样的时候我们就无法把握。

2. 从意义到形式，实际上是功能主义的研究路子，也有语言类型学的背景。我们认为语言是人类认知活动的表象化，语言直接参与认知活动，并将各种认知范畴形式化。人类的认知行为具有一定的共性，比如无论是哪里的人，都会有对数量、时间、空间、程度、时体、疑问、否定等的认知行为。但是这些认知范畴一旦表现为语言，就会千差万别。举一个最简单的例子，你如果拿"彩虹是什么颜色"这个问题去问人，中国人会说当然是赤橙黄绿青蓝紫七种颜色；而英国和美国人会说是赤橙黄绿青紫六色；津巴布韦使用绍纳语（ChiShona）的人会告诉你是三种颜色,利比里亚使用 Bassa 语的人甚至会说只有两种颜色①。世界有很多颜色,但并不是所有的颜色在所有的语言里都用一定的语言形式来表述,这就产生了差异。所以比起语言形式来,认知范畴要更有共性,而对同一认知范畴的不同语言形式进行考察,也更容易比较和说明各种语言的共性和差异性。汉语方言也是这样,横向比较的时候,从语义出发的研究就更加方便。

因此,本书在结构上以语义功能为纲,当然在讨论具体的问题时也不排除使用第一种从形式入手的方法。

本书研究的武汉方言,主要是以汉口话为代表点的方言。所用语料主要来自以下三个方面:

1. 笔者自己的田野调查。2006—2011 年,笔者有计划分专题每年一、两次对武汉方言进行了田野调查。主要关注现在武汉人使用着的活生生的方言口语语料。2019 年底至 2020 年初,笔者还对 4 位 70 多岁到 90 多岁的高龄汉口话母语者进行了调查访谈,每位被调查者都有将近两个小时的录音语料。

2. 方言文学作品及有声音像制品。近年来方言文学的流行,为语言研究提供了方便。本书这一部分的语料来源除了本地专业作家的文学作品——武汉作家池莉、方方的小说外,还包括来自武汉地方报纸——《楚天都市报·茶馆专刊》的武汉方言文章。《楚天都市报》的"茶馆专刊"(每周周末一期)都是普通百姓用武汉方言讲述、记录的身边小事或生活故事。比起专业作家的小说来,更具生活气息,也有更地道的方言表现。本书所用的这一部分语料主要是 2007 年至 2009 年的。

有声音像制品指的是武汉方言歌曲、小品的 CD 或 DVD 及网络材料。主要有武汉方言歌曲《过早》、《我信了你的邪》(来自网络)、音像材料《田克兢系列小品之一、二》(武汉音像出版社,2004)、《岔巴子田克兢专辑》(湖北音像艺术出版社,2005)等。

3. 笔者的内省。笔者是武汉市人,生长在汉口,母方言为武汉话。田野调查只能调查出想要得到的语料,也就是说是一种有预设的结果。

---

① [日]大谷泰照、堀内克明監修,朝尾幸次郎等:《社会人のための英語百科:The English odyssey》,东京:大修馆 2002 年版,第 163 页。

而且被调查者受调查问卷等文字影响，或出于不好意思说出更"土"的方言的心理，有时候很难得到真实的语料。特别语法方面，这么说也可，那么说也可的情况很多，而一些近似表达的细微差异，非有敏锐的语感不能解释清楚。这时研究者自身的内省则可以成为有力的依据。所以在方言研究，特别是方言语法研究中，研究者对自身母方言的内省是最为可靠的方法之一。

以上这三方面是本书研究的主要语料来源，为行文方便，行文中的例句就不再一一标注出处。书中所用例句尽量采用第一、第二种语料来源，若为笔者所自造时，必经过另一位老武汉人（赵积梁，1933年出生）的确认。

本书分为十一章。第一章绪论交代武汉概况、武汉方言归属、本书研究对象及语料来源，并对汉语方言及武汉方言现有研究成果进行综述，然后阐述本书的研究方法及全书结构。第二章是对武汉方言的整体概述，主要是语音系统的描写，其次从历时角度研究了20世纪初期武汉方言的一些问题，特别提供了目前少为人知的若干武汉方言书面历史文献。

从第三章开始是专题研究。第三章研究武汉方言的数量表达。第四章考察程度表达系统。第五章描写武汉方言的体貌系统。第六章研究否定系统，主要从否定的词汇手段和语法手段两方面进行了考察。第七章考察问句，具体研究了是非问、反复问、特指问和选择问的表达形式，还对武汉方言整个问句系统的特征进行了归纳。第八章是武汉方言处置和被动表达的研究，特别探讨了武汉方言中处置标记、被动标记都用"把"的现象，并对其语法化轨迹进行了研究。第九章研究武汉方言情态，主要以多功能情态词"得"为例，考察其语义演变轨迹。第十章对武汉方言篇章问题做了尝试性探讨。最后第十一章对全书内容进行总结，指出本书所做的基本工作、研究的创新之处和尚存的不足。

最后说明一下本书方言资料的书写体例。方言是口耳相传之物，因此很多方言说法可能"有音无字"，也就是说某种方言说法，只有语音形式，而没有在书面上可以书写的文字。虽然方言考本字也是一个重要工作，但限于各种原因，现阶段还没有考到本字的情况并不少见。本书在记录这样的语料时，采用了同音替代的方法，如"卡白"的前一个字"卡"并不是本字，但是在武汉方言里这个词的前一个语素跟"卡"同音，故代之。而没有同音字，又暂时还没有考证到本字的，用"□"表示，后注国际音标。比如武汉方言里形容味道太淡的"□[p^hia^{55}]淡"一词的"□[p^hia^{55}]"，既不知本字，又无同音字，故暂且记作此。书中例句出现不好懂的方言词、句时，在该词或句子后用小字注出相应的普通话说法。句子前的"*"标记表示该说法（句子）不成立或认可度很低。

第二章 武汉方言概貌

第一节 武汉方言语音系统

武汉方言音系有 19 个声母（包括零声母），36 个韵母和 4 个声调。

一 声母①

p 波帮败并

pʰ 派滂婆并

m 买明

f 夫非赴敷父奉

t 低端队定

tʰ 拖透提定

n 内泥雷来人日

ts 左精罪从巳邪沾知治澄滓庄乍崇掌章

tsʰ 脆清曹从辞邪抽彻池澄叉初锄崇产生扯昌唇船常禅

s 酥心寺邪事崇沙生蛇船奢书社禅

ʐ 芮日锐以

tɕ 姐精聚从像②邪株知住澄均见巨群

tɕʰ 锹清樵从囚邪诸彻厨澄驱溪裙群

ɕ 消心谢邪输书树禅香晓霞匣

---

① 例字后的小字为中古声母。

② 这个字在上了年纪的武汉人还读［tɕiaŋ⁵¹］或［tɕʰiaŋ⁵¹］，但是现在的年轻人已经都读为［ɕiaŋ⁵¹］了。

k 街见跪群

kʰ 揩溪葵群

ŋ 蛾疑哀影

x 花晓鞋匣

ø 武微如日捱疑窝影往云育以

与普通话比较，武汉方言声母有以下特点：

（一）n、l 不分

古泥（娘）、来两母字洪细音全混，都读作 n 声母，如：纳 = 腊 [na²¹³]、倪 = 黎 [ni²¹³]、农 = 龙 [noŋ²¹³] 等。

（二）只有 ts、tsʰ、s，没有 tʂ、tʂʰ、ʂ

古精、庄、知、章组字武汉方言都念成舌尖前音 ts、tsʰ、s。如：知 = 滋 [tsɿ⁵⁵]、痴 = 疵 [tsʰɿ⁵⁵]、诗 = 思 [sɿ⁵⁵]、斋 = 灾 [tsai⁵⁵]、巢 = 曹 [tsʰau²¹³]、收 = 搜 [sou⁵⁵] 等。古日母字今武汉方言多读 n 声母，如：人 [nən¹³]、然 [nan²¹³]、让 [naŋ³⁵] 等。只有极少数几个念为 ʐ 声母，如"芮、蕤"读为 [ʐuei³⁵]。

（三）不分尖、团音

古"精、清、从、心、邪"声母和古"见、溪、群、晓、匣"声母的字，在今武汉方言细音韵母前读音相同，不分尖音、团音。如：

尖音		团音	尖音		团音
精	=	经 [tɕin³⁵]	就	=	旧 [tɕiou³⁵]
清	=	轻 [tɕʰin³⁵]	齐	=	骑 [tɕʰi²¹³]
小	=	晓 [ɕiao⁴²]	墙	=	强 [tɕʰiaŋ²¹³]

（四）舌根音声母除了 k、kʰ、x 以外，还有一个 [ŋ]

普通话开口呼零声母字，武汉方言里几乎都念成 [ŋ] 声母，如：矮 [ŋai⁴²]、傲 [ŋau³⁵]、欧 [ŋou⁵⁵]、暗 [ŋan³⁵]、硬 [ŋən³⁵] 等。这些字主要是中古疑影两母开口洪音字。武汉方言开口呼韵母读零声母的只有 [ɯ] 韵字"儿、而、日、耳、尔"等几个。

（五）舌根音一部分不舌面化

中古见系开口二等字在武汉方言中念成 k、kʰ、x 声母，即保留舌根音的念法，而不像普通话那样演变成舌面音 tɕ、tɕʰ、ɕ 声母。如：

例字	武汉方言发音	普通话发音
阶街	kai^{55}	$tɕie^{55}$
解	kai^{42}	$tɕie^{214}$
敲	k^hau^{55}	$tɕ^hiau^{55}$
掐	k^ha^{213}	$tɕ^hia^{55}$
鞋	xai^{213}	$ɕie^{35}$
苋	xan^{35}	$ɕian^{51}$

但是三四等字跟普通话一样演变成了舌面音 tɕ、tɕʰ、ɕ。如"均巨群"等。

二　韵母①

ɯ 儿支二脂而之日质

ɿ 世祭此支姿脂持之十缉侄质式职尺昔

i 例祭刈废弟齐皮支梨脂你之希微立缉乙质乞迄恤术力职逆陌夕昔壁锡

u 步模父虞妇尤忽没勿物谷屋酷沃

y 除鱼住虞入缉出术屈物域职剧陌役昔菊屋局烛

a 把麻答合塔盍插洽法乏辣曷八黠铡鎋罚月

ia 家麻涯佳狭洽甲狎瞎鎋

ua 花麻卦佳话夬滑黠刷鎋

o 拖歌课戈鸽合磕盍割曷活末博铎勺药剥觉

io 略药削觉

uo 说薛或德获麦

ɤ 车麻涉叶设薛瑟栉北德色职责麦

uɤ 国德帼麦

ie 斜麻接叶劫业蝶帖烈薛揭月捏屑

ye 靴戈绝薛粤月决屑倔物

ai 台咍带泰界皆卖佳败夬

uai 外泰乖皆拐佳快夬

---

① 例字后的小字表示中古韵部。

ei 最泰弊祭批齐推灰肺废卑支悲脂岁微

uei 回灰绘泰税祭秽废惠齐吹支水脂贵微

au 到豪跑肴朝宵

iau 搅肴表宵挑萧

ou 路模阻鱼走侯否尤猝没族屋毒沃绿烛

iou 留尤纠幽育屋粟烛

an 男覃三谈馋咸衫衔染盐范凡单寒盼山班删缠仙短桓反元

iɛn 减咸鉴衔渐盐酽严店添限山颜删便仙建元天先

uan 宽桓幻山还删专仙晚元

yan 员仙喧元渊先

ən 吞痕人真榛臻村魂伦谆分文能登胜蒸彭庚争耕

in 临侵银真欣殷尹谆冰蒸兵庚莺耕名清听青

uən 昆魂闻文

yn 春谆熏文永庚琼清

aŋ 忙唐张阳巷江

iaŋ 凉阳讲江

uaŋ 荒阳双江

oŋ 慕模母侯弘登猛庚棚耕风东木屋宋冬恭锺

ioŋ 兄庚穷东凶锺

武汉方言韵母的特征主要表现在以下 5 点：

（一）合口呼韵母比普通话少

一些普通话里念合口呼韵母的字，武汉方言念成开口呼韵母。如：

例字	武汉方言韵母	普通话韵母
都图努鲁；租醋诉	ou	u
对腿；最脆岁	ei	uei
短团暖乱；钻窜酸	an	uan
蹲吞论；尊村孙	ən	uən

这些字主要来自古合口端系一等字、合口端系三四等字的一部分及通入知系字等。

（二） in 与 iŋ、ən 与 əŋ 混读

武汉方言韵母有 –n、–ŋ 两个鼻音韵尾，大多数前鼻尾韵和后鼻尾韵的字是泾渭分明的，比如 an ≠ aŋ、ian ≠ iaŋ、uan ≠ uaŋ。但是 in、iŋ 相混，ən、əŋ 相混，应该读后鼻尾韵的字混入前鼻尾韵。比如：音 = 英 [in⁵⁵]、津 = 京 [tɕin⁵⁵]、陈 = 程 [tsʰən²¹³]、慎 = 剩 [sən³⁵] 等。

（三） 武汉方言 [y] 韵母字比普通话多一些

古遇摄合口三等鱼、虞两韵的字与知、庄、章组声母和日母相拼时，武汉方言都念成 [y] 韵，声母也相应地念成 tɕ、tɕʰ、ɕ。比如：猪 = 诸 = 蛛 = 珠 = 居 [tɕy⁵⁵]、除 = 储 = 厨 = 渠 [tɕʰy²¹³]、书 = 舒 = 输 = 殊 = 虚 [ɕy⁵⁵]、如 = 儒 = 鱼 [y²¹³] 等。

（四） 武汉方言 [oŋ] 韵的字比普通话多

古遇摄合口一等模韵明母、流摄开口一等厚韵明母、通摄合口一等和三等屋韵明母字，在武汉方言里都读成 [oŋ] 韵。如：暮、慕、墓、募 [moŋ³⁵]、母、姆、拇 [moŋ⁴²]、木、沐、目、穆、牧 [moŋ²¹³] 等，都是由阴声韵转为阳声韵。

（五） 武汉方言有几个比较独特的韵母，像 ɯ、io、uɤ。如：儿、而 [ɯ²¹³]、耳、尔 [ɯ⁴²]；脚、爵 [tɕio²¹³]、约、药 [io²¹³]、国、蝈 [kuɤ²¹³] 等。

三 声调

武汉方言有 4 个声调（不包括轻声），分别是：

阴平 55　　施披都亲方天三
阳平 213　　时皮琴房娘托读
上声 42　　史痞赌楚九有体
去声 35　　事譬度背到坐愿

武汉方言声调的特点：

（一） 声调数目不多

武汉方言单个字调只有阴平、阳平、上声、去声四类（不包括轻声）。古入声字不论声母的清浊，都归入阳平。如：一、揖、乙、益、译、宜、移都读作 [i²¹³]；撲、僕、璞、曝、蒲、葡、菩都读作

[pʰu²¹³]。

（二）声调的调型跟西南官话基本一致

阴平是平调（55），去声是升调（35），上声是降调（42），阳平是降升调（213）。

四 文白异读

武汉方言文白异读现象不是太突出，最常见的文白异读主要是古见晓组影组开口二等字，在武汉方言中文读为 tɕ、tɕʰ、ɕ 或零声母，白读音则为 k、kʰ、x 或 ŋ 声母。这是西南官话里比较普遍一种文白异读现象。如：

异读词	白读音	文读音
角	kuo²¹³ 牛～	tɕio²¹³ 几～钱
窖	kau³⁵ 地～	tɕiau³⁵ ～肥
戒	kai³⁵ ～烟	tɕie³⁵ ～严
豇	kaŋ⁵⁵ ～豆	tɕiaŋ⁵⁵ ～豆
掐	kʰa²¹³ ～菜	tɕʰia²¹³ ～菜
敲	kʰau⁵⁵ ～门	tɕʰiau⁵⁵ ～推
吓	xɤ²¹³ 莫～我	ɕia³⁵ ～唬
醎	xan²¹³ 菜～了	ɕian²¹³ ～菜
晏	ŋan³⁵ 天～了晚了	ian³⁵ ～子春秋
樱	ŋən⁵⁵ ～桃	in⁵⁵ ～花节

第二节 20 世纪初期汉口方言的记录

方言研究中，特别在考察方言的演变时，现存的该方言历史文字语料是一种不可或缺的有力佐证。不过，有些方言留存下来的书面历史文献很少，给研究带来很大的困难。武汉方言也是如此。本节将介绍一本记录 20 世纪初期武汉方言口语的文献——《汉口语自佐》为武汉方言的历时研究提供一些可供参考的资源。

一 《汉口语自佐》简介及版本

《汉口语自佐》成书于 20 世纪初期，是以日本人为对象的汉口话教材。作者江矜夫，出生于汉口，在东京住过七年半，回中国后在汉口教日本人汉口话、北京话。此书为他自编的汉口话教材。[①]《汉口语自佐》现存两个版本：一个版本是收录于《中国语学资料丛刊·尺牍方言研究篇第 4 卷》（波多野太郎 1986 年，东京：不二出版）的《汉口语自佐》，由东京东海堂出版于昭和十年（1935 年）。另一个版本是由汉口日日新闻社出版于大正十年（1921 年）的《汉口语自佐》，藏于日本的山口大学、东京外国语大学和京都产业大学图书馆。另外，东北大学（日本）图书馆收有山口大学藏本的复印件。本次研究使用的是山口大学图书馆藏本。

以上这两个版本出版时间相差 14 年，但是收录于《中国语学资料丛刊》的版本在作者"自叙"部分，落款时间写的也是"民国 8 年（1919 年）"，因此可以推测此书大概成书于 1919—1921 年。可见山口大学等图书馆所藏的汉口出版的版本应该是原版，丛刊里的是后来的再版。笔者仔细比较了这两个版本，发现两者大致相同，但也有一些出入，主要是有些译文有改动、标点符号有改动，还有个别地方用字用词略有不同。但特别要指出的是《中国语学资料丛刊》收录的版本（以下简称"常见版"）存在若干明显错误，而原版是正确的。因此，本节首先逐一列出两版本上的不一致之处，作为对常见版的校正。

原书的日语字母都用的是片假名，汉语部分都用的是繁体字。为了行文方便，日语用了平假名，汉字也都用了简体字。但在不得不用繁体字说明问题时保留使用了繁体字。

（一）翻译的改动

（1）常见版 P86 汉口话：我要到火车站去接他。
　　　　　　　　译文：私は彼を迎へに停車場へ行きます。

[①] 据《汉口语自佐》的"自叙"及"例言"部分。"例言"部分为日语，原文如下：本書は著者が東京七年有半其間日本語研究に没頭し帰漢してより北京語及び漢口語を日本人士に教授する事　原文均无标点，现从之。以下注中引用原文时均同样处理。

原版译文：私は停車場へ行って彼を迎へます。
(2) 常见版 P86 汉口话：你走错了路了。
　　　　译文：君は道を間違へたのだ。
　　　　原版译文：君は道を踏み迷うた。
(3) 常见版 P87 汉口话：那个小伢光贪玩。
　　　　译文：あの小供は遊んでばかりいます。
　　　　原版译文：あの小供は遊んで許り居ります。
(4) 常见版 P88 汉口话：病重得很、先生不肯下药。
　　　　译文：病気が重くて医者が薬を出しません。
　　　　原版译文：病気が重くて医者が配剤しません。
(5) 常见版 P102 汉口话：你安得试下子。
　　　　译文：君は箝めて御覧なさい。
　　　　原版译文：君は箝めて見て御覧なさい。
(6) 常见版 P93 汉口话：袷衣裳是二四八月穿的。
　　　　译文：袷は二月四月八月に着るものです。
　　　　（この月は旧暦によるものなり）
　　　　原版译文：没有括号内的注释。

在这几处日语译文的更改中，例（2）是原版的一个错误，常见版改正了。例（6）是加了一个注释，这样比原版更清楚。另外几例更改，虽然在意思上没有什么区别，但显然后出的"常见版"更注意用自然的日语，原版的翻译则比较生硬。比如例（4）的"配剤しません"一般在日常生活中，至少在口语中不用，但有汉字知识的人能看懂。而"薬を出しません"就是很常用的日语表达了。

（二）标点更改

严格地说，该书中的标点还称不上现代汉语里的"标点符号"，因为除了句末用"。"以外，在句中都只有"、"标示出句中的停顿处。标点的改动主要表现在以下几个地方：

"日常问答"部分，原版都没有标点。"常见版"都用"、"标出了停顿。但其中有一个错误是下例（7）：

(7) P124 误：既是这样说、我跟你说下子、看你明天来听回信吧。
　　　　正：既是这样说、我跟你说下子看、你明天来听回信吧。

这儿的"看"表示"试试",显然是跟在前面的动词"说"后面的,意思是"试着说一说"。

（8）常见版 P91　　这个楼好、太阳满照。
　　　原版　　　　　这个楼好太阳满照。
（9）常见版 P91　　一个人聪明、一个人茖糊涂）。
　　　原版　　　　　一个人聪明一个人茖（糊涂）。
（10）常见版 P94　　今天的太阳大、打一把阳伞去。
　　　 原版　　　　　今天的太阳大打一把阳伞去。

总的来看,原版几乎没有标点,特别是句中标点,可见当时(1919—1921 年)还没有使用现代意义的标点符号。① 第（9）例是"常见版"的一个错误,漏掉了半个括号。

(三) 字词改动

（11）常见版 P93 他的屋里安了电灯了。
　　　 原版　　　　　　　　电气灯
（12）常见版 P126 是东洋寄来的大阪朝日新闻。
　　　 原版　　　　　　　　　　　每日
（13）常见版 P131 如今的人连几岁的小伢们都是拐的啊。
　　 "北京话"对照部分,把汉口话"小伢"的对照词写为"孥子"。
　　　 原版写为"孩子"。
（14）常见版 P137 扫了地就抹驾伙
　　　 原版　　　　　　　　 傢伙

这些改动中,有的是随着时代的发展,说法改变了,如"电气灯"改说"电灯"了。有的纯粹是同音替代,比如例（14）。不过,例（13）的更改却是错误的。"孥子"是"儿子"的意思,而汉口话的"小伢"就是指"孩子",所以原版是正确的。

另外,还有许多单纯的文字错误,现一起归纳为下表,见表 2-1。

---

① 也可能是作者沿用了日语的标点用法。日语的书面语一般只用"。"和"、",问句也可以不用问号。

表 2-1　　　　　《汉口语自佐》两版本正误对照

常见版页数	正	误
P90	原版：脑壳有病、很难过。	常见版：脑穀有病……。
P92	常见版：把那枝花插在花瓶里去吧。	原版：把邦枝花……
P93	原版："肥皂"的北京话对照为"胰子"	常见版："肥皂"的北京话对照为"这子"
P106	原版：我想到贵行来效劳。	常见版：……来效荣。
P123	原版：正嗒在请经手的。	常见版：正莊在请……
P130	原版：这一向人蛮懒的。	常见版：……人满懒的。
P134	原版：邀落的一出戏叫黑籍冤魂。①	常见版：……叫黑箱冤魂。
P134	原版：这是劝人莫吃鸦片。	常见版：……劝人吃莫鸦片。
P137	原版：到青岛行里去办事。	常见版：……去事事。

通过表 2-1 可知，常见版错误比较多，而原版则质量高，可靠得多。

二　《汉口语自佐》的内容和体例结构

（一）内容

全书由"通用散语"和"日常问答"两大部分组成。前半部"通用散语"主要是汉口话的一些基本短语和单句。内容包括 22 个小类：1. 数目、2. 时候、3. 天文、4. 地舆、5. 方向、6. 伦常、7. 称呼、8. 铺店、9. 身体、10. 房屋、11. 傢伙、12. 衣冠、13. 饮食、14. 果谷、15. 草木、16. 金石、17. 飞禽、18. 走兽、19. 昆虫、20. 鱼鳖、21. 熟语、22. 杂话。

其中的"熟语"部分主要是一些成语或俗语的用例，例如：

（15）那个不行、简直是水底捞月。

（16）他一天到黑光同三朋四友一路玩。

---

① "黑○冤魂"是戏名，本来难以确定是哪个字。但根据第 2 个字的日语注音"チ"，可推知应该是"籍"，而不是"箱"。

（17）那个事情七言八语的不好办。

而"杂话"则是一些归不到上面各类中的日常用语，主要还是商业方面的用语。例如：

（18）您驾放心、我们不相欺的。

（19）划得来就做、划不来就拉倒。

（20）我们不瞒价钱。

除了像上面几个例句这样的单句以外，此部分还包括一些短语，比如"数目"部分，收录有简单的数量表达法，如：两个男家、三个小伢、四位先生等。

后半部"日常问答"可以说是场面对话集，也就是说，都是在设计好的各种情境下的会话短篇。该书设计了 28 种情境，具体如下：

第一章买卖成交	第二章武汉视察	第三章介绍主顾
第四章奇货可居	第五章回乡省亲	第六章华人好恶
第七章天地皆春	第八章应酬须知	第九章夏日闲话
第十章雪天围炉	第十一章旅行遇险	第十二章街邻失慎
第十三章相约同游	第十四章托请西席	第十五章代卖规则
第十六章聘用经手	第十七章购买古玩	第十八章谈论新闻
第十九章打听消息	第二十章预备游历	第二十一章谈今论古
第二十二章家庭杂话	第二十三章讲说戏剧	第二十四章预设酒席
第二十五章规诫仆役	第二十六章辞别转任	第二十七章趣猜哑谜
第二十八章新书出版		

从内容上来看，这 28 个情境对话主要是生意场上的各种场面、中国人和日本人——主要是日本商社职员打交道的各种情景。可见这本书作为教材，使用对象是很明确的，而编者也特别注意使用对象的要求，尽力使用一些实用的例子。这一编辑思想在今天的对外汉语教材编写中也是值得称赞的。

（二）全书的结构体例

全书为竖排，分为 3 段，中段是汉口话，上段是一些和汉口话说法不同的北京话的对照说法，下段是日语翻译。汉口话部分每个字的右边有用日语片假名标注的发音，如果一个字可以有两种读音的话，在这个字的左边也会用片假名标出另一种发音。遇到汉口话和北京话用字说法不同时，在该词的左边用双竖线"‖"标出，然后在上段写有北京话的说法。另外，一些常用名词，比如月亮、太阳、桌子、剪子、洗脸盆等，这些词的汉口话说法右边（片假名注音的右边），注有"▲"标记，然后在日语翻译中，和该词相当的部分也用"▲"标出，这样就可以知道这个词在日语中的说法，反过来，也就可以找到一个日语词的汉口话说法。下面请看原书中的一页，见图2-1。

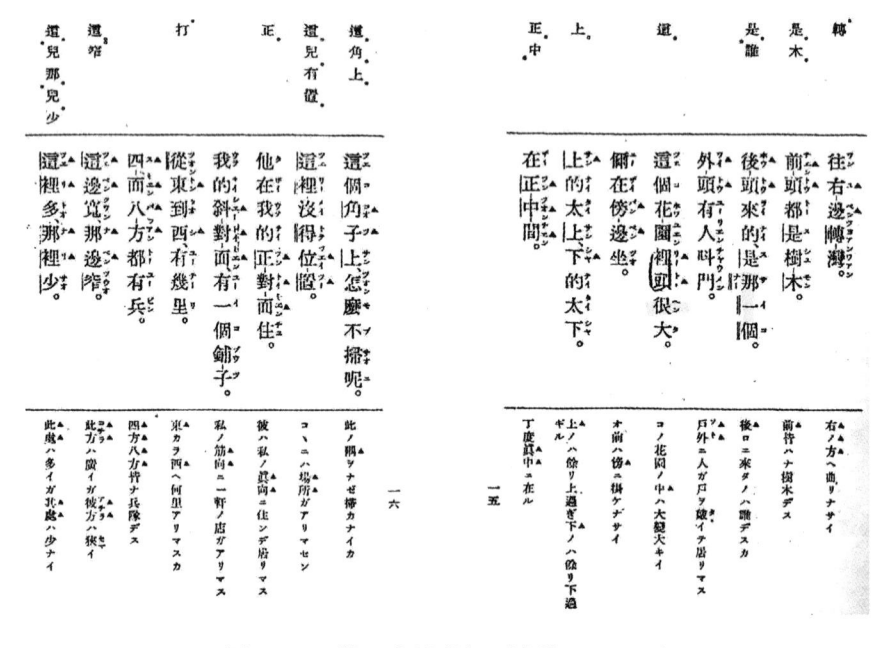

图2-1 《汉口语自佐》原书第15—16页

以右边第三个句子"后头来的是那一个"为例。"后头"的右边有"▲"标记，下段日语翻译中的第一个字"後ろ"右边也有一个这样的标记，这就是说，武汉话的"后头"，就是日语"後ろ"的意思。再看"那"的右边片假名注音是"サ"，而左边还有一个片假名注音"ナー"，意思是说这儿的"那"有两种读音，念"sa"或者"nâ"都可以。另外，"那一个"这三个字的左边画有双竖线"‖"，在上段北京话部分有"谁"这个词，意思是说，汉口话的"那一个"在北京话里说"谁"。如此等等。看起来十分简单的课本，实际上信息量很多，体现了作者非常的细心和周到。

另外，在汉口话部分，除了画有"‖"记号外，还有的字左边画有单竖线"｜"标记。在该书最前面的"例言"里，作者也写道："汉口话和北京话发音不同的地方，在本文汉口话的左边画上单竖线'｜'，然后上段写出北京话发音。"① 所以我们能看到这个句子的汉口话"是"字左边画有单竖线"｜"，上段北京话部分也写着一个"是"，而且这个"是"字右下有一个小圈，意思是北京话的"是"读作去声。② 可见，作者虽然说要注出北京话发音，但其实只标注了北京话的声调，并没有注明具体的读音。

总的来说，不论是第一部分"通用散语"还是第二部分"日常问答"，该书在内容上偏重商务用语，生意场上的寒暄语，这跟作者的编辑思想有关，也是该书内容上最大的特点。另外，该书还比较注意向外国人（日本人）介绍一些包含中国文化因素的东西。比如，在第二部分的"华人好恶"这一段里，假设要给一种新商品做一个牌子，介绍中国人喜欢哪些动植物，忌讳哪些东西；在"天地皆春"里介绍中国春节的拜年；在"应酬须知"里介绍如何打招呼，等等。体例上清楚简洁，照顾日本人的学习习惯（比如用片假名注音），力求使用方便。

三 《汉口语自佐》的特点、不足及存疑之处

作为一部面向工作、生活在武汉的日本人教授武汉话的口语教材，《汉口语自佐》从语言研究角度来看，有如下一些特点及不足。

（一）语音方面

因为该书不是方言研究专著，所以最大的弱点是注音问题。上面已经提到，全书都是用日语片假名在汉口话的右侧给出相应的发音，完全没有声调。而日语的语音系统本来就比较简单，这显然很难准确地反映

---

① 原文如下：漢口語と北京語と発音の異なる点は即ち本文漢口語の左側に｜を付して上段にこれが北京音を註す。

② 该书并没有关于这些小圈符号的说明。笔者认为，这应该是标记声调的一种方法。中国传统语音学就有在四角画圈表示声调的办法——发圈法。1918年教育部公布的"注音字母"也是采用"四角点声法"标注声调。从《汉口话自佐》的成书年代来看，应该也是用的这种声调标注法。

汉口话语音的真实面貌。而且没有声调，其实学习者也几乎不可能重现这个发音。不过，对于熟悉汉口话的笔者来说，看着片假名也大概能念出来。这里有 3 点值得注意：

1. 边音与鼻音问题

该书标记的汉口话语音里，声母区分了鼻音"［n］"和边音"［l］"。比如：

　　　　ニー　ツウオ　リー　テイ　スチヤウ　バー　ナイコ　ニ
（21）你　　这　　里　　的　　事　　交　　把那一个　呢？（P108）

这里的"你、那、呢"都用的是"ナ"行片假名，也就是鼻音"［n］"，而"里"用的是"ラ"行，也就是边音"［l］"。据赵元任、丁声树、杨时逢、吴宗济、董同龢（1948）在民国二十五年（1936年）对汉口方言的调查记录，汉口话声母的特点之一就是"泥来两母洪细音全混"①。朱建颂（1992）也认为，20 世纪上半叶，汉口方言的"声母 n、l 的全部字合并为 n。包括中古泥来母字和大部分日母字"②。后来刘兴策、赵葵欣（1997）的记录也是 n、l 不分的。而且，声母 n、l 不分，不仅是汉口话所独有的，几乎可以说是西南官话的一种共性。

但是，笔者在另一本 20 世纪初期的汉口方言资料——《马可福音》的武汉方言译本里，也发现了［n］、［l］区分的记录。因此笔者认为，在 20 世纪初的武汉方言里还是存在［n］、［l］两套声母的，［n］的消失应该是更晚一些时候发生的。关于这一点本章第三节将作更详细的讨论。

2. 送气音与不送气音

在《汉口语自佐》一书中，所有语音标注都不区分送气音和不送气音。比如下面的注音：

　　住チュ——处チュ　　　既チ——戚チ
　　肯ケン——跟ケン　　　大ター——他ター

---

① 赵元任、丁声树、杨时逢、吴宗济、董同龢：《湖北方言调查报告》，商务印书馆 1948 年版，第 88 页。

② 朱建颂：《武汉方言研究》，武汉出版社 1992 年版，第 6 页。

但这是没有办法的。因为本书用片假名标音，而日语里本来就没有送气音和不送气音的区别。

3. 音变现象

该书记录了"哪"的一个音变现象："是哪个——スサコ"（P86）。作为疑问词的"哪"在武汉方言里一般都念作[na^{42}]，但是在问"是谁"的这个词"是哪个"里，确实多说成"[sa^{42}kuo^{35}]"，这个念法一直到现在也是如此。

（二）词汇方面

因为《汉口语自佐》毕竟是一本以外国人为对象的汉语教材，所以在语言选择上略显文雅，受北京话影响的痕迹比较明显。特别是在疑问词及问句使用方面。据朱建颂（1992）、赵葵欣（1993）、刘兴策、赵葵欣（1997）以及本书第七章对武汉方言问句系统的全面考察都表明，武汉话里是没有"吗"是非问的，普通话里的是非问在武汉方言中一般都用语调型疑问句或正反问句表达。可是，《汉口语自佐》书中出现了不少"吗"问句。如：

（22）饭还没有好吗？①（P94）

（23）这把菜刀是钢的吗？（P97）

　　　珍珠也有假的吗？

（24）你看见过凤凰吗？（P98）

（25）贵行的大班在屋里吗？（P122）

（26）如果有卖不出去的货还可以退吗？（P123）

这些句子如果用地道的汉口话说，应该是：

（22）′饭还有好？

（23）′这把菜刀是不是钢的？

　　　珍珠也有假的？

（24）′你看冇看倒过凤凰？

（25）′贵行的大班在不在屋里啊？

---

① 原书没有"？"，都是用的"。"。笔者为现在阅读方便，问句后都改为了"？"，以下皆同。

(26)′如果有卖不出去的货可不可以退啊？

除了"吗"问句以外，疑问词"怎么"、"怎么样"也是比较文雅的用法。问原因的"怎么"和问方式、状态的"怎么样"在汉口话里一般都说"么样"。但是，在这本书里都没有出现。例：

(27) 冬瓜怎么冬天不出呢？（P94）

(28) 杂粮的行市怎么样？（P96）

(29) 他们是怎么起的火呢？（P118）

这三个例子在地道的武汉话里都应该是用"么样"来问的，即：

(27)′冬瓜么样冬天不出呢？

(28)′杂粮的行市么样？

(29)′他们是么样起的火呢？

不过，另外一个疑问词"什么"却出现了很地道的用法。"什么"在汉口话里一般说成"么事"或者"么"，这在书中出现了很多。例：

(30) 啤酒是么事做的？（P95）

(31) 这位令亲是做么事的？（P108）

(32) 那个鹊笼里是么鹊子？（P98）

(33) 汉口的桂鱼东洋叫么鱼？（P99）

(34) 还看了些么戏呢？（P134）

但同时"什么"也出现在多个例句里。例：

(35) 有什么现成的菜？（P95）

(36) 东洋的喇叭花很有名、什么颜色都有。（P96）

(37) 您驾你出得什么价钱？（P103）

相对来说，在第二部分"日常问答"中，"么事/么"的使用明显多于"什么"，可见这一部分作者有意识加工的痕迹比较少，所以比较地道的说法得以保存下来。

虽然本书有一些比较文雅的表达法，但同时也记录了一些非常地道的汉口话词汇，例（后面小字是相应的普通话说法）：

(38) 这几天<u>淋了</u>这么厚的冰。结了这么厚的冰（P85）

(39) 令尊令堂都<u>鲜健</u>啊。健康（P87）

(40) 好，卖得您驾就是。你（P107）

(41) 好比要用小东西呢。比如（P110）

(42) 称呼人家有分别没得？没有（P112）

(43) 是么外处还讲礼行。不是外人不用客套（P116）

(44) 不咖喊得、我等一下、不要紧。不用叫（P120）

(45) 好说、这要么紧呢。这没关系（P122）

(46) 我改天有工夫来邀你一路看去。一起（P134）

(47) 好撇头的事，那不要发财了。容易（P125）

(48) 你东一下西一下，那是么名堂呢。干什么（P137）

例（38）的"淋"不是本字，读作"[nin³⁵]"，《武汉方言词典》里也收有这个字，写作"凌"，释义为"冻，（液体或含水分的东西）遇冷凝固"①。《汉语大字典》里"凌"这个字的注释有："（一）《集韵》里孕切，去證来。耕部。结冰。"发音、意思都吻合，所以，可能这个"凌"就是本字。这是非常地道的武汉方言。例（39）—（48）的"鲜健、您驾、好比、讲礼行、要么紧、撇头"等也都是很地道的武汉方言词。例（44）的"不咖"应该是"不消"，意思是"不用"，书中的片假名注音也标作"シャ"（xia），只是不知为何在这里用了"咖"这个字。

（三）语法方面

除了地道的词汇，《汉口语自佐》还反映了一些武汉方言中较为特殊的语法现象，值得注意，如：

1. "把"的用法

(49) 您驾你看值几多把几多。（P102）

(50) A：那一半卖把那一家。（P107）

　　　B：卖得三井洋行。

　　　C：这一半卖得我咧。

　　　D：好，卖得您驾就是。

(51) 你这里的事交把那一个呢。（P108）

---

① 朱建颂：《武汉方言词典》，江苏教育出版社1995年版，第305页。

(52) 把那枝花插在花瓶里去吧。(P92)

(53) 把您驾受了等、用了早饭吗？(P120)

例（49）的"把"是动词，"给"的意思；例（50A）、（51）是介词，用在动词后引进动作的对象；例（52）则是跟现代汉语普通话几乎完全一样的处置句用法，"把"可以看作处置标记；而例（53）则类似使役用法，意思为"使、让"。这些记录显示了武汉方言"把"的多功能用法，从动词到介词，从处置到使役，是非常有意思的问题。关于这一点，本书第八章还会详细讨论。

2. 动词后"得"的用法

上文中出现的几个关于"得"的例子再引如下：

(37) 您驾你出得什么价钱？(P103)

(44) 不咖喊得、我等一下、不要紧。(P120)

(50) A：那一半卖把那一家。(P107)

　　　B：卖得三井洋行。

　　　C：这一半卖得我咧。

　　　D：好，卖得您驾就是。

例（37）"出得什么价钱"是表示可能的用法，相当于普通话"能出什么价钱"；例（50B/C/D）"卖得"的"得"是引入动作对象，相当于普通话的"卖给……"。在当今武汉方言中多说成"V倒"，但是据笔者的调查，70岁以上的武汉话母语者都使用"V得"而不认可"V倒"[1]。这说明"得"的这种用法在武汉方言中已有消失的倾向。另一例（44）句中的"得"是可以省略的，说成"不咖喊，我等一下"也没问题。那么这些动词后的"得"究竟是不是同一个词，该如何分析，跟"倒"又有何关系，是如何演变的，都是值得更进一步研究的问题。

3. "越……越……"的用法

(54) 学话的时候，越多念越会。念得越多越熟练（P102）

---

[1] 根据为笔者在2019年12月至2020年1月对四位70—90岁的武汉方言母语者（70—80岁1名、80—90岁2名、90岁以上1名）进行的访谈调查。

（55）好的学不会、拐的不学就会、越过越发坏了。_{越来越坏了}（P111）

例（54）、（55）两个使用"越……越……"的句子，也很有特点。特别是"越多念越会"这样的说法在普通话里是不能接受的，得改用补语的方式，说成"念得越多越……"，可武汉话用动词前直接加形容词"越多念越……"来表达。而根据笔者调查，40 年龄段的中青年人表示虽然这种用法听过，但现在大多已经不用。可见，由于普通话的影响，这种地道的武汉话也正在消失。因此，该书记录的这些汉口话文字语料显得更加难得，是有相当价值的。

（四）历史用法及存疑

最后，还要指出的是，《汉口语自佐》里记录的汉口话，有一些现在已经不用了。这包括词汇的问题，比如"橡皮雨衣、印色"等，就是现在的"雨衣、印泥"。这些比较容易理解，可还有一些说法，对笔者来说非常陌生，因此笔者将这些说法列出来，做了一个简单的调查。调查显示，40 岁以下的人已经大多不能认可这些说法，而现年 70 岁以上的生长于汉口的几位老人，均表示自己用过或听过这些说法。可见，这些说法在历史上是存在的，只是随着时代的变迁，都已经不再使用。作为资料，笔者将这些说法一一列出（后面小字为相对应的普通话意思）：

（56）月底月半是两个<u>比期</u>。_{发薪日}（P84）

（57）五湖四海他都<u>走高</u>了_{走遍了}、所以很讲交情①。（P86）

（58）老王在花园里<u>湮水</u>。_{给花浇水}（P91）

（59）您驾放心、我们不<u>相欺</u>的。_{欺骗}（P102）

（60）他是做生意的<u>好老</u>。_{好手}（P102）

（61）这个<u>码字</u>都抄错了。_{数字}（P102）

（62）您驾来了希客啊。
<u>不希不希</u>、我因为下乡去了个把月。_{不算什么稀客}（P106）

---

① 据朱建颂《武汉方言概要》，华中师范大学出版社 2009 年版，第 106 页，此处"高"应写作"交"，意思为"遍、全"，表示动作的范围。

（63）这些货都是很<u>合贵国人的用</u>、先生外买一点吧①。对贵国人来说很适用（P106）

（64）旱路也不过一天就<u>好到</u>。可以到（P108）

（65）费心费心、我出来了再来为<u>情</u>。感谢（P109）

（66）还请您<u>驾的教</u>、不喜欢的是那些东西。还请教您（P110）

（67）耽误您驾的半天工夫、改天来<u>奉望</u>。拜访（P110）

（68）这两天我实在<u>热的来不及了</u>。热得受不了（P114）

（69）回去玩几个月呢？

总是三个月的<u>谱子</u>。三个月左右（P114）

（70）好的<u>离</u>保安会近一下都来了。好在（P118）

（71）（谈火灾时）要是不小心、自己也不得了、又<u>带牵</u>街坊。连累（P119）

（72）<u>把您驾受了等</u>、用了早饭吗？让您久等了

<u>有遍有遍</u>②、您吃了没有吃？客套话，表示"我已经吃过了"（P120）

（73）那回他说<u>安置</u>在卖房子、卖了还我的。安排（P128）

（74）<u>邀落</u>的一出新戏叫黑籍冤魂。最后（P134）

（75）我在这里几年、实在<u>承情得很</u>。承蒙照顾（P138）

可是，另外还有一些句子，被调查者，包括70岁以上的地道武汉人，均认为汉口话没有此类说法。作为资料，特存疑于此。

（76）这个霉霓天，倒身子总不大<u>如法</u>③。（P130）

（77）昨天到府上来奉望、正遇您驾到外头去了。

实在<u>躲避得很</u>。（P120）

（78）先生好啊、前天来拜望啊、您驾不在屋里。

<u>躲避躲避</u>、这一向宝行的生意好啊。（P140）

本节从版本、内容、体例等方面详细介绍了《汉口语自佐》这本

---

① 此处"外"疑为错字，但原版和常见版都是这个字。可是根据旁边的片假名注音"トオ"以及日语译文"少し余分に御買ひなさい。"，笔者推测这儿应该是"多"字。

② "有遍"疑为"有偏"。《汉语大字典》"偏：客套语。表示先用过或已用过茶饭。""有偏"的客套话在湖北潜江也有。

③ 朱建颂《武汉方言词典》（1995：36、245）收有"不如法"一词，释义为"身体不舒服"。

书，指出现存的两个版本，虽然出版时间相差比较远，但改动不大。不过原版错误少，质量高，"常见版"则错误较多。并进一步通过对比，尽可能详尽地列出了"常见版"中的各处错误，算是对后出的这一版本的一次校对。在介绍了该书内容、体例的基础上，进一步指出该书的特点和不足。最后，还对该书中所记录的 20 世纪初期的汉口话进行了初步整理，指出了该书中保存的一些地道的语料、稍显文雅的表达、口语发展变化的痕迹等，特别还提出了一些尚未证实的问题以待考证。

总的来说，《汉口语自佐》作为一本以日本人为教学对象，教授汉口话的教材，它注重学习对象，讲究实用，用日本人熟悉的片假名标注发音，并列出一些常用基本词汇的北京话、日语说法，对学习者来说比较容易接受，也是比较方便的。而同时，它又是差不多一百年前汉口话口语的客观记录，是研究武汉方言的难得的历史文字资料。虽然此书在语音记录上存在很大问题，但在研究武汉方言口语方面还是有相当价值的。

附录一　《汉口语自佐》相关语言点调查问卷

性别　　　年龄

以下例句出自《汉口语自佐》（江矜夫著），这是本成书于 1919—1921 年的汉口话方言教材。请阅读这些句子，判断它们（主要是画线部分）是否成立。如果你自己用过或听说过这样的说法，就算成立，否则算不成立。请在你认为不成立的句子前标上"？"。

句子后的括号里，是根据该书作者日语翻译或解释推测出的画线部分词的意思，仅供参考。

谢谢合作。

（　）月底月半是两个比期。（据日语翻译，意为：发薪日）

（　）五湖四海他都走高了、所以很讲交情。

（　）老王在花园里湮水。（据日语翻译，意为：给花浇水）

（　）这个晒台很矮。（据日译，意为：晾衣竿之类的东西）

（　）那回他说安置在卖房子，卖了还我的。

（　）这个霉霓天，倒身子总不大如法。

（　）<u>邀落</u>的一出新戏叫黑籍冤魂。（最后）
（　）我在这里几年、实在<u>承情</u>得很。
（　）好的学不会、拐的不学就会、<u>越过越发坏了</u>。
（　）学话的时候，<u>越多念越会</u>。
（　）您家放心、我们不<u>相欺</u>的。
（　）他是做生意的<u>好老</u>。（好手）
（　）这个<u>码</u>字都抄错了。（数字）
（　）这<u>些</u>货都是很合贵国人的用、先生多买一点吧。
（　）旱路也不过一天就<u>好到</u>。（可以到）
（　）回去玩几个月呢？
　　　总是<u>三个月的谱子</u>。（根据日译，意为：3个月左右）
（　）费心费心、我出来了<u>再来为情</u>。
（　）<u>还请您家的教</u>、不喜欢的是那些东西。
（　）耽误您家的半天工夫、改天来<u>奉望</u>。
（　）<u>向前天</u>回来的、府上都好啊。（大前天）
（　）您家是几时到的？
　　　<u>上前天</u>早晨。（大前天）
（　）您家来了、希客啊。
　　　<u>不希不希</u>、我因为下乡去了个把月。
（　）这两天我实在<u>热的来不及</u>了。
（　）（谈火灾时）要是不小心、自己也不得了、又<u>带牵</u>街坊。
（　）好的离保安会近一下都来了。
（　）<u>把您家受了等</u>、用了早饭吗？
　　　<u>有遍有遍</u>、您吃了没有吃？
（　）昨天到府上来奉望、正遇您家到外头去了。
　　　实在<u>躲避</u>得很。（据日语翻译，意为：失礼了）
（　）先生好啊、前天来拜望啊、您家不在屋里。
　　　<u>躲避躲避</u>、这一向宝行的生意好啊。

附录二 《汉口语自佐》封面及正文样例

漢口語自佐 全

江 矜 夫 著

大橋末彥先生校閱
山口高等商業學校教授

自叙

漢口居吾國中樞水陸四達輪軌交通中外之商務薈萃而東邦人士以同文同種之關係尤以壤地相接有無相需其旅居斯土而與吾人相周旋也尤益夥則所以聯絡感情謀客主之福利寧違乎中日交誼之賓者固合互習共語言末由也顧一國之語有其大同者焉有其小異者焉識異而味共同與得同而遺其異俱不足以盡彼此之一

惜而究逐譯之卬彼東人之習我官語者亟趨而晉酬羞池酬對或不盡合亦猶吾人旅居東京僅習其普通之詞至神戶長崎則互有出入此譯書之所以難也僕負笈扶桑歸來漢上既日以中語與彼中人士相切磋而常地方言尤感當務所急是用采集東京淺常語互相勘對詞證其異同為別其標宜雜書問答次第列悉並以日語譯之賞為留漢日人學語之一助即鄉人之習日語者亦有所參考焉福夫成峽友人撐之付梓因名曰漢口語自佐二

38

怎麼能改呢。
上ノ老閙ハ下ノ者ガコレヲ彼フト云フ
コトヲ耳ニシナイ

這也難怪止行下効的
一句老話了。
師兀ダスカラ〔貴方ガタノ〕座ハ何ヤウ致シマス
イマダイマウノ言ヒ訳ヲシテ行カナ

不錯不錯今天實在多謝
得很改天再來請安
マダイサウ少シ話シテ行キタイ

還早多談一下子法龍
私ハ始メテ御國ニ來テ話モ解ラネ

第八章 應酬須知
我將到貴國來不懂得話

看罷能改呢。
生這是
上ノ老閙ハ下ノ者ガコレヲ彼フト云フ
コトヲ耳ニシナイ

的就那老先生年輕的
就叫先生這都是平常
的稱呼

到人家屋裡去一趟法說
中國一定的話都
是隨便各人也要看
呵候殿殿撹事。
支那ハ一定マタ音資ノハ各リヤセヌ
ガ總テテレハ定リマスケレドモ場合
ニヨツテ色々ガ臨時ニヒマス
人ノ家ニ行キ入フタ時ニ何ト云ヒ
マスカ

宜惜。
一塊兒
説沒有
粉去
上了。

又不曉得禮行。
慢々的都可以會的。
實在不方便請慾慾指
致指教。
好説我有工夫我們就
一路談々。
那呼人家有分別
有分別好比上了年紀

説一比方
時冷
時候
説
那時
説一個比方我聽
請你擁説一個比方我聽
好比天晴哼就説好
天氣大晴的時候就説
好大雨哼大風的時候
天氣大雨哼大風冷得很
就説冷
啊要是吃飯的時候就
問吃了飯麼做哪的

呼人家有區別例ハ八年寄ノ人ニ
區別ガアリマスカ

ドウゾ一ノ例ヲ開カセ下サイ
例ハヘ天氣ノ好イ時ハ大好ケ天氣
ダトカ雨ノ日ナラ大雨ダトケナニ
ダトカ風ダナラ大風ダトカ〔假令ハ〕
冷イ時ハ冷イト云ヒ御飯ヲ食フ時
ノ挨拶ハ御飯ヲ頂キマシタカト云フ
ノデス

第二章　武汉方言概貌

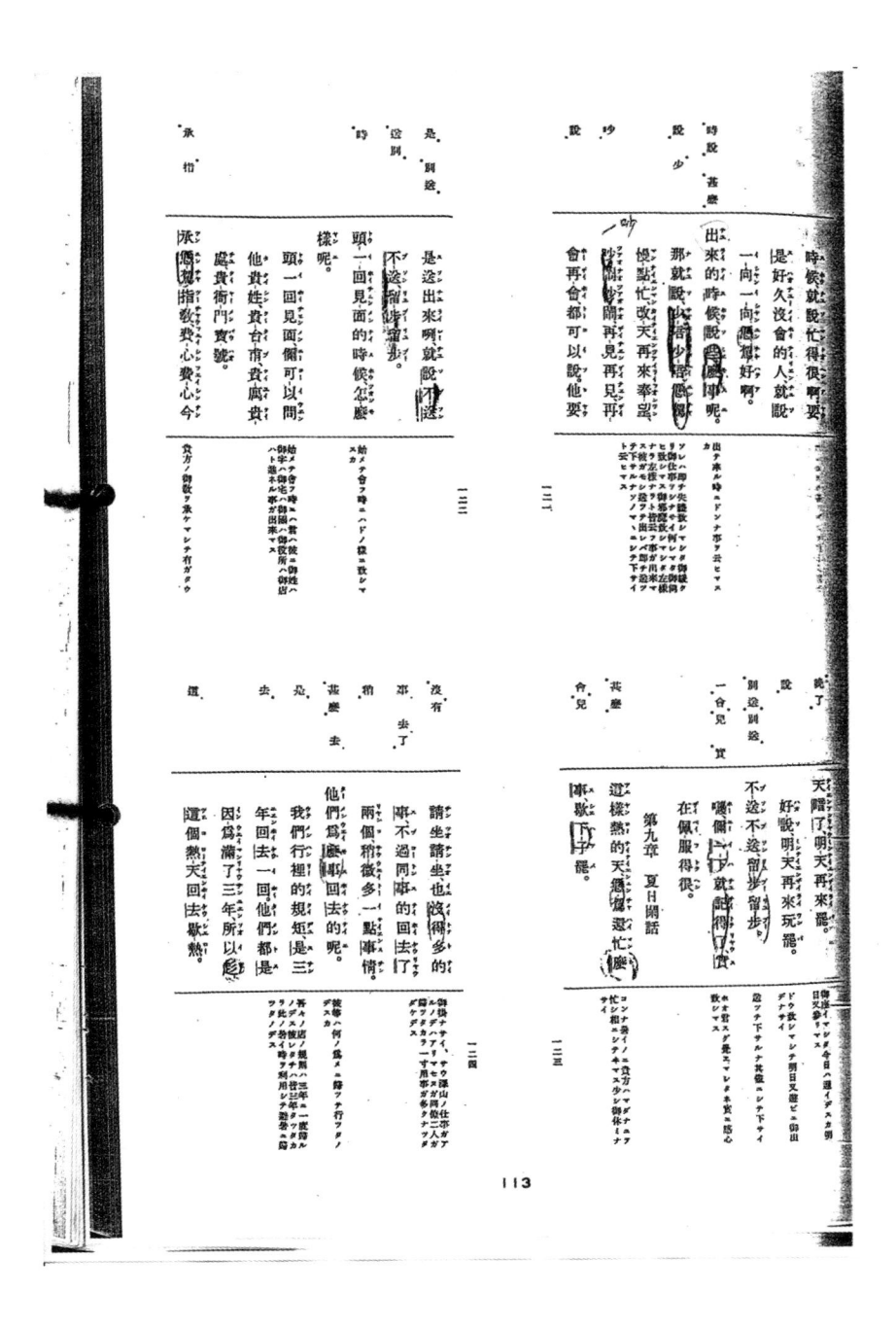

第三节　《马可福音》武汉方言译本的语音系统

19世纪起，大量传教士进入中国，为了方便传教，用各地方言宣讲圣经成为一种需要。因此，来华传教士们留下了大量的《圣经》汉语方言译本。游汝杰（2002）、赵晓阳（2003）对此都有较为详细的记述。只是由于种种原因，现在这些方言译本有很大一部分只存留于海外，国内很难见到。《马可福音》的武汉方言译本也是这样。

《马可福音》武汉方言译本出版于1921年，是属于London Mission（伦敦教会）的湖北皂市（现属天门市）福音堂出版的，由上海美华书馆（American Presbyterian Mission Press）排印。此书现仅存于American Bible Society图书馆，笔者通过该图书馆负责人Dr. Liana Lupas得到了此译本的照相版全书。本次研究以此照相版为语料依据。

这本《马可福音》的武汉方言译本，准确地说是汉口话译本。因为在书的封二上写明有Hankow Mandarin字样。这本书在研究《圣经》方言译本的文献中并不多见，最明确且比较详细的记录是Hubert W. Spillett（1975：167）编撰的 *A Catalogue of Scriptures in the Languages of China and the Republic of China* 一书，该书编号为799的《圣经》译本原文如下：

CHINESE – HANKOW COLLOQUIAL

The Hankow Colloquial dialect is spoken in Hankow,
one of the Wuhan cities in E. Hupeh province.

1921 St. Mark's Gospel in Kuan-hua Tzu-mu. (Hankow Mandarin)
London Mission. Tsaoshih, Hupei. 21.5 x 17.

A transliteration into Wang Chao script by J. L. H Paterson, L. M. S. English title, Chinese title. With word list of 50 phonetic symbols. Pp. 78

799

这一记录说明了《马可福音》武汉方言译本的作者、出版信息，而且还提到该书是用王照注音字母记录的，是目前能看到的关于此书最详细的记载。[①] 而且这些记录与笔者从American Bible Society图书馆得

[①] 澳大利亚西悉尼大学的Kenny Wang博士向笔者提供了诸多关于《马可福音》武汉方言译本的信息，特此致谢。《马可福音》武汉方言译本电子版，经原所藏图书馆同意，由Kenny Wang博士上传至 https://daozaishenzhou.wordpress.com/2020/12/02/fangyan/，可供阅览。

到的原书照相版完全吻合，也证明了本章所研究的版本是可靠的。

另外能看到的关于该书的记录有游汝杰（2002：96）在官话部分提到了《马可福音》武汉方言译本，标明此书现藏美经会（American Bible Society），还提到了此译本的翻译者为 London Missionary Society 的 L. H. Paterson。而另一本 Chan & David（2001：67）的记录则有误，该书将《马可福音》武汉方言译本划分在"圣经方言译本"的"吴方言"里，明显是错误的。

《马可福音》武汉方言译本的译者 Paterson, James Lee Hamilton （1884—1952），中文名巴德巽，又译作帕德逊，是英国伦敦会传教医师。1908 年来华，驻湖北武昌。辛亥革命发生后也一直留在武昌城内（王静 2012：55—57）。1926 年前后调驻上海，担任上海仁济医院院长，在上海仁济医院的历史档案中都能找到他的名字（彭晓亮 2013）。这大概也就是 Chan & David（2001：67）一书将这一译本归入"吴方言"的原因，显然他到上海后的医院院长身份更容易被注意到。

一　《马可福音》武汉方言译本的记音符号

《马可福音》武汉方言译本用王照注音字母记音。王照注音字母是清人王照（1859—1933）受日本假名字母的启发，制定的一个假名式汉语拼音方案，称"官话合声字母"。共有 50 个字母（声母）[①]，12 喉音（韵母）。这套官话字母从 1900 年到 1910 年，推行了 10 年，遍及 13 个省，成立推行官话字母的团体达数十个，是当时切音字运动中最有影响的一套拼音方案。从《马可福音》武汉方言译本的出版年代来看，该书采用这一套记音符号正是时代的印记。

不过，译本所用的合声字母并不是王照原来的那一套官话合声字母，而是根据汉口语音改写过的。在译本全书的最前面，首先附有"官话字母表汉口口音"以及"五十字母（汉口口音）之学法"的说明。

译本所采用的汉口口音官话字母表包括 3 个部分：35 字头、17 字尾和 5 声标准举隅。原书的这一套记音符号的复印件见图2。这 35 字头、17 字尾用国际音标转写过来如下。为了便于参照说明，字头、字尾采用与

[①] 王照将 i、u、ü 3 个介音，合在声母当中，所以声母有 50 个之多。

原文相同的顺序排列，上面和右边的数字是为了称名方便笔者所加（列从右至左分别为 1—7，行从上到下分别为 1—5。这样字头 35 号，就是字头第 3 列第 5 个 pɤ，对应于图 2-2 同一位置的符号。以下字尾亦同）：

35 字头：

7	6	5	4	3	2	1	
ku	tɕy	tɕi	xu	ku	ni	çy	1
y	pʰɤ	tɕʰi	tsʅ	mi	ti	na	2
li	su	u	sʅ	tɕʰy	i	tsʰʅ	3
tʰɤ	zʅ	tʰi	ɕi	pʰi	fu	pi	4
lɤ	tɤ	kɤ	kʰɤ	pɤ	xɤ	mo	5

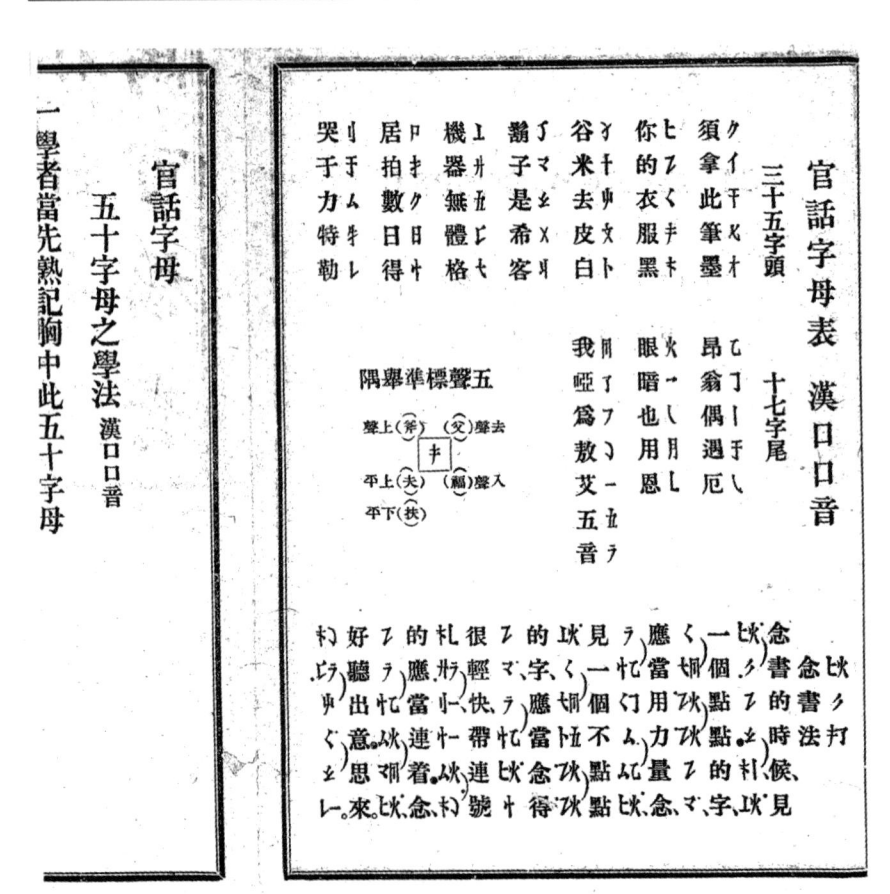

图 2-2 《马可福音》武汉方言译本记音符号原文

17 字尾：

3	2	1	
uo	iɛn	aŋ	1
ia	an	oŋ	2
uei	ie	ou	3
au	ioŋ	y	4
ai	ən	ɤ	5
u			6
in			7

下面分别做些说明：

（一）这套记音符号所谓的字头不仅是声母，其中包含了介音。一般一个声母都有两套符号，一套跟开口、合口呼相拼；一套跟齐齿或撮口呼相拼。比如同是声母［p］，跟开口呼、合口呼相拼时用字头 35 号，跟齐齿呼相拼时用字头 14 号表示。"不/补/布、把/吧、倍/备、伴/半、本"等的声母用字头 35 ［pɤ］表记，而"并/饼/病/柄、别、边"等的声母用字头 14 ［pi］表记。

（二）因为字头其实是含有介音的，也可以说是有韵母的，因此一个字头同时也可以独自成音节。比如字头 35 ［pɤ］、字头 14 ［pi］，就分别是"百、比"的记音符号。在整本书里，除了字头 63 号和 74 号以外，都有自成音节的例子。

（三）字尾一般用在字头后，跟字头相拼成为一个音节。比如"看、家"的记音符号分别是字头 45 + 字尾 22 和字头 51 + 字尾 32。但字尾也可以独自成音节。比如"安、亚"的记音符号就分别只是字尾 22 和字尾 32 本身。另外，字尾之间还可以互相组合，例如"字尾 36 + 字尾 33"是"为、唯"的记音符号，"字尾 36 + 字尾 35"是"外"的记音符号等。这大概是因为字尾 14 号［y］和字尾 36 号［u］实际上既出现在字头里，也出现在字尾里，且用同一符号表示。

（四）关于声调。该译本记录了当时的汉口音有五个声调，分别是上平、下平、上声、去声和入声。举的例字分别是：上平—夫、下平—

扶、上声—斧、去声—父、入声—福。这一记录表明当时武汉方言还有入声，比如以下这些字在该书中都记录为入声：

逼不白百必	麦蜜灭目	福服复伏乏	夺迭答渎	铁驼
骆落力立	离粒裂律	各鸽国谷格	喝黑	
脚即棘给~予结鸡		缺出除吃掐	息亵血	责嘱作
拆赦设察	束宿	热褥弱辱	一屋恶日岳约	

但是，还有一些古入声字，如"北比摸没发接罚别敌独十"在此书中已经被记作下平（阳平）了。可见这时的武汉方言中，入声已经开始和阳平相混，显示出入声开始向阳平转化的迹象。

（五）尚存疑点

关于《马可福音》中这套记音符号，还有以下若干问题尚未明了，也一并记录如下：

1. 字头 63 号虽然在字母表里，但是在全书中一次也没有出现。笔者参照王照（1957）的官话字母方案给其拟音为［su］，但因为完全没有用例，很难说是否正确。不过，武汉方言里没有［su］这个发音，普通话里的［su］在武汉方言中均发音为［sou］，所以全书并未使用一次这一记音符号。从这一考虑来看，似乎正好反证了笔者的拟音是正确的。

2. "人"字读音不明。在整本书里多次出现"人"这个字符，是"人"的意思，应该就是"人"的读音。可是这个符号在字头、字尾里都没有出现，也没有出现在任何别的位置。因此，这个"人"的具体发音不明。但应该跟"人"同声韵母的"认"书中记作"字头 64 + 字尾 25"，也就是［ʐən］。只是不知道为何"人"没有这样记音。只好暂时存疑。

3. 字头 64 号也需要稍加说明。这个字头既能单独成音节，是"日儿而耳"的记音符号；又可以跟别的字尾相拼，是"锐、认、若、然、仍"的声母部分。但武汉方言里"日儿而耳"的发音跟"锐、认、若、然、仍"的声母应该是完全不同的。大概因为这些都是日母字，所以此书只用这一个符号表示，我们在此先拟音为［ʐ］，后面再做详细讨论。

二 《马可福音》所记武汉方言的语音系统

根据以上的转写，我们对《马可福音》所记 20 世纪初期汉口音的语音系统整理如下。

声母 19 个（包括零声母）：

p 把比不伴百	pʰ 破陪怕遍旁	m 麻面门摸母	f 法附非房分
t 大地多都袋	tʰ 他天同堂徒	n 你鸟能拿内	l 拉里冷邻郎
ts 之这种遭坐	tsʰ 才从成藏唱	s 是赛手随设	
		ʐ 锐若然认日	
tɕ 加就聚惊装	tɕʰ 期船前缺亲	ɕ 西新兄顺说	
k 改跟告工鬼	kʰ 看刻肯恐窥	x 害和回好后	
ø 于五外原为			

韵母 35 个：

ɿ 此子知事使	i 洗彼第起你	u 福服不乎雇	y 去许书如女
a 他拿打把拉	ia 加下雅讶	ua 话挂	
ɤ 热这得勒黑		uɤ 国说或	
	ie 烈且灭结别		yɛ 悦决
o 摸过河可着	io 约觉学略却		
ai 改来海解赛		uai 外怪坏	
ei 备罪配对随		uei 鬼水会为追	
au 早好祷要照	iau 了要教叫		
ou 抽鯀头路诉	iou 修就留有求		
an 看喊旦探干	iɛn 边天先连前	uan 晚权穿船	yɛn 选远
ən 神正声跟们	in 音灵并近听	uən 文问滚	yn 准顺训
aŋ 堂章上当方	iaŋ 相样降亮像	uaŋ 旷蝗网往	
oŋ 目从同风母	ioŋ 兄用容荣绒		

声调 5 个（不包括轻声）：

上平（阴平）：音基腰安西　下平（阳平）：儿鞋皮鱼别

上声：水海撒本雅　去声：上看去配罪帝

入声：一福出立灭白

三　比较与讨论

以上整理了《马可福音》武汉方言译本（以下简称《福音》）的语音系统，下面我们将这本书所记录的语音系统与另外 5 种武汉方言文献所记录的语音系统进行比较，考察武汉方言语音从 19 世纪中期到 20 世纪末 150 年间发展变化的一些情况。

这另外 5 种武汉方言文献资料是：①《汉口方言》（The Hankow Dialect）：Edward Harper Parker（庄延龄）著，1875 年发表在 The China Review（《中国评论》）上，以下简称《汉口》；②《汉音集字》（The Hankow Syllabary）：James Addison Ingle（英格尔）著，1899 年，以下简称《集字》；③《汉口语自佐》：江矜夫著，1921 年，以下简称《自佐》；④《湖北方言调查报告》：赵元任、丁声树、杨时逢、吴宗济、董同龢著，1948 年，以下简称《报告》；⑤《武汉话音档》，刘兴策、赵葵欣编写，1997 年，以下简称《音档》。这些文献时间跨度从 19 世纪中期到 20 世纪末，且各自相隔时间都在二三十年左右。依照时间早晚依次为《汉口》《集字》《自佐》《福音》《报告》和《音档》。

以下利用这些资料，梳理几个在讨论武汉方言语音时常涉及的问题，希望能展现武汉方言 150 年间语音演变的一个侧面。

（一）鼻音声母［ŋ］的演变

《汉口》里记录了声母 23 个（包括零声母，以下皆同），有 ng［ŋ］声母，但是是出现在"ai, an, ang, ao, ê, ên, o, ou"这些音节右边的说明文字里。庄延龄指出，汉口话的以上这些音节经常也会听到"ngai, ngan, ngang, ngao, ngê, ngên, ngo, ngou"的念法。由此可见在《汉口》里，这些开口呼、合口呼是有两读的，ng［ŋ］声母和零声母是音位变体。

《集字》记录了声母 21 个，其中也有鼻音声母［ŋ］，ng［ŋ］声母出现在"ai, an, ang, ao, êh, ên, o, ung"前，如"哀安昂熬厄硬偶翁"等字。韵母跟《汉口》的不同是，比《汉口》少了一个 ou，多了一个 ung，最重要的是《集字》的这些字没有记录异读。

《福音》和《自佐》都没有记录［ŋ］声母。比如，《自佐》里"安"发音标作"アン"（an）①、"伢"标作"ヤー"（ia），都是零声母，"脑"标音为"ナラ"，是［n］声母。

《报告》的汉口话部分记录了［ŋ］声母，说明为"ŋ读得极弱，有时候，舌根并碰不到软腭，实际就是鼻化的ɣ给人家的一个ŋ的印象。更有些时候，舌根简直一些也不动，鼻音也没有了，全音就变作喉闭塞"（p.73）。例字有：鹅我厄哀奥欧偶安暗恩硬。跟《汉口》记录一样，韵母有 ou，而无 ung（翁）。"翁"在《报告》里记为零声母（p.87）。不过跟《汉口》不一样的是，《报告》里这些字都没有零声母异读，因此［ŋ］被单独列为一个声母。但是《报告》里的武昌话则是将［ŋ］声母归入零声母的。在零声母处作了如下说明（p.51）：

> 在开口洪音之前，时常有些字前面加上个ŋ。ŋ加在哪一类的字前面是不一定的；而且同是一字，这次加，那次不加的情形又是常有的。所以武昌的ŋ与起首的开元音只能算作一个变值音位的两种分子。

《报告》里的这些记录反映了20世纪中期汉口、武昌话［ŋ］声母的差异。

最后是《音档》。《音档》记录了声母19个，也有鼻音声母［ŋ］。例字有"哀欧我昂"（p.63）。值得注意的是"伢哑轧、咬、淹雁"都出现了［ŋ］声母读音，注明为白读（p.75、p.94、p.100），同时的文读记录为［ia］、［iau］和［iɛn］（p.76；p.95；p.101）。就是说《音档》里一些齐齿呼也出现了［ŋ］声母读法，但都还有零声母异读。这种现象在当今的武汉方言里也是如此，只是［ŋ］声母的读法更加普遍②。另外与《报告》相比，"我"出现了零声母异读（pp.79-80），但同时增加了"［ŋaŋ］昂肮啈"这一组［ŋ］声母字（p.110）。

---

① 括号内是笔者根据日语片假名转写的读音，原书无。后两例皆同。
② 在笔者2019年对4位70—90岁的汉口话母语者进行访谈时，一位被访者（1933年出生，访谈时86岁）提到，小时候汉口话"伢"只读［ia］，自己和周围人从不说［ŋa］。但是现在说［ŋa］的更多，自己也开始使用了。

以上这些记录可以整理归纳为表2-2：

表2-2　　　　　　6种文献关于声母[ŋ]的记录①

时期	文献		声母[ŋ]的相关记录
19世纪中、后期	《汉口》		ngai, ngan, ngang, ngao, ngê, ngên, ngo, ngou 均为零声母异读
	《集字》		ngai, ngan, ngang, ngao, ngê, ngên, ngo, ngung 均无零声母异读
20世纪初期	《福音》		无[ŋ]
	《自佐》		无[ŋ]
20世纪中、后期	《报告》	汉口话	[ŋo], [ŋɤ], [ŋai], [ŋau], [ŋou], [ŋan], [ŋən] 无零声母异读
		武昌话	元音起首，开口洪音之前的一部分字； 归入零声母音位
	《音档》		[ŋa], [ŋuo], [ŋɤ], [ŋai], [ŋau], [ŋɤu], [ŋan], [ŋən], [ŋaŋ], 有零声母异读：[ŋa]—伢哑轧[ia]、[ŋuo]—我[uo]、[ŋau]—咬[iau]、[ŋan]—淹雁[iɛn]

从表2-2可知，汉口话19世纪中期已有[ŋ]声母，一开始跟零声母是音位变体，主要出现在元音起首的洪音前。到20世纪末扩展到一部分细音，例如"伢哑轧、咬、淹雁"，但是细音前的[ŋ]声母都还有零声母异读，可见[ŋ]声母的扩展还不强大。另外19世纪中、后期[ŋaŋ]的读音在中间曾经消失了一段，到20世纪后期又出现，并一直延续至今。而同时像"我"这样的常用字，在20世纪后期出现了[ŋ]声母丢失，念为零声母的现象。

---

① 表中的记音符号按各资料原文。原文以国际音标注音的加[ ]表示，以示区别。

（二）［n］、［l］声母的有无

《汉口》只记录有边音［l］，无鼻音［n］。《集字》《福音》《自佐》均记录有［n］、［l］两套声母，也就是区分边音和鼻音。而《报告》和《音档》都只记录有鼻音［n］，无边音［l］。显得有些混乱，下面一一详细考察。

《汉口》记录的 133—155 号音节都是 l，整个音节表无 n，但是在"la, lai, lan, lang, lao, lê, lei, lên, li, liang, liao"音节右边，庄延龄说明这些音节也可读为 na, nai……等。并指出在汉口很少听到 n 音。在列完 315 个音节后，他又将汉口话与北京话比较，指出所有北京话的声母 n 都被发音为 l。有时也能听到 n，一般代表北京的 l，但是本地人都不加区别。①

《集字》区分了［n］、［l］两套声母，但其实很多字在两边都有记录。比如"女拿牛宁年娘耐男念"等字，既在［n］声母里出现，又在［l］声母里出现，相当混乱。

《福音》《自佐》相对来说比较清楚地分别了［n］、［l］两套声母，但也有出现相混的情况。如《福音》里"路怒"均记为［l］、《自佐》里"暖"记为［l］、而"晾"记为［n］等。

这说明从 19 世纪中期开始，武汉方言的［n］、［l］两套声母就是相当混乱的。就像《集字》作者在序言里所说，"汉口是一个有 18 个省的人杂居的地方，其语言是很混杂的，而什么地方也没有像这 3 个音 n、l、r 那样纠缠不清"（James Addison Ingle 1899：Ⅲ）②。

《报告》汉口话只将［n］作为一个声母音位，但说明"n 是个变值音位，在洪音之前读 n 或 l 不定；在细音之前大致全读 n，只偶尔读成鼻化的 l。一字这次读 n 那次读 l 的也数见不鲜"（p.78）。武昌话部分的说明也几乎一样（p.51）。

---

① 原文为：All Pekingese syllables with Intial N are pronounced with an L. Sometimes the N is heard, generally to represent a Pekingese L, but no distinction is made by the natives.

② 原文为英语，此处的汉译采用黄群建《湖北方言文献疏证》，湖北教育出版社 1999 年版，第 405 页的翻译。

《音档》只记 [n] 声母，并注明"n、l 不分。古泥（娘）、来母字中老年人普遍混读成 n 声母（也有些人读成 l。n、l 自由变读）"（p.64）。看来即使到了 20 世纪中后期，[n] 和 [l] 在武汉方言里还是音位变体，而方言资料一般采用以 [n] 作为一个声母音位记录。

（三）日母字读音的变化

日母字读音在现代武汉方言中分化比较复杂，有的丢失声母，如"日儿耳而"读为 [ɯ]，"如入"读为 [y]，"软"读为 [yɛn] 等。有的归入"泥来"母，读为 [n]，如"然热肉"等。只有像"褥"这样几个很少的字读为 [ʐ]。这几部文献资料很好地反映了日母字在武汉方言里的演变过程。请看表 2-3。

表 2-3　　　　　　　6 种文献关于日母字的记录①

例字	《集字》	《福音》	《自佐》	《报告》	《音档》
褥辱	[ʐ]	[ʐ]		[ʐ]	[z]
儿而日耳	[ɯ]	[ʐ]	[l]	[ɤ]	[ɯ]
然嚷让热仍认饶柔肉	[ʐ]	[ʐ]	[l]	[n]	[n]
若	[io]	[ʐ]	[io]	[io]	[io]
弱	[io]	[io]	[io]	[io]	[io]
入如	[y]	[y]	[y]	[y]	[y]
软	[yɛn]	[yɛn]		[yɛn]	[yɛn]
润闰	[yn]			[yn]	[yn]
绒	[ioŋ]	[ʐ]		[ioŋ]	[ioŋ]

《汉口》没记汉字，因此未列入表 2-3。但是《汉口》的音节表里记录有 j [ʐ] 声母，能和 an, ang, ao, ê, ên, ih, o, ou, u, uan, ui, ung 韵母拼合。不过 jang - yang、jao - yao、jou - yü、ju - yü、juan - yüan、jui - yui 和 yü、jung - yúng 有零声母异读。如果从这些音节推测

---

① 表中空位表示该文献中没有此类字的记录。

汉字的话，比《集字》保留的［ʐ］声母要多。比如"若如软绒"都还读"jou，ju，juan，jung"，当然同时也已经出现了零声母异读。

综合这 6 种资料可以看到：

1. 日母字在武汉方言里只有"褥辱"等极少数几个字一直没有变化，至今仍读［ʐ］声母。

2. "儿而日耳"同音，失去声母，韵母演变为［ɯ］。这一变化在 19 世纪末（《集字》）已经发生。20 世纪初的两部资料（《福音》、《自佐》）一个记为［ʐ］，一个记为［l］，显示出这几个字的读音在分化初期不稳定的状况。

3. 开口韵"然嚷让仍认柔肉"等日母字 19 世纪中期仍读［ʐ］，但是开始出现零声母异读。20 世纪初期分化，比如在几乎同一时期的《福音》和《自佐》里，一个仍记为［ʐ］，另一个就已经记为［l］。到 20 世纪中期就都归入"泥来"母了。

4. "入如、软、润"类日母字都丢失声母，韵母也相应发生变化。这些变化首先出现在 19 世纪中期，跟［ʐ］声母异读。到 19 世纪末期就完全丢失［ʐ］，然后一直相当稳定，至今也是如此。

5. 可是同为宕摄开口三等入声的"若弱"两字，"若"在《福音》里仍记作［ʐ］，而"弱"却已经无声母，记作了［io］。《集字》则两字均记为［io］。

6. 另外同为通摄合口三等日母字"绒肉"两字，入声的"肉"《集字》《福音》都记作［ʐ］，而平声的"绒"在《福音》里仍记作［ʐ］，《集字》里已经记为无声母的［ioŋ］了。这说明 19 世纪末 20 世纪初这些日母字正在发生分化，这些文献资料的记录清晰地反映了这种分化的过程。

（四）入声的消失

《汉口》《集字》《福音》都记录武汉方言有 5 个声调，分别是上平、下平、上声、去声和入声。《自佐》整书没有声调标记，所以无法考察。到了《报告》就只记录武汉方言有 4 个声调，入声消失了。《音档》也记录武汉声调为 4 个，没有入声。

不过,《汉口》《集字》的作者都已经注意到武汉话的入声和下平相混。《汉口》指出入声和下平的区别仅在于前者音节以元音结尾,后者以 n 和 ng 收尾。在少数情况下比如(pi 鼻,或 sê 蛇)以元音收尾,汉口话母语者就不区别它们和那些入声字(如 pi 必,和 sê 色)的发音了。①

《集字》在序言中也提到"下平声和入声之间有很多相混的"(James Addison Ingle 1899:Ⅳ)这一点。② 而《福音》里就如前所述,已经有很多古入声字被记为了下平(阳平)。

这些材料很清楚地显示,武汉方言的入声字在 19 世纪中期还存在,但是开始出现向阳平的转化,到 20 世纪初入声和阳平的纠结更加明显,更多的古入声字归入了阳平,而到了 20 世纪中期,入声就完全消失了。

以上本节考察了《马可福音》武汉方言译本所记载的 20 世纪初期的武汉方言语音系统。《马可福音》武汉方言译本采用王照注音字母记音,本节首先复原这些拼音字母所拟语音,进而整理了该书所反映的 20 世纪初期武汉话语音系统。并通过与《汉口方言》《汉音集字》《汉口话自佐》《湖北方言调查报告》和《武汉话音档》这 5 种从 19 世纪中期到 20 世纪末期的武汉方言文献的对比研究,纵向考察了武汉方言语音一个半世纪的若干变化情况。特别关于声母[N]的演变、入声的消失、日母字的演变、泥来母字的归并等,都得到很好的书面文献佐证。

---

① 原文为:The 入声 differs from the 下平 only in that the former obtains in syllables ending with the vowel, the latter in those ending with n and ng. In the few cases (such as ⊆*pi* a nose, or ⊆*sê* a snake) where the 下平 takes a vowel termination, the Hankow native makes no distinction whatever between the pronunciation of these words and those (such as *pi*⊃ must, and *sê*⊃ colour) which are in the 入声。

② 原文为英语,此处的汉译采用黄群建(1999:405)的翻译。(黄群建《湖北方言文献疏证》,湖北教育出版社 1999 年版。)

附录三 《马可福音》武汉方言译本封面及正文样例

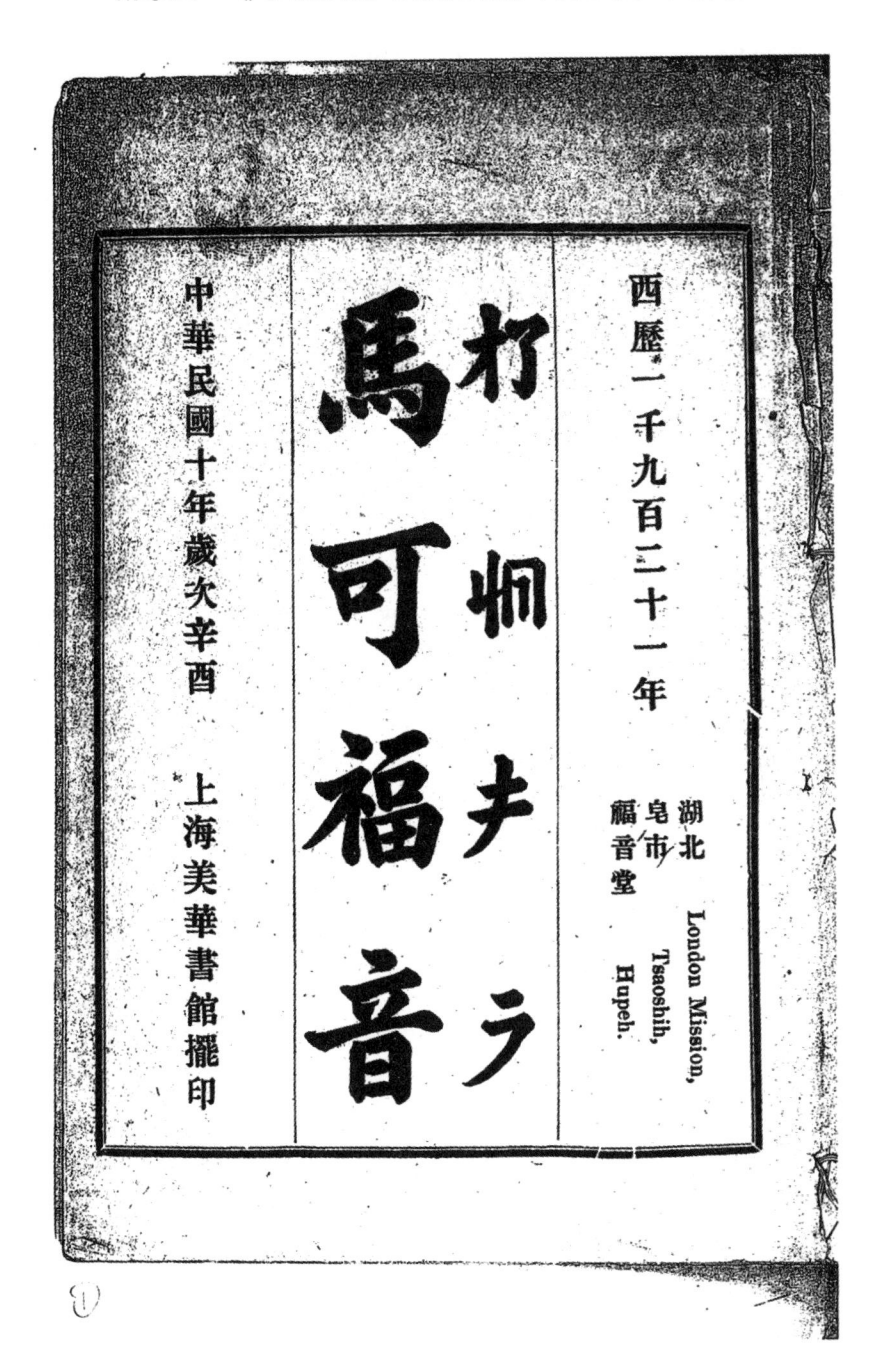

ST. MARK'S GOSPEL

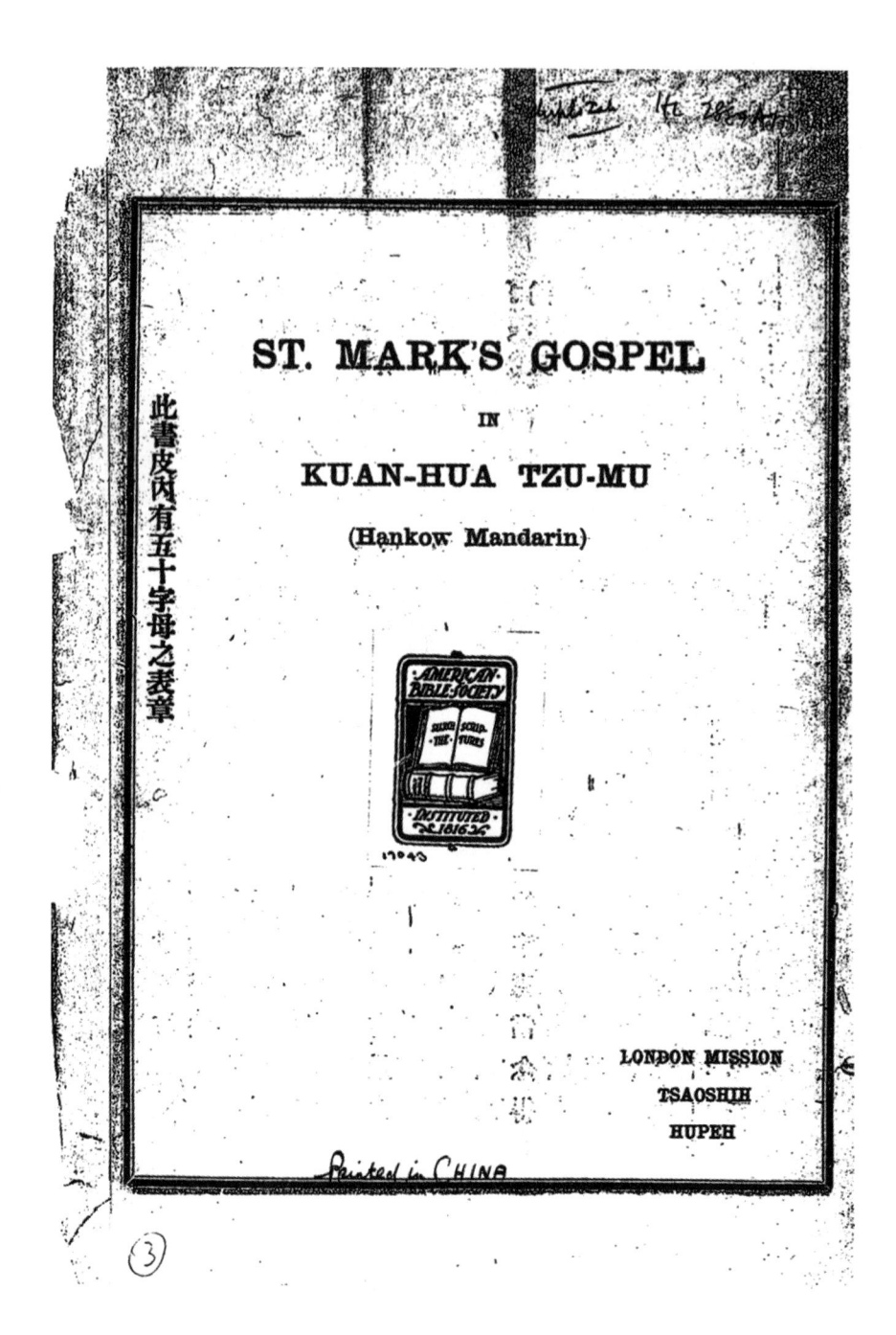

IN

KUAN-HUA TZU-MU

(Hankow Mandarin)

此書皮內有五十字母之表章

LONDON MISSION
TSAOSHIH
HUPEH

官話字母表　漢口口音

三十五字頭　十七字尾

ㄍㄧㄒㄜㄅ　ㄅㄧㄐㄩ丨
須拿此筆墨　昂翁偶遇厄
ㄈㄜㄌㄎㄐ　ㄏㄧㄥㄣ
你的衣服黑　火一乚月恩
ㄍㄒㄑㄓㄨ　ㄇㄑㄞㄚㄛ
谷米去皮白　眼暗也用恩
ㄒㄇ丅ㄩㄨ　ㄖㄧㄠ
鬍子是希客　我啞爲敖艾
ㄐㄑㄨㄊㄌ　ㄗㄣ
機器無體格　五音
ㄅㄍㄕㄖㄉ
日拍數日得
ㄎㄉㄌㄊㄌ
哭于力特勒

五聲標準舉隅
　　上聲（斧）　去聲（父）
　　　　　　手
　　平上（夫）　入聲（福）
　　平下（扶）

官話字母

五十字母之學法　漢口口音

一　學者當先熟記胸中此五十字母

念ㄒ一個ㄚ書念ㄒㄉ
念ㄒ的書法打
點ㄒ的扎ㄏㄇ見字候、
見字ㄇ、念ㄒ點ㄒ號ㄋ得點ㄐ念ㄒ連ㄏㄨ思
意ㄏㄨ連一帶忙當ㄒ快ㄏㄧ應當忙聽ㄒ出
ㄍㄊ來。

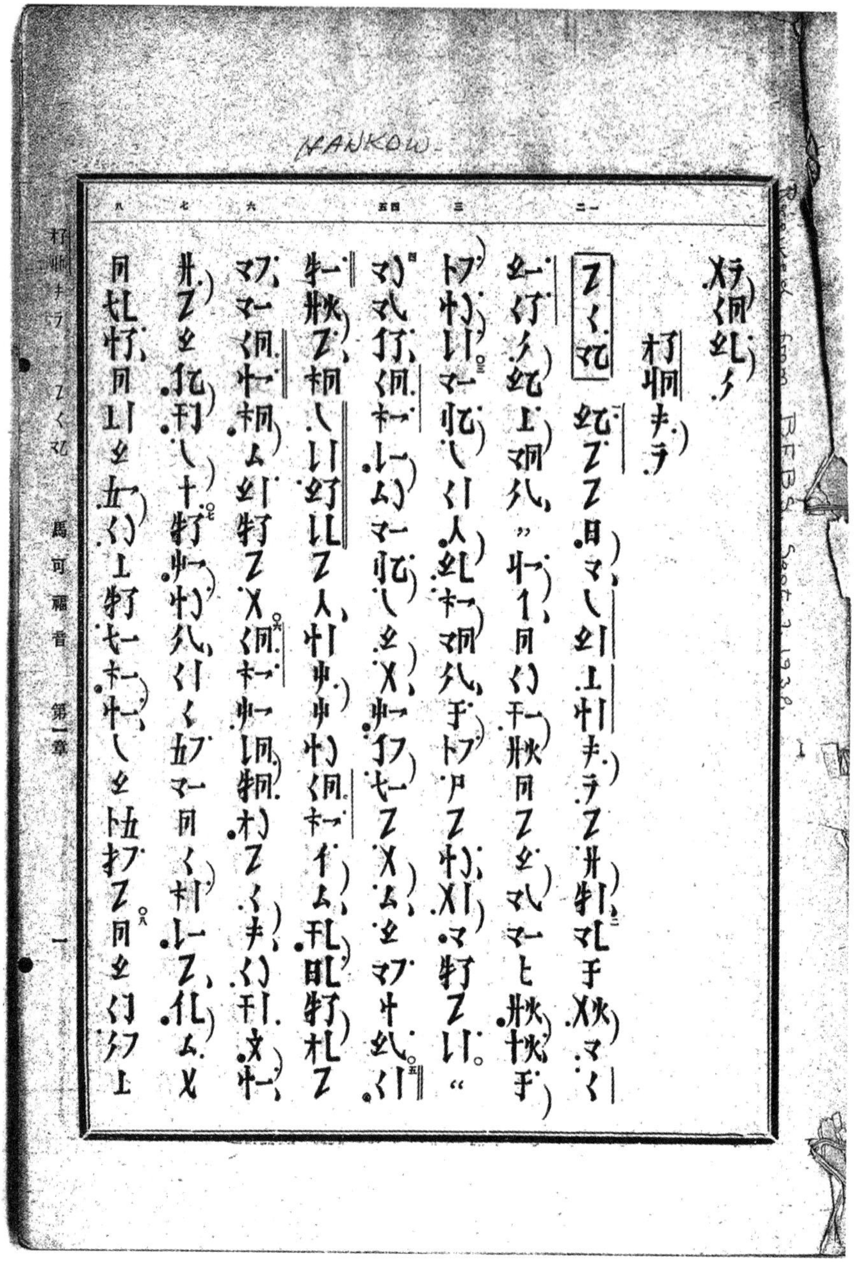
HANKOW
馬可福音
第一章

第四节　与本地地名有关的武汉方言歇后语

歇后语，是熟语的一种，它由前后两部分组成。前一部分像谜语里的"谜面"，是"引"；后一部分则像"谜底"，是"注"，是整个歇后语的本意所在。前一部分多用形象的比喻，后一部分一般是解释和说明。歇后语风趣幽默，生活气息浓郁。而方言中的歇后语，则鲜明地带有地方色彩，传达着一方水土丰富的生活文化信息。

本节收录了一些与武汉地名有关的歇后语，主要是20世纪初、中期的语言资料。其中一些歇后语现在已经不用或很少用，而且由于历史环境、社会生活的变迁，一些地名名称也改变了。因此，此处在每条歇后语后均附必要的解释或说明。

一　花楼到硚口——明儿［mən²¹⁴·ɯ］会

所谓"明儿会"，意思就是"明天见"。"明儿"虽然就是"明天"的意思，但"明儿"是更地道的武汉口语，而且此处发音为［mən²¹⁴·ɯ］，是保留了老武汉口音的念法。

"花楼"在20世纪之初，曾经是汉口繁华的中心地带，硚口位于当时的城市边缘。在汽车还不曾出现的年代，马车和人力车（黄包车）都是阔人的交通工具，一般人出门都靠步行。所以"花楼到硚口"在一般人心目中是一个颇远的距离，只能"明儿会"了。

另外，这一歇后语所说的"明儿会"，虽然就词汇本身的意义讲，就是"明天见"的意思，但其实整个歇后语所蕴含的言外之意是侧重于某件事情今天或现在办不到、实现不了，只好等明天或稍后了；而且即使到了明天，也不一定实现得了，也就是强调与目标距离之远。通常我们所说的"明天见"，有两种可能的使用场合：一种是约定，强调的是"见面"之事明天要实现；另一种是礼貌、道别，虽然并不强调"见面"之事明天要实现，但也不强调"见面"之事明天很可能实现不了。而此歇后语在使用场合和语气上所强调的，恰恰就是即使到了明天，某件事情也不一定实现得了。如：

（79）他那个人经常说话不算数，指望他自己把借去的钱还回来，那是"花楼到硚口"——明儿会。

二 黄陂到孝感——现（县）过现（县）

黄陂县和孝感县，是彼此紧邻、又都与武汉的北部紧邻的两个县，武汉的居民中有不少的黄陂人和孝感人。（现在，黄陂县已经划归武汉市，孝感县已经改为孝感市。）这句歇后语所说的"现过现"，意思是强调不能空谈，要"兑现"。如：

（80）不能光凭自己说能干，明天请他当场做个样品出来大家看，"黄陂到孝感"——现过现。

（81）这个事情就这样定：明天上午一手交钱，一手交货，就是"黄陂到孝感"——现过现。

三 棉花街到广益桥——连谈（弹）带吹

棉花街在汉阳区阳新路，20世纪初因为集中了许多弹棉花作坊而得名。广益桥则在江汉区民权路，是屠宰场的所在地。宰杀了牲口之后有一道工序，便是"吹"——就是向牲口的皮层之内吹气，以便剥下皮层。这句歇后语就是借用了弹棉花的"弹"谐音作谈话的"谈"，借用了屠宰工序的"吹"作为吹嘘的"吹"，意在表达对于某些人谈话中大肆吹嘘的讽刺和不满。如：

（82）他您家一开口，那就是"棉花街到广益桥"——连谈带吹。

四 黄鹤楼上看翻船——袖手旁观

黄鹤楼在武昌长江边的蛇山黄鹤矶头，俯临大江，视野开阔。在长江大桥建成之前，人们过江几乎全靠轮渡。遇大风天气，轮渡停航，俗称"封江"。这时有急事或其他原因一心想过江的人，就还有一种选择——乘坐只有一名船工驾驶的小舢板、俗称"划子"。若在黄鹤楼上观看，确是名副其实的"一叶扁舟"，在风浪中有时显露于波峰，有时隐没于波谷，景象惊心动魄。果真发生"翻船"惨祸，在黄鹤楼上应该是能看得到的，并且在当时又肯定是无能为力的。所以有了这样一句来自武汉人真实生活的歇后语。如果把时间进一步上溯，在轮渡都还不曾出现的年代，"黄鹤楼上看翻船"的况味，就更加令人震撼了。例句如：

（83）目前我们单位的工作中存在不少的问题和困难，需要大家群策群力去解决，不能"黄鹤楼上看翻船"——袖手旁观。

五　汉阳门的车子——留倒

汉阳门是武昌——汉口轮渡线武昌一侧最早也最重要的码头所在地，从位于武昌早期繁华地段的司门口到汉阳门只有一段不长的下坡路。在武汉长江大桥建成之前，从司门口到汉阳门，经轮渡到汉口繁华地段的江汉关，是武昌——汉口之间几乎唯一的通道，也是整个武汉市具有主轴意义的一条通道，其人流、车流之密可以想见。当司门口到汉阳门之间刚修成现代马路，而汽车又还不多的时候，这段路上的所谓"车子"主要是人力车（黄包车）。因为是一段下坡路，人力车夫常常只用脚尖点地，尽量让车自身在重力的作用下沿斜坡下滑，由于重力的加速度，若不注意控制，车会越滑越快，从而可能产生追尾。车流越是密集，这种危险就越大。这时，走在相对前面的车夫们，就往往高呼"留倒"，相互提醒，特别是提醒后面的车夫：放慢速度，甚至暂停前进。这种场景天天见、人人见，就有了歇后语"汉阳门的车子"——留倒。它的含义，主要是建议或要求某种行为暂停实施。例句如：

（84）您家提的那一套办法，我认为按照现在的情况，最好是"汉阳门的车子"——留倒。

（85）这么贵重的东西您家送把我，实在不敢当，再说我也用不上，您家还是"汉阳门的车子"——留倒。

六　汉阳过来的——贱三爷

武汉人在说那些有福不享、自找罪受的"倔人"时，常会用到这个歇后语。而被人称作贱三爷或说别人生得贱，都并没有强烈的贬义或厌恶之感，而多是一种带有亲昵地责骂。但为什么是汉阳过来的，说法版本很多，大多跟民间故事有关。这已不是语言考察的范围，此处从略。具体例句如：

（86）你真是个汉阳过来的——贱三爷，有福不晓得享。

（87）儿子说开车来接你咧死不肯，硬是个汉阳过来的——贱三爷。

七 武昌人吃豆丝 ——一点味儿没［mo⁵⁵］得

这里"味儿"两字的发音应为［uɯ³⁵］,是一个类似于合音字的念法,且重音在后面的"儿"字上。"味儿"在武汉方言中既有本意的"口味、味道"的意思,也有引申义,表示"有风度、有派头"的意思。"玩味儿、习味儿"都是称赞一个人有风度的常用词。所以这里的"一点味儿没得"是说这个人完全没有风度的意思。那么为什么是武昌人吃豆丝,就一点儿味儿没得呢?这大概跟汉口、武昌两地人的传统口味有关。

豆丝是一种类似面条的食物,用大米、豆类混合做成,食用方法也类似面条,是武汉相当普通的一种主食。历史上的很长时期,汉口和武昌是两座城市,被长江天堑阻隔,各自发展的经历也有很大不同。直到20世纪40、50年代,汉口人和武昌人在口音等诸多方面还存在着很多不同。20世纪初期的一些方言记录和直至《湖北方言调查报告》(1948)的记录都证明了这一点。[①] 然而这两个城市毕竟只是一江之隔,所以接触越来越多,由熟悉而趋亲切,有些彼此间生活细节的差异,就往往成为茶余饭后的谈资和无恶意的玩笑由头。这种情况,在北京人与天津人之间也曾有过。直到今天,在相声之类的表演中也还可以见到。

汉口地处江北,汉口人的饮食习惯受北方影响较多,口味偏重;武昌地处江南,口味偏于清淡。这种差异汉口人用夸大的口吻来开玩笑,就产生了这么一条歇后语。这句歇后语多表达一种幽默俏皮的语气。比如楚剧《金玉奴》中老岳父就有这样一句台词,应该说是一个非常典型的用例:落魄书生莫稽被一位善良的乞丐收留,并与乞丐之女金玉奴成婚。在岳父和妻子于万难之中的勉力支持下,莫稽科举得中。但是他立刻态度倨傲,竟然把恩人老岳父当作听差使唤。这时,岳父老乞丐向着满场的观众就说了这句台词:这才是武昌人吃豆丝——一点味儿没得咧。这里,是把饮食的口味又引申成了人生的滋味、况味了。

---

① 参见本章第三节。

八 洞庭湖里吹喇叭——不晓得哪里哪

洞庭湖虽然已经不是武汉本地地名,但濒长江而居、赖"九省通衢"之利而生活的武汉人,对于地理距离很近的洞庭湖这个地名,确实也和对本地地名一样的稔熟。20世纪前半期,洞庭湖水面之大,远非今日可比,这条歇后语在武汉,也确实流行广、使用频率也较高。如:

(88) 您家问我有没得女朋友?我的女朋友呀,还是洞庭湖里吹喇叭——不晓得哪里哪。

(89) 要解决这个问题,我看不能指望老李拿出方案。他自己说,他考虑的解决办法,还是洞庭湖里吹喇叭——不晓得哪里哪。

以上列举了武汉方言中一些含有本地地名的歇后语,下面我们对此稍作分析。

从歇后语衍生方式来看,这些歇后语主要运用了比喻和双关的修辞手法来构成。首先是比喻。我们这里记录的歇后语因为都与地名相关,所以多是以此处发生的事件为喻,比如"黄鹤楼上看翻船——袖手旁观",就是以在黄鹤楼上看见翻了船,也只能旁观,并不能有什么行动这样一个事件,来比喻仅仅观望的态度。只是在使用中就原来的事件而言,渐渐加上了一些贬义色彩,不再仅仅表示不能有所行动,而更多的是转而表示不愿有所行动。

其次是双关。双关又包括了借义双关和谐音双关两种。借义双关是借用词汇的多义性来构成歇后语,比如"武昌人吃豆丝——一点味儿没 [mə^{55}] 得"就是一例。如上所述,"味儿"在武汉方言中既有"味道、口味"之意,又有"有风度、有派头"之意。这一歇后语就是利用这一词语的多义性构成的。谐音双关是利用同音构成双关,比如"黄陂到孝感——现过现"就是典型的例子。利用"县、现"同音,由字面的从一个县城到另一个县城,双关"兑现"这个词,从而构成此歇后语。

武汉方言中这些带有本地地名的歇后语,使得语言的地方色彩更加强烈,并且由于与本地人直接生活经验的吻合而更能增强表现力和对方的认同感。其中有一些现在已经少用甚至不用,但却生动地载荷着多少年前武汉的物质生活和社会生活风貌。特别由于跟地名有关的背景知识随着时代的变迁已经很模糊，因此有些歇后语的来源已经不为大众所知。比如"棉花街到广益桥——连谈（弹）带吹"这个歇后语，现在尽管棉花街的地名还存在，但弹棉花这一行业本身就已经很少见，而知道这一地区原来是弹棉花行业聚集地的人就更少了。因此我们在这里整理这些歇后语，并对其来源进行整理记录，不仅是解决语言上词语的来源问题，更是希望留下一些已经成为过去的社会生活轨迹，这在社会语言学上也是有意义的。

第三章 武汉方言的数量表达

第一节 数量范畴及相关研究

量，是人类认知世界的一个重要范畴。自古人类就创造出很多测量仪器，并用各种度量衡单位反映在语言里。任何实物都有质量、重量，还要占一定的空间，因此还会有空间的量。这些物体的量对应在语言上就是物量。动作的持续时间、发生次数等是动作的量，反映在语言上就是动量。事物的性状，比如"热"这种感觉，就会有"不太热、有点儿热、很热、热极了、热得要命"等不同程度，这对应在语言上就是各种程度的表达。程度从广义上来说，也是一种量，因此也在数量范畴的研究范围之内。

汉语数量范畴研究应该说是汉语语法研究中开始很早的一个方面。早期的语法专著，如吕叔湘（1942/1982：130—152）、高名凯（1948/2011：161—207）等都有专章讨论数词、量词、数量结构等，反映了最早的量范畴研究主要是以数量表达为中心的情况。① 20 世纪 80 年代以后，朱德熙（1982：27—28）指出形容词复杂形式含有量的意义，并指出这种量具有主观性。他还指出汉语重叠形式都含有量的意义。这一下子将量的研究范围扩展开来，继而关于程度、动量，特别是重叠形式的研究层出不穷，量范畴研究渐渐成为汉语语法学界研究热点之一。陈小荷（1994）提出的"广义的量""主观量"概念引人注目，至今仍是量范畴研究的焦点。李宇明的《汉语量范畴研究》（2000）采用从意义

---

① 吕叔湘：《中国文法要略》（1942），商务印书馆 1982 年版，第 130—152 页。高名凯：《汉语语法论》（1948 年初版），商务印书馆 2011 年版，第 161—207 页。

到形式的研究路向，全面考察了汉语中表达物量、空间量、时间量、动作量、级次量与语势等次量范畴的语音、词汇、语法手段。研究还指出除了明确表达的数量以外，语言中还存在很多虚量和约量，并对主观量与汉语中一些特殊句式的关系进行了考察。这应该说是第一部全面系统研究汉语量范畴的专著。此后，张斌（2005）对汉语句式与"量"表达的关系的研究、石毓智（2001）对词语数量语义特征的研究也都令人瞩目。①

与现代汉语语法界量范畴的研究相呼应，汉语方言对量范畴的研究也差不多经历了大致相同的发展过程。早期的汉语方言量范畴研究，主要是对各种方言里的量词，特别是特殊量词的研究、数词特殊用法的研究以及名词、量词、动词、形容词重叠形式、前后缀等的研究。黄伯荣（1996：117—173）就收录了有关于量词、数词方面的研究63篇，涉及60个方言点。而关于名词、动词、形容词重叠、前缀、后缀的研究就更多达124篇，涉及108个方言点。这些研究主要是从形式入手，分析方言中特殊的语言形式所表达的特殊语义。虽然没有明确提出量范畴的概念，但关于量词、数词的表达方式、各种重叠形式、前缀、后缀表达的增量或减量问题，实际上都涉及了数量范畴的核心问题。

最早在方言研究中运用量范畴概念，并明确区分主观量、客观量的是陈小荷（1989）的研究。② 他认为丰城赣方言里有一对特殊的语法范畴——主观量和客观量，通过重读或后缀可以表达主观大量和小量。继而还讨论了主、客观量的句分布与句式中的语气副词、动词后缀、助词、语气词的关系。这是第一次对某一方言点的数量表达进行全面研究的论文。以后陈淑梅（2006）借鉴李宇明（2000）的量范畴研究框架，专门研究了鄂东方言里各种量的表达系统。但总的来说，汉语方言中数量范畴的研究停留在简单描写和与共同语简单对比的文章多，深入考察某一方言数量表达内部系统、数量表达与各种语法手段关系的研究成果

---

① 参见朱德熙《语法讲义》，商务印书馆1982年版，第27—28页；陈小荷《主观量问题初探——兼谈副词"就"、"才"、"都"》，《世界汉语教学》1994年第4期；张斌《现代汉语语法十讲》，复旦大学出版社2005年版；石毓智《肯定和否定的对称和不对称》（增订本），北京语言文化大学出版社2001年版；等等。

② 陈小荷：《丰城赣方言语法研究》，博士学位论文，北京大学，1989年。

还不太多，研究水平还落后于共同语。

本章将基本采用李宇明（2000）关于量范畴的研究框架①，全面考察武汉方言物量和动量的表达方式。性状量，也就是程度表达的内部情况非常复杂，我们打算单列一章，即在后面的第四章进行讨论。本章所讨论的数量表达，主要是名量和动量、时间量和空间量，以及与此相关的约量和主观量。

第二节　武汉方言的物量表达

物量，即事物的量，一般指在一定范围内可以计数的事物的多少。本节所讨论的物量只指用数量词语表达的量。

一　物量的基本表达形式

每种语言都有表示数量的语言形式，武汉方言表达数量最基本的形式是"数+量"结构。例如：

（1）我买了一把小白菜，一条鱼，半斤肉，还要买点儿么事啊。

（2）一根油条、二两烧麦，再来一碗糊酒。

（3）一件爹爹衫三十块钱，么这贵咧。

（4）一个姓陶的和一个姓袁的来到汉口兰陵路，搭了个破棚子，搞来一个吊子，一个炉子，一个破桌子，就开了张，叫"小陶袁"。

"一把、一条、一根、一碗"分别是小白菜、鱼、油条和糊酒的数量，"半斤、二两"分别是肉和烧麦的数量，而"一件"则是衣服"爹爹衫"的数量，"三十块"是钱的数量。而"一个"既是"人"的数量，也是后面"棚子、吊子、炉子、桌子"的数量。一般来说，这种"数+量"的结构，都放在它们修饰的各自名词之前，如以上几例都是这样。但有时，"数+量"结构也可以放在名词后面，例如：

（5）要钱有得，要命有一条。

（6）茶叶一筒，月饼一盒，还配点么事咧？

但这样的说法还是比较特殊，一般只在用来列举的时候用。数量名

---

① 李宇明：《汉语量范畴研究》，华中师范大学出版社2000年版。

结构可以做主语、谓语、宾语。比如例（1）的"一把小白菜"等是宾语；例（3）的"一件爹爹衫"是主语，"三十块钱"是谓语。

二 量词的特别用法

下面考察武汉方言量词的一些特别用法，这里说的特别，并不是说武汉方言仅有的特殊现象，而是指作为量词来说，除了在"数量名"结构中的常规用法以外的其他用法，因为这不是量词的主要使用形态，故我们称为特别用法。在武汉方言里量词的特别用法主要是单用和重叠现象。

（一）量词单用现象

量词单用，是指不用数词，量词直接在名词前面修饰名词。如：

（7）给支笔我。

（8）我跟他说句话就来。

（9）我劝他，年纪也不小了，找个事做，攒点钱好成家。

（10）叫个么名字好咧。

这主要是数词为"一"的时候的省略，汉语普通话和其他方言都有这种现象，具有普遍性。杨德丰（1996）讨论过普通话量词前"一"省略的条件，和武汉方言的情况基本一致。主要是"一+量"做宾语时省略量词的情况多。另外，数量结构做主语，如果有"这、那"等指示代词的时候，武汉方言常常连"一+量"一起省略，只留下"指示代词+名"形式。如：

（11）这伢么这拐_坏啊。

（12）这鱼么卖啊？

武汉方言中常常单用的量词主要是"个"。如：

（13）只要找个富婆，不就随么事都有啦。

（14）她屋里头开了个杂货铺，就叫公司；送货的个垮摩托，硬是敢叫私家车啊。

这个单用的"个"，除了以上这些可以看作省略了量词"一"的例子外，还可以表示往小里说的语气，也就是表达了一种"简单、没什么大不了"的附加语义。这其实是一种主观小量的表达法，但为了行文方便，在此一并交代，就不再单独放入后面主观量章节讨论。下面是这样的例子：

(15) 电脑那复杂都盘得熟，洗个衣服算个么事咧。

(16) 今天几冤枉哦，起个大早赶个晚集。

(17) 这伢蛮淘神费心、不省事，吃个饭也不好好吃。

(18) 出个门够磨，半天都出不去。

(19) 上个馆子算个么事咧，走走，莫推。

(20) 脚不好，出门买个菜都蛮难。

(21) 过年过节，走个亲戚，看个朋友，有车还是方便些。

这些例子都没有不省略的形式，也就是说"洗个衣服算个么事咧"并不能说成"洗一个衣服算一个么事咧"，以下皆同。所以我们认为这是另一种量词单用的形式。

最后，武汉方言里"个"单用在名词前时，还有表示不满、讥讽或叱责之意。如：个苕、个死人、个疯子、个蠢猪、在一些骂人的脏话里也常用。如：个巴马、个杂等。例：

(22) 个把马，你还蛮翻蛮横、蛮厉害咧。

(23) 个苕，他说你就听啊。他几好的东西哦他不是个好东西！

(24) 你个杂这忙，叫半天都不耳 [ɯ³⁵] 理咧。

由于这种用法一般能表达强烈的语气，所以现在单纯用来表感叹，而没有不满、叱责之意的情况也多了起来。比如：

(25) 个扎实厉害，武汉高楼的身高长了快 4 倍。

(26) 看个鬼，博客已经冇写了。

（二）量词重叠

武汉方言量词重叠后有两种语义，一是表周指，即"每一"；二是表减量，即重叠后表达的语义比原型在量上来说感觉更少。例：

(27) 个个都是狠的，你惹不起。

(28) 以前端午节家家都腌咸蛋，现在冇得么人做了。

(29) 再加一点点盐就行了。

(30) 再帮我下一点点面，但是莫搞多了啊。

(31) 这种考试，对我这样的体育迷，那还不是分分钟搞定。

例（27）、（28）是表周指，"个个"就是"每一个"；"家家"就是"每一家"。例（29）—（31）表减量。"一点点"比"一点"在语感上觉得数量更少；而"分分钟"也比"几分钟"更显得时间短。但是，像"分分钟"这样双音节重叠为"AAB"式的量词在武汉方言里很少，我们目前也只观察到这一个词。

三　特殊数字构词

数词除了表示基本的数量以外，还可以参与构词。在一些方言俗词语里，常有这样的例子。比如"三不之""清时八早"等。这些数词参与构词后，有的还保留了一些数量意义，有的从字面上来说，已经没有什么数量意义，但是其本来表达的数量意义或引申义成为构词理据的一部分。下面列举一些武汉方言中常用的此类俗语。

一把手：最高领导。

　　例：他是单位的一把手，有么事找他冇得错。

一起把连：总共。

　　例：这些东西一起把连都送过去。

一推六二五：推卸、推脱（责任等）。

　　例：这个事情本来应该由老张来解决，现在他"一推六二五"，说跟他一点关系都没得，把自己的责任推得干干净净。

一末带十杂，烧火带引伢：什么都做。

　　例：张太婆在家里是"一末带十杂，烧火带引伢"，随么事都做。

二一添作五

　　例：这次我跟你一起出去旅游，费用我们两个人平摊，"二一添作五"。

二百五：不明白、傻、愣的人。

　　例：你个二百五，懒得跟你说了。

三一三十一：平均分为三份。

　　例：这次发给我们三个人的奖金，我们"三一三十一"，三个人平均分配。

三把两样/哈：形容动作快、利索；一下子。

　　例：他做事蛮麻利，三把两样就弄完了。

路人听见"捉小偷"，马上过来帮忙，三把两哈把那个儿伢捉倒了。

三言两句：不多的几句话。

  例：只要三言两句就可以，不消多说。

三不之：偶尔。

  例：有几个八九岁的秧子伢，三不之在这里混。

三脚猫：指办事不细心、不牢靠的人。

  例：你这个伢真是个三脚猫，到厨房来帮个忙，一哈子就把油瓶搞翻了。

三下五去二：形容干脆、利索。

  例：你们把那个事情说得那么难，老李去了才几天，"三下五去二"就把问题解决了。

三只手：指小偷。

  例：今天蛮霉倒霉，钱包把倒三只手搞走了。

重三倒四：一再重复，且缺乏条理。颠来倒去。

  例：这个事情对这个太婆来说，确实是蛮重要的。所以她只要见到熟人，就重三倒四紧滴多不停啰唆。

三朋四友：指各种朋友。

  例：他一天到黑光同三朋四友一路玩。

五爪猪：指只吃饭不做事，也就是懒惰的人。

  例：你看哈你，只晓得吃，随么事不做，未必是个五爪猪啊。

神气五六洋：特别神气的样子。

  例：你莫这神气五六洋的，有么事了不起吵。

八呃/的：用于表示强烈的否定语气。

  例：他有八的本事，只会瞎吹。

八字（脚）：走路外撇。

  例：她走路有点八字。

夹七夹八：主要指说话条理不清，也包括小孩说话口齿不清。

  例：这大个事情，叫个小伢来说，夹七夹八说了半天，还是搞不清白。

杂七杂八：多且杂乱。

例：杂七杂八地买了一大哈，也不晓得都是些么事。

横七竖八：纵横杂乱。

例：那几个小伢刚才玩得太累，正咱横七竖八地躺倒都不想动了。

七拱八翘：不平，有凹凸。

例：那间房子太老了，地板都已经七拱八翘的。

七弯八纠〔tçiou³⁵〕：不直，弯曲纠结。

例：废品收购站里头堆了不少的废旧铁丝和钢筋，都是七弯八纠的。

七弯八拐：曲里拐弯。

例：上个月，老马通过七弯八拐的关系，把一批货卖到国外了。

七扯八拉：东扯西拉，不着边际地杂谈。

例：我冇得时间跟你在这里七扯八拉了，我要去接伢。

七说八说：这样说那样说，也有反复说的意思。

例：他们七说八说，我倒不晓得么样好了。

七言八语：各种意见，各种说法。

例：那个事情七言八语的，不好办。

七七八八：这样那样地。

例：正餐不吃，七七八八地尽吃些零食，那么行咧。

无大八大：非常大，超乎常情、出乎意料。

例：你要的那个家具今天送过来了，无大八大的，房门都难得进。

无早八早：非常早，超乎常情、出乎意料。

例：他您家今天无早八早地到我屋里来敲门，把我们一屋人都吵醒了。

无长八长：非常长。

例：我硬是被这个无长八长的电话气死了。

乌七八糟：乱七八糟。

例：昨天强台风在中国登陆，把沿海搞得乌七八糟。

清时八早：特别早。

例：这一清时八早地，你去哪里唦？
九九归一：归根结底，最终。
　　例：九九归一，这件事情还是要靠你们张家自己家里的人来商量解决。
初一、十五：指有前因后果关系。
　　例：他说我不客气，那是因为他先那样。他做了初一，我才做十五。

这些俗语里，有的只是一个单纯的词语，有的却具有一定的扩展能力，已经成了一种格式，如："~七~八、七~八~、无~八~"等。从以上收集到的这些俗语词来看，一到九这几个数字几乎都能用来构词，但是用得最多的还是三、七、八。其构词理据大概来说有以下几种：

第一，由数词本义的引申义造词。比如"一"原是数字的第一号，所以可以产生出为"第一位、最"的引申义，从而产生像"一把手"这样的词。而"二、三"在数字里面是最小的（只比"一"大），所以在表示量少、简单的时候用，如"三把两样/哈、三言两句"等。相反"七、八"是十个自然数里面较大的数字，所以在表示量多、杂乱时常用，如"七扯八拉"、"清时八早"等词。

第二，算术，主要是珠算的口诀、法则，也成了数字构词的重要理据。比如"一推六二五、二一添作五"等都是。

第三，其他戏曲、时令知识所包含的数字，也可以成为构词理据。比如"一末带十杂，烧火带引伢"，这"一末""十杂"，本来是中国戏曲里的角色行当。武汉地方戏曲中最老的汉剧的行当共分为十种：一末、二净、三生、四旦、五丑、六外、七小、八贴、九夫、十杂。所以"一末带十杂"就意味着各种角色都能扮演，也就是说什么事都能做。再比如"初一、十五"，也是因为先有初一，才会有十五，因此用此来指代必有的因果联系。

这些带数字的俗语词除了一些特有的地方色彩以外，更多地反映了汉民族的共同文化心理，是很有意思的语言现象。

第三节　武汉方言的动量表达

动量，指动作的量。朱德熙（1982：66—67）把动作的次数称为"动量"。李宇明（2000：59）则将动作等的力度、涉及的范围、活动的幅度、反复的次数和持续的时长等都包括在动量里面。① 本节基本采用朱德熙（1982）狭义的动量概念，但是将动作的时长也包括在内，也就是说，本节所讨论的动量是指动作反复的次数和持续时间的长短。但是用明确的时间词表示的动作时长，如"来日本三年了"这样的表达不包括在内，时间量我们将放在下一节考察。

一　动量的基本表达形式

武汉方言动量的基本表达形式是用动量词语，比如：

（32）我试了一哈，一条街的人都被吓醒了。
（33）我来了两道趟都冇找倒人。
（34）喊了几声你都冇听倒。
（35）挂钟敲了四哈。
（36）我骂了他一顿。
（37）有冇得空啊，跟你玩一盘，么样？
（38）我里里外外找了三圈，都冇找倒电动车。

这里，"一哈、两道、几声、四下、一顿、一盘、三圈"等都是前面动作的量。这样表示动作次数的数量词语，一般都用在动词后。

名量结构常常可以省略"一"，造成量词单用的情况（参见本章第二节第二点），但动量结构中，能够单用的量词就少得多。就算前面的数量是"一"，也大多不能省略。如上面的例（36）和例（37），不能说成：

（36）*我骂了他顿。
（37）*有冇得空啊，跟你玩盘，么样？

---

① 朱德熙：《语法讲义》，商务印书馆1982年版，第66—67页。李宇明（2000）同本章前注。

只有"一哈"这个量词,能省略前面的"一"成为"V 哈",而且这种省略的用法在口语中比不省略的用得还多。如:

(39) 你让我想哈再说。

(40) 不跟你瞎嘴说了,快帮我想哈。

(41) 莫急,再等哈他。

(42) 您家有空去过个早,看哈武汉早点又么新板眼。

常用的动量词除了专用的如"道、顿、哈"等以外,还有一些借用的动量词,其中借用身体名词的动量词比较多,如:横(他)一眼、挖一脑壳、打一拳、咬一口、抽/扇/甩一巴掌、踢一脚等。

二 动作增量的表达

所谓动作的增量,是指跟基式相比,表达的动作行为的次数或频率增加、动作持续的时间加长等。武汉方言表达动作的增量,主要有两种方式,一是用前加副词的语法手段;二是用重叠等构词变形的词汇手段。

(一) 前加副词表动作增量

武汉方言里在动词前直接加上副词"多、老、紧"等,可以表示动作的增量。如:

(43) 这回我也不多嚼[tɕiau²¹³]说了,只反问他:"你不是说下回注意的咧?"

(44) 这个王大妈真是的,么样老煨排骨汤咧!

(45) 我冇得心思做事,老在想李军到底要跟我说么事。

(46) 搬倒个家乡话紧扯野棉花,后面排队应聘的人眼睛都鼓鼓神的。

(47) 莫紧嘴说了,烦死个人的。

例(43)"多嚼"表示"说(嚼)很多",比单用"嚼"在动量上增加了。例(44)"老煨排骨汤"表示"煨汤"动作的频率高;例(45)"老在想"表示"想"这一动作一直持续不断,都是动量的增加。例(46)、(47)的"紧扯野棉花、紧嘴说"比基式"扯野棉花、嘴说"表达的动作持续时间长,量大,是"不停地、一直不断地胡扯、说"的意思。

可见在这些例句里，原来的动词前加上"多、老、紧"这些副词后，语义上都比原来基式所表达的动作行为量上有所增加。不过，"紧"在这里表达的动作增量实际上是一种主观大量，也就是说有很强的主观性，比如例（47）的"紧嘴说"是说话人觉得对方说得太多，时间说得太长，并不一定就是客观实际的动量。为了行文方便，"紧"在此处一并讨论，后面主观量部分就不再言及。另外，由于量和程度也有很大关系，所以关于"紧"我们在第四章程度的表达里还会提及。

（二）"VV神"表动作增量

武汉方言里动词重叠后再加词缀"神"，构成"VV神"形式，可以表达动作的增量。如：

（48）莫把个胯子闪闪神_{别不停地抖腿}。

（49）小伢眼睛眨眨神_{不停眨眼睛}，要睡觉了吧。

（50）叫你穿多点你不听，正咱冻得筛筛［sai²¹³sai²¹³］神吧_{冻得不停地发抖}。

（51）你在搞么事啊，把个笔盒弄得响响神，好生做作业吵。

单个动词"眨"只表示单一的"眨眼睛"这一动作，重叠后"眨眨神"表示动作重复发生，不停地眨。"闪"在武汉方言里是"抖动"的意思，"胯子闪闪神"意思是"不停地抖动腿"，也是动作量的增加。例（50）、（51）也一样。可见，在武汉方言里，动词重叠后表示动作不停地重复，从量上说是增加了，也就是增量。只是仅仅动词重叠无法成立，后面必须有后缀"神"，构成"VV神"来表示增量。但是能进入这一结构的动词并不多，必须是能短时间内不断重复进行的动作动词，如这里的"闪、眨"等。

（三）动词多次重叠表增量

除了"VV神"这种重叠加后缀的形式外，动词多次重叠在武汉方言里也可以表示增量。如：

（52）嚼嚼嚼［tɕiau²¹³］，一天到晚就晓得嚼，烦死个人的。

（53）问问问问问，问个么事吵，我正咱不想说。

（54）玩玩玩玩，别的随么事都不做，以后么办啰。

"嚼嚼嚼［tɕiau²¹³］"是强调"不停地啰唆"；"问问问问问"是说"多次问，不停地问"；"玩玩玩玩"也是说"总是玩，一直玩"，都是量多的表现。这样的三叠或多重重叠式一般单音节动词多，表示具体动作的单音节动词几乎都可以如此重叠来表达增量。但是三叠或更多次的重叠，在语义表达上并没有太大的不同，并不是重叠次数越多量就越大。

（四）"连 V 直 V"表动作增量

表示动作的增量，武汉方言还可以用"连 V 直 V"格式。如：

（55）他的脑壳连摆直摆，说："唉，莫提了。"

（56）他实在是饿狠了，端起饭碗连扒直扒。

（57）牛排上来了，他们都等不及，肉不晓得切几大，调料都有抹匀，往嘴巴里连塞直塞。

（58）他跑过来连吼直吼，叫我们快点走。

例（55）的"连摆直摆"是"不停地摆动"；例（56）、（57）的"连扒直扒、连塞直塞"是形容"扒饭、往嘴里塞"的动作多且快。后面的例（58）也是形容"吼"的动作不止一次，多次进行。所以都是动作增量的表达形式。不过武汉方言中能进入这种格式的动词不多，而且必须是短时间内能连续重复的动作动词，比如上面例句中的"摆、扒、塞、吼"等。

用"连 A 直/是 A"表达动作增量，表示动作反复进行或持续时间长，在其他汉语方言里也有。比如吴方言的镇江话、扬州话，湘方言和西南官话的随州话里都有这种表达。但是各种方言里这一结构的能产性不尽相同。吴方言的镇江话、扬州话里这一结构能产性强，一般动作动词都可以进入这个框架，如"连注意是注意、连打招呼是打招呼"等可以说（黄伯荣 1996：259）。湘方言里能进入这一构式的动词受限要多于吴方言，必须是"单音节自动词"，还要是表示"能急速地反复进行的动作"的动词。如"连招呼是招呼"在湘方言中就不能说（黄伯荣 1996：259—260）。这一点跟武汉方言比较一致。西南官话的随州话能进入此构式的动词又比武汉方言多一些，除了动词，名词也可以进入这一格式。比如可以说"连一巴掌直一巴掌、连一声妈直一声妈"等。但虽然进入格式的是名词，表达的还是动作行为不断进行。"连一巴掌直一巴掌"是"一巴掌又一巴掌不断地打"的意思，"连一声妈直一声妈"是"一口一声妈，不断地叫"的意思。武汉方言里这样的用法都没有。

三 动作减量的表达

动作减量指的是跟基式相比,表达的动作行为的次数或频率减少、动作持续的时间缩短等。武汉方言表达动作减量也主要有两种形式:一是前加副词;二是动词后用"哈子",构成"V哈子"格式表示动作减量。

(一)前加副词

在动词前直接用"少"等副词,表示动作的减量。如:

(59)少说几句,不会拿你当哑巴的。

(60)少抽点,把个屋里搞得乌烟瘴气的。

"少说几句"表示"说"这一动作量上的减少,同样,"少抽点"也是表示"抽烟"这一动作量的减少。这样直接在动词前使用的副词并不多。普通话也是如此。

(二)V哈子

表示动作的减量,武汉方言还可以用"V哈子"。这种形式能产性强,运用也十分广泛。如:

(61)他上午来了哈子,后来就冇看倒人了。

(62)您家等哈子,我跟他办完了就跟你办。

(63)你在这里稍微坐哈子,我马上就来。

(64)你想哈子再说,莫急倒回话。

一般的动词都可以在后面加上"哈子"表示动作的减量。比如例(61)"来了哈子"比"来了"明显表示的时间量要短一些;"等哈子"也比单用动词"等"表达的动作量要少。武汉方言基本不用普通话那样的动词重叠式,在普通话里用动词重叠表达的减量意义,在武汉方言里一般都用"V哈子"这一形式。这一情况跟鄂东江淮官话一样。据陈淑梅(2006),鄂东方言里也没有普通话中那样的动词重叠式,而用"V下子"表示短时量、轻量、小量。

四 动词重叠和动量

动词重叠跟动量的表达有密切关系。李宇明(2000)研究了普通话的动词重叠认为，普通话中动词重叠基本是表示减少动作量，这跟武汉方言动词重叠表增量完全不同，或者说正好相反。下面是普通话的例子：

(65) 你等等，我去去就来。

(66) 校门口新开了家书店，我们去看看吧。

(67) 这是她的新歌，你听听。

(68) 我们随便聊聊，你不用紧张。

显然，这儿的"等等、去去、看看、听听、聊聊"都比基本式"等、去、看、听、聊"要有更加轻松、更加少量的感觉。"你等等"，当然是表示不会让你等很久，"我去去就来"当然表示"去"的动作时间短，马上就会回来。李宇明（2000：351）还指出，正是因为动词重叠式包含着动作的力度和幅度的减小，因此重叠式具有"轻微""不经意"等意思，还可以使语气缓和，起到委婉的作用。所以，动词重叠式成为祈使句的一种重要表达方式。如①：

(69) 进屋避避雨吧。

(70) 请您给咱看看，指点指点。

而且，动词重叠式的这种减量作用，还为其发展成为表"尝试"提供了可能。所以在普通话中，动词重叠还可以用来表达"尝试"义。如：

(71) 让我先吃点看看，好吃了你再吃。

(72) 不信？你也试试看。要不了三天准烦。

(73) 我去跟他说说看，成不成可不知道。

可见，普通话里动词重叠表示的语义正好跟武汉方言相反。但是李宇明（2000：354）也注意到如果多次重复使用一个动词，或者是"A了又A"格式、AABB 式以及其他各种叠加形式，都会产生加大动作量的语义。如②：

(74) 走走走走走哇走，走到九月九。

(75) 为了今天这锅龙凤膏，孙孝成进了伏天就开始用心忙碌，先

---

① 此处用例转引自李宇明《汉语量范畴研究》，华中师范出版社 2000 年版，第 351 页。

② 以下用例引自李宇明《汉语量范畴研究》，华中师范出版社 2000 年版，第 354—355 页。

是采购新鲜药材,选了又选,挑了又挑,晾了又晾……。

(76) 柳青烦躁地进进出出,一会儿到天井里的躺椅上坐着,一会儿进屋到电风扇前面抖着衫子吹。

(77) 列车停停走走,走走停停——对于我们来说每一次停车都好像到了地狱的门口……。

这些例子确实都是动词重叠后表达了加大动作量的语义。这跟武汉方言动词多次重叠表增量的情况一样。

在汉语方言里,动词重叠跟动量的关系也比较复杂。有的方言动词重叠表增量,有的方言动词重叠则表减量。比如云南昆明话动词重叠"V了V"表示动作持续不断,是增量,如"小娃娃在外首闹了闹不停地闹""我在底下喊了喊不停地喊,你咋个紧不下来"。闽东话动词重叠后也表示增量,如"佩佩服"就是"很佩服"的意思(黄伯荣1996:254)。但是,福建厦门话动词重叠则表示动作随便、轻量的语义,如"将土脚扫的把地板打扫打扫"(黄伯荣1996:251)。温州话动词重叠"VV"表示动作量小时短,如"我想想又觉得否不对"(池昌海、王纯2004)。王红梅(2009)研究了20多个汉语方言点的动词重叠后认为,这些方言"动词重叠的目的是为了表量的增加"。20多个方言点的情况虽难说全面,但也说明在汉语方言中动词重叠表增量的情况是相当普遍的。这跟汉语普通话动词重叠表减量的情况正好相反。是很有意思的问题。但是由于现在方言里量范畴的研究还很不够,所以关于汉语方言中动作增量和减量的表达情况还很不清楚,很多现象也还未被揭示出来,需要更详细的描写和深入的研究。

另外,本节对武汉方言动作增量和减量表达手段的研究还表明,在动作量方面,增量的表达形式明显多于减量的表达手段,表现出在量方面增量和减量表达的不平衡性。

第四节 武汉方言的时间量和空间量

本节讨论武汉方言时间量和空间量的表达问题。先看时间量。

本节讨论的时间量,是指跟动作、事件相关的时间表达。这实际上包括了时点和时段两个方面。丁声树等著（1961：70）指出时间词有两种①，一种表示什么时候，如"1954年、昨天、星期六下午"，说的是时间的位置，时间的早晚，这是"时点"。另一种表示多少时候，如"五年、三天、两个钟头"，说的是时间的长短，时间的久暂，这是"时段"。本节也采用时点、时段这对概念来考察武汉方言时间量的表达。

一　时点表达

武汉方言里表达时点主要有以下两类时间词：

（一）一般时间名词，包括表达具体年月日、季节、时令等的词。

如：今天/今日、昨天/昨日、明天/明日、前天、大前天、后天、大后天、早上、上午、中午、下午、晚上、礼拜天、2012年11月、中秋、端午、初一、十五等。这样的时间词很多，此处只举几个例子。

（78）9月14号晚上7点，二十多个网友身穿汉服，在武昌江滩观景平台上，用传统的礼仪祭祀月神，欢度中秋节。

（79）上个礼拜六下午6点，一场高端"相亲会"在广州的一个俱乐部悄悄举行。

（80）昨天我手机坏了。

（81）有天中午，我们正在里头做瑜伽，突然听到背后"啊"的一声大叫。

（82）您家明天下来把钱给我啊。

（83）上个月华华结婚了。

（二）有参照点的时间词。

这主要是"这、那、前、后、从、……的时候"等与具体时间词或表动作、事件的词搭配使用，表达有一定参照点的时间。如："这一天、那个月、那年、两年前、三天后、第二天、饭前、睡前、下课后、后来、以前、从那以后、从今往后、吃饭的时候"等。例：

（84）那天我特意请了半天假，早早去超市买菜。

（85）一屋里人蛮高兴地商量第二天要好好出去玩哈。

---

① 丁声树等：《现代汉语语法讲话》，商务印书馆1961年版，第70页。

(86) 你今天要是不来，从今往后就莫耳理我了。

(87) 从那以后，屋里有么东西要买就该圈圈狗的名字——笔者注跑腿。

(88) 这个药得饭后吃。

(89) 我刚进公司的时候，同事小汪蛮帮忙。

表达时点的时间词一般都用在动词前，表示在什么时候发生了什么事，这跟戴浩一（1988）提出的时间顺序原则完全一致。武汉方言也是跟普通话一样把动词作为中心参照点，按照时间顺序来排列跟动词有语义联系的成分的。

二 时段表达

武汉方言表达时段的词也主要有两类，一是表达时段的数量词语，如"几天、半天、一个月、两个星期、四年"等。二是一些副词或词组用来表达时段，如"突然、一哈子、眨个眼工夫、蛮长时间"等。例句如下：

(90) 一晃，跟老公结婚都三年了。

(91) 几个月下来，小汪从我这里借了上千块钱。

(92) 他一个月里头有半个月要把妻子背到一个推拿中心做治疗。

(93) 嘴了这半天，有个关键的东西冇提到。

(94) 运动员练了这多年，等的不就是这几天。

(95) 过了几天，我看到了老公在网上的聊天记录。

(96) 他进去蛮长时间了，还冇出来。

(97) 刚要浩浩坐下来做作业，眨个眼工夫人又不见了。

表达时量的词语一般在动词后，如例（90）、（93）、（94）、（95）、（96）等，都是表示动作或事件经历了多长时间。而如果时段词语放在动词前，一般表示在一段时间内发生了什么事或出现了什么情况，如例（91）是说"在到说话时的这几个月之内，小汪向我借了很多钱"。例（97）表示"在很短的时间内（眨个眼工夫），浩浩就没做作业，不知去了哪里"。

表示时点的词有时也能用来表达时段，比如下面的例子：

(98) 从昨天到今天我一直等倒回音在。

(99) 睡前这段时间听哈子英语，听说蛮管用。

（100）礼拜天一天我都在屋里。

（101）整个上午我都冇得心思做事。

例（98）的"昨天、今天"本来都是表示时点的词，但"从昨天到今天"则是表示时段了；例（99）的"睡前"加上"这段时间"、例（100）的"礼拜天"加上"一天"、例（101）的"上午"用在"整个"后，也都不再表示某一时点，而成了表达一段时间的时段了。

三 空间量表达

空间是具体事物的组成部分，是运动的表现形式。凡是我们眼睛可以看到、手可以触到的具体事物，都是处在一定空间位置中，并且占有一定的空间。而用来描述具体事物的长度、宽度、深度、面积、体积、大小以及事物间的相对位置的语言表达，就是我们说的空间量。语言中都少不了空间量的表达系统，下面我们就讨论武汉方言的空间量表达。

武汉方言表达空间量主要有三种方式：

（一）数词+度量衡单位

用数词和各种表示长度、宽度、深度、面积、体积等的度量衡单位组成的数量短语表达空间量，是语言里最基本的空间量表达法。武汉方言也是如此。如：

（102）我买的是个小两居室，50多个平米。

（103）当时最值钱的家当就是一台14吋的黑白电视机。

（104）那边是深水区，超过1米5了，你莫过去啊。

（105）车尾离树不到3厘米，车头离树不到5厘米，硬是像用吊车放进去样的，几牛的技术呃。

这里的"50多个平米"是表达房间面积的空间量；"14吋"是表达电视机大小的量；"超过1米5了"是表达水深的空间量；"3厘米、5厘米"都是表达距离的空间量。这种"数词+度量衡单位"结构是武汉方言里表达空间量最基本的形式。

有时候，在以上这种基本形式后面，还可以出现"长、高、宽、深、远"等形容词，成为以下这样的例子：

（106）有个耕地机，10米长，100多万，硬是比奔驰还贵。

（107）这个巷子147米长，连通民主路和自由路。

（108）门口再摆一个2米高，120英寸的大背投。

（109）那里也不晓得是修么事，又挖了个差不多1米宽的沟。

"10米长、147米长、2米高、1米宽"都是在基式"数词+度量衡单位"后面又出现了一个形容词，但是意思基本没有什么改变。

（二）名词+长/宽/高/大/远/粗等

一些本身具有一定长度、宽度、厚度等可以用来做度量的事物，如巴掌、指（头）、脚（步）、肩、筷子等名词，后面加上"大、远、长、宽、厚、粗"等有一定空间量意义的形容词，也可以表达空间量。如：

（110）脸都瘦得只有两指宽了，还减么肥吵。

（111）巴掌大的地方将就哈算了。

（112）冇得几步/脚远，么样就不能走倒去呢。

（113）他戴的那个眼镜啊，怕是有瓶底厚。

（114）冇得一肩宽，进不去。

（115）这家的面啊，筷子粗，蛮劲斗。

例（110）是用名词"指（头）"和形容词"宽"连用，表示"脸很瘦的样子"；例（111）用"巴掌"和"大"连用表示"地方很小"这一空间量；例（112）用"脚/步"和"远"一起用表示距离。另外的"瓶底厚""一肩宽""筷子粗"等也都是用这种名词加上形容词来表达的空间量。笔者同意李宇明（2000：41）的看法，认为这是一种带有比况的空间量表达形式。比如"两指宽"，是以"指"来比况脸的宽窄，"瓶底厚"是以"瓶底"比况眼镜片的厚薄，等等。

能进入这种格式的名词，最多的是一些跟身体部分有关的名词，如例（110）、（111）、（112）、（114）等。也有一些是一般事物名词，如例（113）和例（115）。但这些名词的共同点是人所共知，并且有相对固定的尺寸，可以用来代替一些测量工具。最典型的例子是"巴掌"。每个人都有"巴掌"，而且这一"巴掌"大概的尺寸也可想而知，再加上生活中真用手去测量大小、长短的情况也屡见不鲜，因此在语言系统中也就出现了这种空间量的表达形式。能进入这一格式的形容词也有一些特点，除了本身要能表达空间量以外，还必须是"大、长、宽、厚、远、粗"等无标记形容词，它们的反义词"小、短、窄、薄、近"等有标记形容词就都无法进入这一格式。虽然"两指宽"是表达"很窄"的语义，但是武汉方言里并没有"两指窄"这样的说法。

（三）其他

在武汉方言里，表达空间量，还常常用比较。如：

（116）面积比解放公园还大蛮多。

（117）这伢现在比他妈妈还高一头。

（118）我新买的笔记本，看哈子，比你那个薄多了吧。

（119）新楼比原来高了4倍。

（120）沿江大道比武昌江边的路宽多了。

这些例句里虽然没有精确的空间量的表达形式，但是"面积大蛮多、高一头、薄多了、高了4倍、宽多了"等表达的也是一种空间量，所以也应该算在空间量表达系统里。

除了比较以外，"离、从、到"等一些跟距离表达有关的介词，也能表达空间量。如：

（121）把车开到3站远的地方，才找到停车的点。

（122）离屋里不远的巷子口新开了家馆子，去尝哈子啊。

（123）从江汉路到六渡桥的路上哈是人，走都走不动。

例（121）的"（开）到3站远的地方"是离现在所在地的距离；例（122）的"离屋里不远"是表示巷子口和家之间距离的空间量；例（123）的"从江汉路到六渡桥的路上"也是表示江汉路到六渡桥之间距离的空间量。

综上所述，武汉方言空间量的表达形式主要就是数词+度量衡单位、名词+长/宽/高/大/远/粗等形容词以及其他用介词表空间量的方式。这三者之中，以第一种为基本表达形式，也是用得最多的空间量表达手段。

第五节 武汉方言的约量和主观量

一 约量是一种模糊量的表达

人类认识事物虽然力求精确，但是由于客观事物本身就有边界模糊的一面，加上语言的有限性，认知、交际上的经济性原则要求，约量成为语言表达中必不可少的一种形式。比如问时间"几点了",虽然当今的钟表仪器足以精确到可以测量几点几分几秒甚至毫秒,但是我们回答这样的问题时,绝对只需要回答诸如"三点多""快四点了"等这样模糊量就够了。所以在一定程度上可以认为,言语交际的需要也是约量产生的一个重要原因。

下面讨论武汉方言约量表达的主要形式。

(一) 数字连用表约量

武汉方言里用两个数字连用可以表达约量,如:

(124) 我们有一两年冇见了吧。

(125) 有一天,屋里来客,圈圈狗的名字——笔者注跑了三四趟买东西。

(126) 这个手机我认得,"苹果"唦,硬是得四五千,蛮贵。

(127) 一个五六岁的伢在菜摊子边上玩。

(128) 晚上回家看电视,七八个台看不赢。

(129) 路边哈围倒八九个人,不晓得在看么热闹。

(130) 那我等哈就去农博会买个十斤八斤,铆倒吃。

(131) 过个早三五块钱就吃得蛮好了。

这样两个数字连用,可以是相邻的两个数字,如例(124)—(129),也可以是不相邻的两个数字,如例(130)、(131)等。从1到9这几个自然数基本上都可以跟相邻数字连用来表示约数,但如果是不相邻的数字连用表示约数的话,一般常用的数字是三和五、八和十,如例(131)和例(130)。而像二和四、六和八等其他组合用法在武汉方言里基本没有。

两个数字连用表约数,一般是小数字在前,大数字在后,比如以上各例的"一两年、三四趟、四五千"等都是这样。大数字在前,小数字在后的,只有两、三连用时能出现。如:

(132) 三天两头逛,哪有那多东西要买?

(133) 你快跟我下煮面条,我三哈两哈吃完了就走。

(二) 约数词语表约量

李宇明(2000:80)将普通话中"多、几"等这类能跟数词组合表达约量的词称为约数词语,因为没有更合适的名称,所以本节也采用这一概念，将这些词称为约数词。武汉方言常跟数词组合表达约量的约数词主要有"多、几、把、上"等几个。下面一一说明。

1. 多

"多"和数词组合，主要出现在"数词＋多＋名词/位数词"结构中，前面的数词必须是十位数以上，比如"10 多人、一百多万"等。不能说"三多人、五多天"等。如：

（134）二十多万市民涌入江滩赏月，和春节的游客量差不多。

（135）这一晚上扫出来的各种月饼、食品包装盒就有四百多公斤。

（136）冒得几久，老婆就走马上任，成了七十多人的头。

2. 几

"几"和数词组合表约量有两种结构形式：A. 数词＋几＋名词/位数词，如"二十几岁、三十几万"。这一结构前面的数词只能是十位数，不能是百位或百位以上，比如不能说"四百几斤、一千几里"等。B. 几＋名词/位数词，如"几天、几百人、几十万块"等。如：

（137）今年他们又推出了十几种新样月饼，您家也买倒尝哈。

（138）几百人全部到岗加班。

（139）几个月下来，我跟他们都玩熟了。

"几"还可以直接用在表示重量、长度等度量衡单位前表约量。如：

（140）这条鱼好大啊，怕有几斤重。

（141）我扯了几米布，想做个套子把这床棉絮套起来。

3. 上

"上"表示约量，只能用在各种位数词的前面，形成"上＋位数词"结构。如：

（142）食品更多了，上百种。

（143）冇得几个月，小汪就从我这里借了上千块钱。

（144）上十天工夫，股票跌得不像粮食。

4. 把

"把"是武汉方言里用来表约量最常用的一个词，而且形式非常丰富，归纳起来至少有以下四种：

C 把	C 把 C	C 把两 C	C 把来 C
天把	天把天	天把两天	天把来天
句把	句把句	句把两句	句把来句
块把	块把块	块把两块	块把来块
回把	回把回	回把两回	回把来回
次把	次把次	次把两次	次把来次
顿把	顿把顿	顿把两顿	顿把来顿
斤把	斤把斤	斤把两斤	斤把来斤
尺把	尺把尺	尺把两尺	尺把来尺

这里的 C 主要是一些量词和度量衡单位，如"天、句、块、回、次、顿、斤"等。上面这四种结构后面都还可以再出现一个名词或"长、高、重"等这样的形容词，如：

（145）扎倒尺把长的辫子，那时候是时髦。

（146）这条鱼得有斤把重吧。

（147）才来，冇说倒句把话就忙倒走。

（148）就天把天时间，一哈就回，莫带那多东西。

（149）经过个把两个月训练，圈圈狗的名字——笔者注也能帮忙了。

例（145）、（146）的"尺把、斤把"后面还有形容词"长、重"；例（148）、（149）的"天把天、个把两个"后面还有名词"时间、月"等。

但是像"米、公里、公斤"这样的度量衡单位，则无法进入此结构。这也说明这些单位是后起的，不是武汉方言的固有词，因此无法进入这一有方言特色的结构中。

另外，十以上的位数词也可以进入基式"C 把"结构表示约量，后面也可以再出现一个量词或名词，如"百把、百把块、百把块钱"等。还可以有"C 把两 C"这样的变体形式，但是却不说"C 把 C、C 把来 C"。也就是说可以说"百把两百、千把两千"，但是却没有"﹡百把百、﹡百把来百"的说法。如：

（150）一年少说也要花百把万。

（151）百把两百人，也不少了。

（152）千把块钱的手机把别个偷了，几烦嘞。

(153) 刚写了万把两万字，还拿不出手。

还有一个比较特殊的是"点把"，表示少量的"点把"可以说成"点把点"，但是却没有"*点把两点、*点把来点"的说法。如：

(154) 抽空喝点把汤，隔两天做点把面膜，三不之买点把漂亮衣服。

(155) 点把点小事，吵么事吵吵。

这大概是因为表少量的"一点儿"本身是个不可数的量，也就是说本来就没有"两点儿"这样的说法，而别的量词、度量衡单位等都是可数的，即可以有"两斤、两句（话）、两次、两趟、两顿"等。所以相应的"点儿"也就不可能有变体形式"点把两点、点把来点"了。

武汉方言里表约量的"C 把、C 把 C、C 把两 C、C 把来 C"这些说法意思基本相同，在表量方面也没有什么区别。如：

(156) 她屋里我去过回把。

(156)′她屋里我去过回把回。

(156)″她屋里我去过回把两回。

(156)‴她屋里我去过回把来回。

这些句子的意思以及在表量方面的语感都没有什么不同。不过有些方言，比如安徽合肥话也有"C 把、C 把 C、C 把两 C"这样三种表约量的形式，但是各种形式之间表达的量的多少有差异。"C 把"表偏少，"C 把 C"表偏多。而"C 把两 C"既可表偏少，也可表偏多，具体句子中表偏少还是偏多由前面的副词决定。比如，"就 C 把两 C"的话是表示量偏少，而"有 C 把两 C"的话就表示量偏多（黄伯荣 1996：121）。但是笔者认为，这正好说明"C 把两 C"结构本身并没有量偏多偏少的主观性倾向，它只是表示约量，偏多偏少都是前面副词带来的主观量问题。至于"C 把"和"C 把 C"在表达的量上是否存在多少的不同，笔者还不敢断言，目前也没有看见别的方言材料的佐证，所以需要更进一步的研究。但武汉方言里，这几种"把"表约量的形式基本没有区别。

（三）其他

除了以上的数词连用和用约数词语表约量以外，一些表示估计、大概的词语，用在数量词语的前面或后面时，也可以表示约量。武汉方言里这样的词主要有"挨边、不到、左右、差不多"等几个。如：

（157）我看订个 10 桌挨边就够了。

（158）这个手机只要 1000 块不到。

（159）相亲会的男将年龄在 30 岁到 45 岁左右。

（160）腊鱼腊肉腌了差不多 10 斤。

"挨边、左右"只能用在数量词语的后面，如例（157）和例（159）。"差不多"一般只用在数量词语前面，如例（160）。但是"不到"既可以用在数量词语的后面，如例（158），也可以用在数量词语前面。所以例（158）也可以说成"这个手机只要不到 1000 块"。但是在武汉方言中"不到"还是以用在数量词语后面更普遍一些。

二 主观量

量虽然是客观世界的客观存在，但是人们在描述量的时候，会不同程度地加入说话人的主观看法。比如：

（161）我只去了三次北京。

（162）我都去了三次北京了。

这两个句子中描述的"去北京"的次数都是三次，也就是说客观量是一样的。但是例（161）表达的语义是"三次很少"，而例（162）表达的语义正相反，是说"三次很多"。这种加入了说话人主观看法的量的表达，就是语言中的主观量。主观认为量大的我们称为主观大量，主观认为量小的我们称为主观小量。下面分别予以讨论。

（一）武汉方言主观大量的表达形式

1. 主观大量表达的词汇手段

武汉方言中在量词或一些名词前加上"大、潮、满、长、整"等修饰语，可以表达主观大量。如：

一大清早　　例：一大清早，我在路边摊点上过早。

一大堆　　　例：你买这一大堆白菜做么事啊？

一大厚本　　例：这一大厚本书得看倒么时候啊。

一大哈　　　例：他这次来，带了一大哈东西。

一大啪啦　　例：每回我费心费神做了一大啪啦子，他不是嫌油多，就是嫌淡了咸了，怄死个人。

一潮排　　例：门口站倒一潮排人，也不晓得有么事。
一满柜子　例：这一满柜子的衣服，还说有得衣服穿。
一长条　　例：门口排了一长条队。
一整夜　　例：你一整夜都冇睡，今天么样去考试咧。

这里的"一大清早、一大堆、一潮排、一长条、一整夜"等都比它们各自的基式"一清早、一堆、一排、一条、一夜"等在表量上有明显增强，表明说话人有强调量大、量多的主观意图。这种加在量词或名词前的修饰语，有时候还可以两个连用。如：

（163）正咱都三十大好几了，还冇晃倒个姑娘咿。

（164）他吃了两大满碗饭，还说冇吃饱。

例（163）的"三十大好几"是基式"三十几"前加了"好、大"而来。从语义上来说，"三十好几"比"三十几"表达的量要多，而"三十大好几"又比"三十好几"表达的主观量更大。同样，"两碗饭＜两满碗饭＜两大满碗饭"也随着修饰语的增加，表达的主观量逐渐增大。

除了上面这样在量词或名词前加入形容词表达主观大量以外，武汉方言里还有下面这样一些句子也可以表达主观大量。如：

（165）你都来这久了，么还不认得路呢。

（166）都一天冇给我电话了，好，我也不理他。

（167）不是都买了两条裙子，么还要买咧？

"都"在这里不是范围副词，而是个表语气的副词。例（165）"都来这久了"是说话人强调自己认为来这里的时间长。例（166）"都一天冇给我电话了"是说话人要表达一天很长的语义。例（167）"都买了两条裙子"也是说话人觉得已经买得够多的了。这些句子里的数量表达部分一般是句重音，再加上表强调的"都"，于是表达出说话人主观上认为的大量和多量。

2. 主观大量表达的句法手段

所谓句法手段，指的是依靠一些语法结构表达主观大量的方法。武汉方言里常用来表达主观大量的格式有以下两种：

A. 要＋名词＋动词

武汉方言中可以用"要＋名词＋动词"结构，表示主观认为量多，量大。句重音在"要"及后面的名词上，表示说话人认为需要很多后面名词表示的东西。例：

（168）你买这大个苕东西，要位置放哦。

（169）碰倒他那个搞不清白的，你就要话说了。

（170）儿子结婚，要买房，要买车，要钱用哦。

（171）屋里几个大男将，才要饭吃咧。

例（168）是说"买来的东西太大，需要很多位置才能放下"；例（169）意思是"他是个不太明白的人，所以对他需要讲或者解释很多"。"要钱用"是"需要有很多钱来用"；"要饭吃"也是说"需要有很多饭才够吃"。

这一结构"要"的前面还可以加上程度副词"几、才"等，比如例（171）就是"才要饭吃咧"的表达。其他的例子也都可以加上这样的程度副词。如：

（168）′你买这大个苕东西，几要位置放哦。

（169）′碰倒他那个搞不清白的，你就才要话说了。

关于这一表达式的语法结构，朱建颂（2009：36）认为是宾语前置，"为了强调行为关涉的对象很多，往往把宾语提到前边"。但是这一结构中"要"后的名词并不一定就是后面动词的宾语，比如例（168）"位置"并不是"放"的宾语。而"要"本身也有动词用法，表示"需要"，所以我们认为这种结构解释为连动式更加顺利。如上面我们对这些句子的解释，都可以构成"需要很多 X 来 V"的连动结构。只是在这里名词部分并没有任何表大量的语表形式，这一主观大量的语义还是依靠整个句式表达出来的。所以我们认为这还是一种用句法手段表示主观大量的方法。

B. 一 + V + 就是 + 数量

武汉方言里，用"一 + V + 就是 + 数量"也可以表达主观大量。如：

（172）他一去就是三年，也不来个信么事的。

（173）你一歇就是两个礼拜，那多事丢倒么办咧。

（174）我蛮喜欢吃桔子，每次一买就是三四斤。

（175）你们要不来就都不来，一来就是七八个，几好玩哦。

（176）那个婆婆蛮啰唆，一说就是一大哈，打都打不住。

例（172）的"一去就是三年"表明说话人觉得三年非常长。例（173）"一歇就是两个礼拜"也是表示说话人觉得"你"休息的时间太长了。后面的几个句子也都是如此，表明说话人觉得后面的数量很多，是非常明显的主观大量。

武汉方言中能进入"一＋V＋就是＋数量"这一结构的数量可以是时间量，如例（172）、（173）。可以是度量衡单位，如例（174）。也可以是一般的物量词语，如例（175）和例（176）。数量部分既可以是具体实在的量，如例（172）、（173）；也可以是约量，如例（174）—（176）。

（二）武汉方言主观小量的表达形式

武汉方言表达主观小量主要依靠词汇手段。这又包括两种，一是一些表示极度小量的固定词语，二是"就、只、刚"等几个副词。

1. 固定词语

武汉方言里有一些表达极度小量的固定词语，如"一点［tie^{42}］各［ke^{55}］、一滴［ti^{55}］嘎［ka^{42}］、滴滴嘎"等，都有音无字。这些词语有明显的主观色彩，说话人要特别强调少量的时候才用。因此是主观小量的一种表达形式。例句如下：

（177）身上总要带一点各现金，方便些。

（178）做这个菜，只能放一滴嘎盐。

（179）这个蛮辣，放滴滴嘎就够了。

2. 就、只、刚

武汉方言里"就、只、刚"这三个副词，用在表示数量的词语前面，而且语义也指向这些数量词语时，就可以表达主观小量。如：

（180）我就去一天，不要紧。

（181）就这些，好，我晓得了。

（182）只他们三个人，好办。

（183）这个只划五六块钱一斤，蛮便宜。

（184）刚一岁就晓得说话了，这伢几贼聪明哦。

这些例子里使用了"就、只、刚"副词后，表达了说话人主观上认为后面的数量很少、时间很短等语义。如例（180）"就去一天"是说话人强调去的时间很短；例（182）"只他们三个人"是强调来的人很少等。这里的数量可以是确切的数量，如例（180）、（182）和例（184）。也可以是模糊的约量，如例（181）和例（183）。

主观大量和主观小量都是量范畴里语言主观性表达的手段。从以上我们对武汉方言中主观大量和主观小量表现形式的讨论可以看出，表达主观大量的语言形式要多于主观小量的语言形式，仍旧表现出语言表达的不平衡性。

本章从物量、动量、时间量、空间量、约量和主观量等方面全面研究了武汉方言的量范畴。物量是名量，本章主要讨论了量词的一些特殊用法，包括量词单用和量词重叠，还描写了武汉方言里特殊的数字构词形式。动量是动作的量，主要讨论了动作增量、减量的表达形式以及武汉方言、普通话和其他汉语方言中动词重叠与量的问题。在时间量里描写了武汉方言时点、时段的表现形式。空间量部分指出"数词+度量衡单位、名词+长/宽/高/大/远/粗等形容词"是武汉方言空间量表达的基本形式，除此之外，比较和一些表距离的介词也常被用来表达空间量。约量和主观量是量范畴里特别值得关注的问题，其表现形式也非常丰富。武汉方言可以用数字连用、约数词语等来表达约量，特别"C把"及其三种变体形式"C把C、C把两C、C把来C"充分表现了约量表达的形式多样性。本章的最后从主观大量和主观小量两个方面考察了武汉方言主观量的表达形式，并指出在武汉方言里，主观大量的语言表现形式要多于主观小量的语言表达式，显示出语言主观表达的不平衡问题。

附录四　武汉方言常用量词表

＊量词以音序排列（A—Z），发音为在武汉方言中的读音。

一把 [pa^{42}]　　　　伞/铁铲/锹/椅子/刀/锁/菜/钥匙

一包 [pau^{55}]　　　　茶叶/瓜子/糖/书/衣服

一杯 [pei^{55}]　　　　水/茶/酒/咖啡

一钵 [po^{42}]　　　　花/猪油/清水

一本 [$pən^{42}$]　　　　书/杂志

一瓣 [pan^{35}]　　　　桔子/西瓜

一帮	[paŋ⁵⁵]	人/混混/兄弟
一笔	[pi²¹³]	钱/字/生意/账
一步	[pu³⁵]	棋/路
一部	[pu³⁵]	汽车/机器/作品/电影
一餐	[tsʰan⁵⁵]	饭
一场	[tsʰaŋ⁴²]	雨/雪/戏/电影/比赛/梦/病
一层	[tsʰən²¹³]	楼/灰/皮
一乘	[tsʰən²¹³]	车子/轿子
一串	[tsʰuan³⁵]	鞭（炮）/辣椒/钥匙
一床	[tsʰuaŋ²¹³]	被窝/棉絮
一撮	[tsʰuo²¹³]	盐/灰/头发
一打	[ta²¹³]	毛巾/碗
一袋	[tai³⁵]	米/盐/瓜子/糖/资料
一段	[tan³⁵]	路/时间/经历/故事/描写/唱腔
一刀	[tao⁵⁵]	纸/肉
一堆	[tei⁵⁵]	人/土/事/东西/废品/垃圾
一队	[tei³⁵]	军人/小学生/舞龙灯的
一对	[tei³⁵]	花瓶/耳环/枕头/新人/门神
一滴	[ti²¹³]	油/水
一吊子	[tiao³⁵tsʅ⁴²]	汤
一碟	[tie²¹³]	菜/花生
一叠/打	[tie²¹³/ta²¹³]	纸/钱/衣服/钞票
一顶	[tin⁴²]	帽子
一锭	[tin³⁵]	银子/墨
一兜	[tou⁵⁵]	猪草/花生
一度	[tou³⁵]	电
一堵	[tou⁴²]	墙
一栋	[toŋ³⁵]	房子/楼
一顿	[tən³⁵]	饭/打/骂/埋怨
一份	[fən³⁵]	饭/功劳/材料/报纸/心意
一封	[foŋ⁵⁵]	信

一副 [fu³⁵]	手套/扑克/牌/麻将/担架/中药/派头
一幅 [fu²¹³]	画/地图/对联
一间 [kan⁵⁵]	房/仓库/门面
一杆 [kan⁴²]	秤
一个 [kuo³⁵]	鸡蛋/瓜/锅/碗/本子/梳子/桌子/椅子/柜子/门/窗户/电视/男（女）将/人/伢/事情/机会/故事/问题/想法/道理/坏蛋/标准
一根 [kən⁵⁵]	烟/辫子/绳子/黄瓜/筷子/鱼刺/骨头
一股 [ku⁴²]	味/黑烟
一挂 [kua³⁵]	鞭（炮）/香蕉/钥匙
一管 [kuan⁴²]	笔
一罐 [kuan³⁵]	汤/煤气/蜂蜜
一锅 [kuo⁵⁵]	汤/饭
一行 [xaŋ²¹³]	字/脚印/地桩
一壶 [xu²¹³]	茶/水/油/醋
一盒 [xuɤ²¹³]	烟/蚊香/点心/火柴
一家 [tɕia⁵⁵]	人/馆子/公司
一架 [tɕia³⁵]	水车/竹床/钢琴/飞机
一件 [tɕiɛn³⁵]	衣服/棉袄/事
一截 [tɕie²¹³]	绳子/木头/甘蔗
一柱 [tɕy³⁵]	香
一句 [tɕy³⁵]	话/台词/唱词/口号
一卷 [tɕyan⁴²]	电线/纸/绷带
一棵 [kʰuo⁵⁵]	树/葱/白菜
一颗 [kʰuo⁵⁵]	花生/珠子/牙齿
一块 [kʰuai⁴²]	鱼/肉/豆腐/蛋糕/西瓜/玻璃/肥皂/地皮/砖
一筐 [kʰuaŋ⁵⁵]	猪草/菜
一捆 [kʰuən⁴²]	柴火/稻草
一口 [kʰou⁴²]	针/宝刀/武汉话
一脸 [niɛn⁴²]	媚笑
一辆 [niaŋ⁴²]	车/自行车

一绺	[niou⁴²]	头发
一篓	[nou⁴²]	木炭/蘑菇
一摞	[nuo³⁵]	杯子/本子/书/纸
一面	[miɛn³⁵]	镜子/墙
一门	[mən²¹³]	课/学问/手艺/亲事
一排	[pʰai²¹³]	树/椅子/座位/房子
一盘	[pʰan²¹³]	棋/菜/瓜子
一泡	[pʰau⁵⁵]	尿/屎
一盆	[pʰən²¹³]	花/水/火
一蓬	[pʰoŋ²¹³]	草
一批	[pʰi⁵⁵]	学生/货
一匹	[pʰi²¹³]	马/布
一瓢	[pʰiau²¹³]	水/汤
一篇	[pʰiɛn⁵⁵]	文章/道理
一片	[pʰiɛn³⁵]	面包/叶子/心意/草地/稻田
一瓶	[pʰin²¹³]	水/醋/牛奶/酱/香水
一出	[tɕʰy²¹³]	戏
一群	[tɕʰyn²¹³]	小伢/鸭子/鸽子
一扇	[san³⁵]	门/窗户/屏风
一身	[sən⁵⁵]	打扮/本事/功夫
一艘	[sou⁴²]	船
一首	[sou⁴²]	歌/诗
一双	[suaŋ⁵⁵]	鞋子/袜子/眼睛/脚/筷子/手
一台	[tʰai²¹³]	戏/设备/电脑
一滩	[tʰan⁵⁵]	水/泥巴
一坛	[tʰan²¹³]	腌菜/醋
一堂	[tʰaŋ²¹³]	课/官司
一趟	[tʰaŋ³⁵]	车/差事
一套	[tʰau³⁵]	衣服/家具/办法/规矩
一听	[tʰin⁵⁵]	啤酒/罐头
一条	[tʰiau²¹³]	鱼/裤子/烟/命/街/规则/船

一桶　[tʰoŋ⁴²]　　　　油/水
一头　[tʰou²¹³]　　　　猪/牛
一坨　[tʰuo²¹³]　　　　肉/线/棉花/面
一碗　[uan⁴²]　　　　　饭/面/菜/汤
一湾子　[uan⁵⁵tsʅ⁴²]　　人
一窝　[uo⁵⁵]　　　　　猪/狗/老鼠
一箱　[ɕiaŋ⁵⁵]　　　　衣服/书/水果
一丫　[ia⁵⁵]　　　　　西瓜/月饼
一扎　[tsa²¹³]　　　　筷子/纸/鞭（炮）
一盏　[tsan⁴²]　　　　灯
一站　[tsan³⁵]　　　　路
一张　[tsaŋ⁵⁵]　　　　照片/报纸/床/画/纸/邮票
一阵　[tsən³⁵]　　　　风/雨/太阳
一枝　[tsʅ⁵⁵]　　　　花
一只　[tsʅ⁵⁵]　　　　鸟/鸡/蚂蚁/猫/筷子/袜子/鞋子/眼睛/脚/手
一盅　[tsoŋ⁵⁵]　　　　酒/茶
一组　[tsou⁴²]　　　　柜子/设备
一幢　[tsuaŋ³⁵]　　　　楼
一桌　[tsuo²¹³]　　　　客/菜/酒/麻将

第四章 武汉方言的程度表达

第一节 程度的表达方式

事物的状态或者人们对状态以及一些动作行为的感受，往往有程度之别，人们对程度的感知可能是大同小异的，但要用语言来表达这种种程度时，不同语言就会有不同的表现方式。比如汉语普通话，可以用"非常/不太＋形容词"表示程度，也可以用形容词重叠的 AABB 式来表示程度加深，还可以用"形容词＋极了"来表达极高的程度。另外用程度补语也能表现各种动作行为的程度。比如"房间收拾得干干净净""那个老外的汉语说得跟中国人一样好"，等等。在武汉方言研究方面，目前还没有看到比较完整详细的关于程度表达的研究。本章将武汉方言程度表达的各种形式做一梳理，总结武汉方言程度表达的若干特点，并通过与汉语普通话、其他方言以及其他一些语言的比较，进一步探讨这种特点的语言共性。

语言中表达程度的手段主要有两种，即词汇手段和句法手段。但在使用这两种手段时，有时也会伴随有一些语音手段，比如武汉方言中"卡白"这样的形容词，如果把前面的程度修饰语素"卡"后移，加上后缀"～～了的"，可以表示更高的程度，但同时这儿的"卡"的韵母发音必须延长（详见第二节）。不过在武汉方言中，语音手段相对来说独立性比较差，因此本章不将它单列为一类。下面将从词汇和句法两个方面，详细描写武汉方言的各种程度表达方式。涉及语音变化时随文解释。

第二节 武汉方言表达程度的词汇手段

所谓词汇手段，就是指以各种构词方式来表现程度的语言形式。具体在武汉方言中，又可以分为以下几种：有程度表现的合成词；使用前缀、后缀；使用形容词的生动形式等。下面分别详细描写这几种表达程度的方式。

一 有程度表现的合成词

有程度表现的合成词是指一个形容词中已经含有一个表示程度的语素，比如"卡白"，意思是"十分苍白"，前面的"卡"表示程度深，没有这个"卡"的话，只是一般的形容颜色"白"，没有程度深浅之别。这样的词语在武汉方言中还有：黢黑、□［p^hia^{55}］淡（味道太淡）、飘轻、邦硬、稀烂、飒［sa^{42}］亮（非常亮）等。请看下面的例句：

（1）你么样搞的呀？脸卡白的。
（2）这个菜是哪个做的啊，□［p^hia^{55}］淡，么样吃哟！
（3）正咱的清宫戏越拍越稀烂，七扯八拉瞎款胡说！
（4）这个绿豆糕邦硬的，不好吃。
（5）那个凳子拿起来飘轻，肯定不是木头的。

但这样的词在武汉方言中不多，基本上可以穷尽描写。从语义上看，这些词多是表现视觉、味觉或触觉的形容词，附加意义大多是表示不满意的消极义。在句法分布上，这些词前面都不能再加程度副词修饰，一般在句中作谓语或补语，基本不做定语。例如我们一般不说"*我不喜欢□［p^hia^{55}］淡的菜"，这样的时候只说"我不喜欢蛮淡的菜"或者"我不喜欢冇得味的菜"。

二 前缀

武汉方言中能表示程度的前缀有"脖［$p^haŋ^{55}$］"和"寡"两个。

（一）脖［$p^haŋ^{55}$］

"脖［$p^haŋ^{55}$］"用在一些形容词前面，表示程度高，有"非常，~

极了"之意，如胮腥、胮臭、胮骚、胮酸。但是这个前缀能使用的范围非常有限，基本上就只有这四个词，而最常用的只有前两个"胮腥、胮臭"，都是表示有一股难闻的味儿。不过"胮腥"除了表示实实在在的"鱼等难闻的腥味儿"外，还有较为抽象的用法，例：

(6) 这个伢啊啫[tsɤ⁴²]得胮腥_{非常撒娇}，一刻都离不得她妈_{完全离不开妈妈}。

(7) 算了算了，我不找你借了，屁得胮腥_{太吝啬了}。

例（6）、（7）中的"胮腥"，已经没有实在的嗅觉的"腥"的意思，整个词作为一个整体在句中作补语，极言前面形容词的程度之深，"啫[tsɤ⁴²]得胮腥"就是"非常啫[tsɤ⁴²]"；"屁_{吝啬}得胮腥"就是"非常屁_{吝啬}"。

(二) 寡

"寡"用在一些形容词前面，也可以表示程度高，例：

(8) 玩游戏，图的就是寻开心吵，要不然，这日子过得寡淡寡淡的。

(9) 你看看你喔，黄皮寡瘦的，还说要减肥。

以上例句中的"寡淡""黄皮寡瘦"都是形容非常平淡、非常瘦的意思，虽然也是表达程度高，但是没有上面的"胮[pʰaŋ⁵⁵]"那么强烈。不过，武汉方言中能用这个"寡"修饰的形容词很少。

三　后缀

武汉方言中能用来表达程度的后缀有两个：A. ～～了的；B. ～～流了。

(一) ～～了的

形容词后缀。主要用在形容词后面，表示程度很高，例：

(10) 他刚从外边回来，脸晒得红通了的。

(11) 儿子今年四岁，老婆把他照护得不晓得几好，肉坨了的_{胖乎乎的}。

(12) 小雯结婚那天，儿子穿得泡□[san²¹³]了的_{十分潇洒}，西装革履，头发梳得油亮。

(13) 他的脸色一下子变得卡白，秧脱了的_{很没有精神}走进食堂，买了一个馍馍和一盘酸豆角吃。

（14）我穿上前几天专门买的名牌T恤，皮鞋擦得光闪了的，这才骑车出门。

例（10）中"红通了的"相当于普通话的"红通通"，例（11）"肉坨了的"相当于普通话的"胖乎乎"，在普通话中都用形容词的重叠式表示程度高。但是武汉方言几乎不用这种ABB式表程度，而用"～～了的"来表示程度加强。从句法上看，"～～了的"多在句中作补语（例10、12、14）或谓语（例11），也能作状语（例13）。

另外，上文有程度表现的合成词，如果将前面表程度的语素移到形容词后，并延长韵母，再加上后缀"了的"，能构成表示程度极深的表达形式。例如：

卡白→白卡—了的①

□［pʰia⁵⁵］淡→淡□［pʰia⁵⁵］—了的

黢黑→黑黢—了的

飘轻→轻飘—了的

邦硬→硬邦—了的

变形后的形式比原词表达的程度更高，语义更强烈。

（二）～～流了

心理动词、形容词甚至一些名词都能使用这一后缀，因此在武汉方言中，较之"～～了的"更为常用，表示心理感觉或状态的程度高。例如：

（15）下午老公回来了，我高兴流了地跟他去开门。

（16）小猫还铆起舔这两个小老鼠，亲热流了，硬像是对自己的伢一样。

（17）2月4号晚上，我们报社员工吃年饭，那是热闹流了呀！

（18）我拉开车门，看到一大群同学和小齐都在酒店门口，正谈得有劲流了。

（19）莫坐、莫坐，这个板凳灰流了有很多灰尘，我擦下子咗。

例（15）、（16）是用在动词后；例（17）、（18）是用在形容词

---

① 例中的"—"表示语音延长。

后；(19)是用在名词后。从句法功能来说，这种形式能在句中作谓语（例16、17、19）、状语（例15）和补语（例18）。

"～～流了"常用的表达还有喜欢流了、造孽流了、快活流了、伤心流了、神秘流了、豪爽流了等等。这种表达程度的形式不仅武汉方言中有，湖北境内的江淮官话[①]也有这种程度表达形式。

四 形容词的其他生动形式

形容词的生动形式是指形容词的重叠式以及各种变形形式。在普通话里，形容词的重叠往往有很多附加意义，表达程度加深就是其中之一。不过，武汉方言使用这种手段表达程度不太多。这次笔者收集的语料中仅有"X里XY式"和"XYZY式"这两种。请看例词：

X里XY式

苕里苕气_笨、流里流气_{流氓样子}、土里土气、洋里洋气、痞里痞气、怪里怪气、啰里啰唆、邋里邋瓜脏、糊里糊涂

XYZY式

黑黢抹黢

"苕里苕气"是"真是笨"的意思，比单个形容词"苕"程度要强；"啰里啰唆"也是"非常啰唆"的意思，比只说"啰唆"语义要重。其他皆同。"XYZY式"目前笔者只有这一个例子，但因为是比较常用的词，所以仍旧列在这里。

以上文章详细描写了武汉方言表达程度的词汇手段，下面讨论表达程度的句法手段。

第三节 武汉方言表达程度的句法手段

表达程度的句法手段主要有3个：A. 使用副词；B. 使用指示代词；C. 使用各种形式的述补结构。下面逐一进行描写。

---

① 湖北境内江淮官话的黄石、安陆方言中均有这种表现形式。参见胡茜《黄石方言程度表达》，《湖北教育学院学报》2006年第3期；盛银花《安陆方言的程度补语考察》，《语言研究》2006年第3期。

一 副词表达程度

武汉方言中能用来表达程度的常用副词有蛮、几、才、硬、够、紧、狠、有点把等。

（一）蛮

"蛮"是武汉方言中用得非常多的程度副词。《现代汉语词典》"蛮：<方>很；挺。"《武汉方言词典》（朱建颂 1995）也收有这一词。它可以用于褒义，也可以用于贬义。例：

(20) 何老师蛮就意思很仗义，蛮抬庄肯帮忙，我们心里蛮感激。

(21) 他屋里那个狗子，我见过，蛮恶[uo²¹³]厉害，蛮讨人嫌讨厌。

在"蛮"的前面，还可以再使用其他副词，比如"还、确实"等。例：

(22) 你搞么事吵，卖个豆皮还蛮闪酷、耍酷。

(23) 我也觉得她确实蛮是那个事很像样、很不错，就是不晓得她结婚以后会么样。

实际上，这儿的"蛮"跟普通话分布在形容词前面的"很"一样，常常出现在形容词谓语句中，如果不重音强调，并没有特别的意思，只是表示一般的中等程度。如果读为重音，也可以表示较高的程度。笔者之所以不说武汉方言中的"蛮"与普通话的"很"一样，是因为普通话的"很"还可以分布在补语上，比如可以说"忙得很、高兴得很"等，而"蛮"没有这种功能，它只能用在形容词动词前面作修饰语。

（二）几

"几"本来是一个询问数量的疑问代词，但在武汉方言中，还常常可以听到"几清爽""几有板眼""几会写哦"的说法。在这些句子里，"几"是程度副词，表示程度很高，甚至含有极度的夸张语气。《汉语方言大词典》（许宝华、宫田一郎主编 1999）"几<副>①很；挺；非常。②多么。"《武汉方言词典》（朱建颂 1995）也收有这一词条。笔者认为这一释义也是符合武汉方言语言事实的。请看例句：

(24) 她今天穿倒条白色的长裙子，风一吹飘飘神，几好看呃。

(25) 这几说明问题哦，你还不信。

（26）这个伢的嘴几会说咋，死的只怕都能说活。

（27）我花了钱不能光让别个听吵，自己不听几划不来。

这些例句中的"几"相当于普通话的"非常，挺"，表示程度高。从句法分布来看，"几"的后面能接形容词（例24）、动词（例25），还可以接含有能愿动词的结构（例26）和补语结构（例27）。

再看下面的例句：

（28）你看别个小丽的老公几好，给小丽买了台跑步机，正咱别个天天在屋里锻炼。

（29）对我的问题，老板的回答不晓得几信得足。

（30）老公一回来，看到显示器坏了，不晓得几心疼。

（31）他笑得不晓得几艳。

（32）其实，不管几久的亲戚，中国人都讲两个字——走动。

（33）领了奖你就可以出专辑，随无论几烂的歌也可以拿第一。

例（28）—例（33）里的"几"都是"多么"的意思，有很强的主观色彩。"几"的这个义项在使用时，前面常常有"不晓得"，如例（29）—例（31），构成"不晓得几~~"格式。"不晓得"本来就有极言程度之高、之深（高得不能了解、不能知道）的夸张意义，所以很容易和"几"的这个义项配合使用，表达很高的程度。

例（24）—例（27）各句中的"几"可以用"蛮"替换，但替换后程度明显减弱，所以可以说"蛮"和第一个义项的"几"分布一致，但在程度表达上构成一个层级，"蛮"在低层级，表达一般程度；"几"在高层级，表达高程度。例（28）—例（33）各句中的"几"都不能用"蛮"替换，因为这是表达相当高程度的形式，"蛮"不具备这种功能。

（三）才

《汉语方言大词典》（许宝华、宫田一郎主编1999）收有"才"作为副词，表示"很"的这一义项，并引用了中原官话徐州话为例。《武汉方言词典》（朱建颂1995）说"才"可以"表示强调所说的事"。笔者这次调查发现，武汉方言的"才"与其说是"强调所说的事"，不如说是"强调被修饰词的程度"，其实就是表示"很"的意思，但是其程度比普通话中"很"的程度略高，介于前面所描写的程度副词"蛮"

和"几"之间。例：

（34）我的二妞才漂亮，我敢保证你的阿黄看了她，一定满意。

（35）你才好笑哂，我又冇说你，你气个么事吵。

（36）你要他听你的，那难度才大哂。

这些句中的"才"都能用"蛮"替换，但换了以后觉得程度略轻；如果用"几"替换，程度又太强，因此从语感上来说，"才"表示的程度介于"蛮"和"几"之间，是表示一种比较高的程度。

这种义项的"才"的语法分布是：一般只用在形容词和一些心理动词前面，比如可以说"才漂亮、才快活，才欠（想念）你"等。用在一般动作动词前面，表示"刚刚"或"事情发生或结束得晚"的用法，武汉方言中也有，比如"那个事我才晓得的，他们先都冇说。"这跟我们此次的研究无关，故略去不述。

（四）硬

硬，在这儿不是作形容词，而是作副词，用来表达后面动词的确切程度。《汉语方言大词典》（许宝华、宫田一郎主编 1999）中收有"硬"作为副词的三种用法，分别是：偏偏、确实、必定。例句如下（引自《汉语方言大词典》：5969）：

（37）你想它下雨它硬偏偏不下雨。（云南昆明）

（38）这束鲜花硬确实香呢。（四川成都）

（39）今天下午的会你硬必定要参加。（湖南长沙）

但是这些意思都跟武汉话的用法相去甚远。《武汉方言词典》（朱建颂 1995）中"硬"的副词用法只收了一个，释义是"勉强"。但笔者在此次的考察中，发现还有另外的用法。先看例句：

（40）我脸上青一块紫一块的，不晓得说么事好，硬像我是个流氓，做了么丑事样的。

（41）一听，我硬像抓住了救命稻草，连忙拿了一瓶就放到购物车里。

（42）开车不晓得几过细小心，硬像生怕辗死了蚂蚁。

（43）武汉人嘴巴还甜些，硬是把老丈人和丈母娘喊作"老亲爷"、"老亲娘"，硬是比自己屋里的亲爹亲娘还要亲。

（44）他硬是不愿意陪我去"血拼"，我只好一个人从步行街逛到佳丽广场。

（45）我硬是看得两眼发花，浑身酸痛，终于勉强找到了我觉得不是蛮妥的两个位子。

显然，上面这些句子中"硬"都没有"勉强"的意思，而且意义也不实在，只是表示程度的加强，比如"硬像……"是强调"像"的程度高，"非常像"；"硬是不愿意"，是强调"不愿意"的程度，有"无论如何、不管怎样"的意思。因此笔者认为这也是表达程度的一种形式。

不过，这种表达程度的"硬"，句法分布是有局限的，根据本次的语料考察，只能分布在"硬是 + 小句"和"硬像 + 小句"这两种格式之中。

（五）够

《汉语方言大词典》（许宝华、宫田一郎主编 1999）"够⑩ <副> 加在'要'和一般动词之间，表示动作将持续很久"。并举了武汉话的例子。《武汉方言词典》（朱建颂 1995）却没收这一用法。笔者这次考察发现"够"确实可以表示"动作将持续很久"这一意义，却不一定要和"要"一起使用。例：

（46）这路车蛮少，够等。

（47）她的脾气蛮晕慢性子，做点事够摸磨蹭。

（48）今天的作业蛮多，够不得完。

（49）这个事啊，他够当个文章做的小题大做。

在这些例句中，"够"都没有和"要"一起使用。语义上，"够等"意思是"需要等很长时间"，强调动作"等"的程度高，不能很快达到目的。"够摸磨蹭"是强调"摸磨蹭"的程度高，要好多时间"摸磨蹭"，非常地磨蹭。"够不得完""够当个文章做"是指"完不了""小题大做的状态要持续很长时间"。从句法分布来看，"够"后面可以用单个的动词（例46、47），也可以用动补结构（例48），还可以用小句（例49）。

另外，这儿的"够"也可以说成"够□［i^{55}］"，比如上面的句子也可以说成"够□［i^{55}］等""够□［i^{55}］摸"等，意思没有什么变化。

（六）紧

《汉语方言大词典》（许宝华、宫田一郎主编 1999）收有"紧"作副词"老是、不断地、经常"的义项。《武汉方言词典》（朱建颂1995）中没有"紧"作副词的用法。但笔者发现，武汉话中"紧"也可以作副词，用来修饰动词，强调表示动词时间长。但这是说话人觉得的主观时间，表达的程度是说话人主观认为的高程度。例：

（50）晓得了，晓得了，你莫紧嘴说了。

（51）出个门紧搞，再搞我不等你了的哟。

（52）她拉倒我紧哼聊，几烦人嘞。

（53）去了就紧不回来，也不晓得搞么事去了。

"紧嘴、紧搞、紧哼、紧不回来"都是说话人对动作的主观感受，说话人觉得这些动作用了很长时间，很麻烦。"紧"在这里都是表达动词程度太高了，以至于引起说话人的不满。

对比"够"和"紧"可以看到，"够"是表达动作客观需要的时间长，程度高；"紧"则是表达说话人主观感觉，而且这种动作程度太过分，因此有较强的不满情绪。"够"则完全没有这种附加色彩。

（七）狠

武汉方言中的"狠"跟普通话中的程度副词"很"是不同的。普通话中表程度的"很"句法分布有两种：A. 用在形容词前面，比如"很好、很忙"；B. 用在形容词或动词后面，但必须加"得"，比如"好得很、忙得很"等。如前所述，普通话中用在形容词前面的"很"的意思，在武汉方言中是用"蛮"的。而武汉方言中的这个"狠"是直接用在动词后面，不用加"得"，构成"V 狠"式，表示动作行为程度"太、过分"等意思。请看例句：

（54）这个菜煮狠了，冇得看相了。

（55）莫把伢搞狠了，又学琴又学画还要学英语，怕是随么事都学不好哦。

（56）他是怄生气狠了才打你的，算了算了，莫气了。

这里的"煮狠了"就是"煮得太过了"；"搞狠了"就是"作得太过分了"；"怄狠了"就是"太生气了"，都是表示动作的程度超出常规，太过度。是高程度的表达形式。从句法分布来看，这个"狠"一般只用在动词后面。

（八）有点把

1. 动词。实际上是"有＋点把＋名词"，例：

（57）前两天，我找倒刚有点把名气的写手小张，请他帮忙写点稿子。

（58）我晓得他对我有点把那方面的意思，不过我完全有得那个感觉。

这里"有点把名气"就是"名气不大"；"有点把那方面的意思"也是说"意思"不是那么明显。从表达效果上来说，都是减轻降低了程度，所以我们也把这种表达看作是一种程度表现方式。虽然这儿的"有点把"不是副词，但为了行文方便，还是把它放到这里一起说明。

2. 副词，稍微，稍稍。表示程度浅、弱，主要用在形容词前面，也可以用来修饰一些心理动词和能愿动词结构。例：

（59）我有点把不耐烦了，闷死怀里嚼说了一句……

（60）喂，你是不是有点把嘎傻啊，他的话你也信？

（61）他有点把不高兴了，你莫说了。

（62）那件事小王有点把不愿意，我看就算了。

但是，如果在"有点把＋形容词/动词"前使用"蛮"，变成"蛮有点把……"时，则又变成了高程度的表达。如"蛮有点把不耐烦"，那就是"非常不耐烦"的意思了。

二　指示词表达程度

除了以上描写的表达程度的各种副词以外，武汉方言还常用一个指示代词"这"来表示程度。《武汉方言词典》没有收入"这"直接修饰形容词、动词的用法，而是用了"这么"一词。但是据笔者本次的调查以及多方求证，武汉方言里并不用"这么"，而都是用"这"。例：

（63）你么这不讲卫生咧？饭前要洗手，快去！

（64）哪些人这有劲呀？专门来陪一个乡里太婆哕天。

（65）你么这不过细咧，手机又掉了。

（66）么样？穿这整齐，这晚了还要出去？

这些句子中的"这"，往往发音延长，而且读为重音，因此都有明显的突出强调程度加深的意思。我们这里记录的"这"，发音为[tsɤ^{35}]，但在上面的那些句子中，也有人说成[nɤ^{35}]，意思语气都没有什么变化。

三　述补结构表达程度

使用各种述补结构表达程度是汉语里非常普遍的现象，武汉方言也不例外。但是述补结构形式很丰富，下面首先以是否用"得"为标准，将述补结构分为两类进行描写。

（一）不用"得"的述补结构

1. A/V 不过①

从字面意思来看，是表示"A/V 得忍受不了"，但实际上在使用时程度并没有那么高。例：

（67）又过了十几分钟，车还冇来，我有点把急不过了。

（68）我气不过，问："叫你去，你么还冇去咧？"

（69）这件衣服的领子有点小，克不过。

这些句子里，"急不过"就是"很着急"；"气不过"就是"很生气"；"克不过"就是"勒得很紧"。在"A/V 不过"前面，还可以再使用程度副词，如"有点把急不过、蛮急不过、几急不过哦"等，程度根据前面的副词依次加深。

从感情色彩方面来说，"A/V 不过"前面的形容词、动词一般都是表示消极意义的。不过也不是绝对不能用有积极意义的词，比如可以说"喜不过、好不过"等，只是比较少。

2. A/V 死了/死人/苕了

表示极高程度的形式。这儿的"死了""苕了"并没有字面那样实在的意思，只是表示程度极高，有一种夸张的语气。例：

（70）昨天听同事讲了个笑话，笑死人。

（71）你想它坏它就是不坏，怄死人。

（72）屋里被盗了，我吓死了。

（73）看到别个屋里都换了液晶显示器，我欠美慕死了。

（74）结果那天下午不但冇降温，还出了蛮大的太阳，硬把人热苕了。

（75）老公气苕了，对倒儿子的屁股就是两巴掌。

---

① 这里"V"表示动词，"A"表示形容词。以下皆同。

武汉方言中的这种形式不仅可以用于消极意义的词，比如"气、急、忙"等，积极意义的词也可以用，比如"高兴死了、想死了、爱死了"等。

3. 其他固定表达

这是指的一些类似俗语的语言形式，例：

（76）你眼睛瞎枯了！看不倒别个的脚在这里？

（77）老婆气吼了，对倒我铆起唪_{大叫}。

（78）这热的天你像捂蛆，真是苕脱了节。

（79）我喜琢了，冇想到这个伢还蛮争气，当上班长了。

这些固定表达不像前两类那样具有扩展性，"瞎枯了"就只能这么说，前后都不能自由替换。意思是"真是瞎"或者"像没长眼睛一样"，是程度极高的表达形式。"气吼了""苕脱了节""喜琢了"也都是表示程度非常高。这些固定表达形式很生动，是非常具有方言个性的语言形式。

（二）用"A/V 得……"表示程度

这是一般程度补语的表现形式。武汉方言中用在"得"后充当补语的可以有以下几种：

1. A/V 得 + 一般形容词

这是程度补语的基本格式，跟普通话一样，作补语的形容词前面常常有副词修饰，前文中提到的副词"蛮、几、才、有点把"等在这儿也常常使用。例：

（80）你说得好听，就是不做，冇么用咧。

（81）我看那个姑娘伢长得蛮刮气_{漂亮}，多看一哈也划得来。

（82）你屋里那个小狗子，苕得几好玩呃。

（83）被子，在武汉话用得才是多。

（84）我看得有点把累了，想歇哈子。

这一格式表达的程度高低，由补语部分的副词修饰语决定。比如"长得蛮刮气"是"长得漂亮"的意思，表示一般中等程度；"苕得几好玩呃"是"傻乎乎非常可爱"的意思，表示的很高的程度；"用得才是多"是说"用的频率非常高"，也是表达高程度；"看得有点把累了"则是表达的低程度。

2. A 得很

例子如：

（85）你莫看他是个小伢，哈数本事大得很。

（86）那个伢拐得很，你莫耳搭理他。

（87）那个婆婆裹斤啰唆得很，蛮烦人。

（88）儿子听到表扬，得罗得意得很，铆起来点头。

这些例句里的"大得很"就是"非常大"；"拐得很"就是"非常拐"；"裹斤得很"就是"非常啰唆，纠缠不清"；"得罗得意得很"就是"非常得意"，都是表示程度很高。

3. A/V 得 + 发齁

这一格式表示程度极高。例：

（89）这是哪个炒的菜啊，咸［xan²¹³］得发齁。

（90）我不吃了，甜得发齁，快把杯水我喝。

（91）我昨天刚买了个新电脑，把他欠羡慕得发齁。

（92）未必我穷得发齁，蛮想要你那点东西？

"咸得发齁、甜得发齁"都是说太咸、太甜，以至于有不快感。"欠得发齁、穷得发齁"是"非常羡慕""非常穷"的意思，没有什么不快感和不满意的负面语义。这应该跟"齁"这个词本身的意思有关。"齁"的本义是"因太咸或太甜而使喉咙产生的不舒服的感觉"，所以在例（89）和例（90）里，用的是本义表示程度高，因此也有本义所蕴含的不快感。而例（91）和例（92）是引申用法，表达的是比较抽象的语义，只沿用了程度高这一方面的基本语义，而将不快感这一附加语义色彩丢失了。

不过，能进入"A/V 得 + 发齁"格式里的形容词或动词不多，武汉方言里就只有"咸、甜、苦"等少数表达味觉的词和"欠羡慕、穷"等几个有限的心理活动动词和形容词可以进入这一格式。而表达其他的味觉的词，比如酸、辣等都不能用"发齁"来形容。有的方言里还有"齁咸、齁甜"的说法，不过武汉方言里没有①，只能用"A/V 得 + 发齁"这一形式。

---

① 在笔者的调查中也有人认为可以说"齁咸"，但可能是共同语的影响。

4. A/V 得 + 要命/要死。例：

（93）老婆紧张得要命，我连忙安慰她。

（94）这个天热得要死，不动都汗直流。

（95）食堂的菜总是咸得要命，硬像盐是不要钱的。

这些句子都是表示程度很高，而且有强烈的夸张语气。但能进入此格式的形容词和动词一般都带有贬义，褒义词一般不用。

5. A/V 得了 ［tɤ²¹³—niao⁴²］

这一补语结构是动词或形容词后面直接用"得了"。这时"得了"的发音为［tɤ²¹³—niao⁴²］，"得"字音拉长，后面的"了"也是念成完整的上声，不能轻读。整个结构表示程度高。没有褒贬色彩，褒义、贬义的动词或形容词都可以用。例：

（96）我把那个事告诉她了，她喜得了。

（97）今天加班到九点，累得了。

（98）他今天么样了啊，怄得了的，是哪个惹他了咧。

（99）有冇得吃的啊？我正咱饿得了，随把点么事我吃哈子。

不过，这一结构"得了"前的动词或形容词以单音节为多，双音节一般不进入此结构。

6. A/V 得 + 小句。例：

（100）他怄得要自杀，买来老鼠药吃。

（101）今天真是霉倒霉，把我怄得差点吐血。

（102）他一看见那个医生，吓得从床上爬起来就跑。

（103）我一想起来就欠得人涎直滴。

（104）他一头的头发长得不晓得几好。

（105）这有么大不了的咧，还跟我吵得吓死人。

如上所示，"得"后面的小句格式多种多样。从语义上来看，一般都是表达程度很高，而且有一定的夸张色彩。

第四节 武汉方言程度表达的特点

以上详细描写了武汉方言程度表达的各种形式，从上面系统的描写中我们可以看到武汉方言程度表达有以下两个特点：

一 不平衡性

这种不平衡性表现在两个方面：

（一）形式上的不平衡性

从形式上来看，表达程度的语言形式分布不平衡。首先在表达程度的语音、词汇、句法手段中，句法手段，其中采用前加副词或后用述补结构这两种手段，武汉方言使用最多。其次是词汇手段中的"使用后缀"形式。最少的是用"含有程度语素的合成词"形式以及"使用前缀"形式。武汉方言中的形容词、动词的生动形式也不丰富。跟普通话对比一下不难发现，普通话中形容词重叠运用非常广泛，能重叠表示程度的形容词也非常多，而武汉方言不仅能重叠的形容词比较少，而且即使能重叠，也不怎么用。

其他汉语方言表达程度的形式更是多种多样，进行一些这样的比较也很有意思。比如有的方言使用合成词表示程度要比使用副词形式多得多。据张德岁、蒋宗霞（2006）研究，皖北方言中含有程度语素的合成词非常多，形成一个开放的集合，不可列举。而且能充当表程度语素的词类也不少，有名词、动词、形容词，如"风脆、踢圆、温臭"等，总之形式十分丰富。这跟武汉话的情况形成鲜明对比，从前文的描写可以看到，武汉方言中那样的合成词非常少，就本次研究收集到的语料来看，不超过十个。皖北方言的情况反映了语言的生动性和丰富性；武汉方言的情况则反映了语言的经济性——直接用来表现程度的基本词数量是有限的，而后通过各种词汇、句法手段，比如后缀、副词等，来达到表达不同程度的目的。从语言类型学角度来考虑，如果有更多的语言或方言关于程度表达的资料，应该可以作更深入的研究。

（二）语义上的不平衡性

第二种不平衡表现在语义上。程度有强弱高低之别，因此从理论上说，语言中有表达程度高、程度加强的语言形式，也同时应该有表现程度低、程度减弱的语言形式。可是从前面笔者对武汉方言程度表达形式的描写来看，表示程度高、程度加强的语言形式远远多于表示程度低、程度减弱的语言形式。在武汉方言中，几乎只有前加副词"有点把"这一种形式可以表示程度低或程度弱化。我们再看看普通话的情况，也跟武汉方言差不多。倒是在其他的汉语方言中，有稍微丰富一点的表现形式。

比如广东信宜方言：程度副词变音，可以表示程度浅；广东化州方言：形容词的 ABAB 式重叠形式表示程度减轻；湖北英山方言：双音节形容词以 AABB 式重叠，词尾儿化，再加"的"，如"白白净净儿的"，可以表示程度减轻；山西寿阳方言：性质形容词前加"圪"，后加"些儿"如"圪红些儿"，意思是"有点红"，是减轻程度的一种表达方式；广西平南白话：单音节形容词重叠后加语缀"咄"，如"厚厚咄"，是"有点厚"的意思，表示程度减轻。但是，跟表达高程度的语言形式比起来，还是少得多。笔者粗略统计了一下《汉语方言语法类编》中关于程度表达的方言资料①，表达高程度的语言形式与表达低程度的语言形式之比为 159∶29。可见，高程度的表达形式远远多于低程度的表达形式。

不仅汉语如此，日语、英语里也存在同样的倾向。先看日语。比如在形容词"忙しい"前面，可以用上一些副词来表示程度：

すこし忙しい　　ちょっと忙しい　やや忙しい　　わりあい忙しい
かなり忙しい　　とても忙しい　　ひじょうに忙しい　とくに忙しい
とくべつに忙しい　すごく忙しい　けっこう忙しい　ずいぶん忙しい
たいへん忙しい　きわめて忙しい

在这些表达里，除了"すこし、ちょっと、やや、わりあい"是表达程度弱以外，别的副词都是表示程度加深。在现在流行的日语口语中，还可以在"忙しい"前加上"ちょう（超）"，变成"**ちょう**忙しい"，表示非常高的程度。另外，还有一些心理动词，比如"好き、嫌い"前面，用上前缀"だい"，说成"**だい**好き、**だい**嫌い"，也是加深了程度的表达。在表示颜色的形容词前面，如果用上前缀"ま"也会加深程度。比如"**まっ**くろ（真黑）、**まっ**しろ（真白）"就比"くろい（黑）、しろい（白）"程度更深。

英语也有类似的倾向。比如下面的例子。

（106）I fell **a little** cold.（我觉得有点儿冷。）

---

① 详细参见黄伯荣主编《汉语方言语法类编》，青岛出版社 1996 年版，第 302—339 页。

（107）He is **very** strong.（他非常强壮。）

（108）That's **quite** good.（那个相当好。）

（109）She's **quite** right.（她很对。）

（110）She drives **rather** fast.（她开得颇快。）

（111）It's hot **enough to** go to swimming.（热得要去游泳。）

这些用在形容词前面或后面的副词，除了"a little"，也都是表达程度加强。还有一些这样的词：

icy cold   **ghostly** pale   **real** good   **mighty** clever

wide open   **jolly** good   **dead** tired

"icy cold"相当于汉语"冰凉、冰冷"的意思，比单纯的"cold"明显程度更深，其余的词也都一样，用了那些修饰语以后，形容词的程度明显加深了。

当然笔者本次对程度表达的考察主要还是限于武汉方言，此处日语和英语的例子只是就所知提供出来，并没有进行全面考察，因此不能完全引以为据。但是这种高程度表达与低程度表达不平衡的现象很有意思，可以再做更进一步的研究。

关于这种高程度表达与低程度表达不平衡现象产生的原因，笔者认为至少有两点：（1）对程度的感知本来就是一种主观的感受，而表达主观情感的时候，强烈的、夸张的情绪容易被关注，被表达，这些都是高程度或加强的程度。（2）语言是交际的工具，在言语交际过程中，说话人希望能表达自己的主观意见或态度，而且还希望让听话人能较容易地感知自己的这种态度，进而认同自己的意见，所以说话人会自动选择有表达效果的表达方式。当已有的语言形式失去新鲜感后，人们会不断创造新的语言形式来表达，以便抓住听话人。因此，这种高程度的表达方式在不断创新中也就越来越多。

二 层级性

现实中的程度以及人们对程度的感知是一个从低到高的连续体，反映在语言中，表达程度的语言形式就是一个有层级的系统。武汉方言中程度表达的各种形式也是这样一个系统，如果我们将程度从低到高大致分作五个层级的话,武汉方言程度表达的各种形式可以形成下表①。

较低	中	高	很高	极高
有点把	蛮	卡白等合成词	脖~	"A/V 死了"类
		寡~	~~了的	
		A 里 AB 式	~~流了	固定表达"瞎枯了"类
		ABCB 式	几	
		才	狠	A/V 得 + 发躺
		硬	A 得很	
		够	A/V 得了	A/V 得 + 要命类
		紧	A/V 得 + 小句	
		这		
		A/V 不过		

当然,这个表对于各种程度表达形式的归类带有相当的主观性,比如对于哪种形式到底应该归入"高"还是"很高"还是"最高"可能会有不同意见,但是存在这样一种程度高低的层级则是一定的。所以即使有一些地方会有不同意见,但总的来说,这种层级性还是客观存在的,不影响本次研究的结论。

本章首先从词汇和句法两个方面,详细描写了武汉方言程度表达的各种语言形式。指出,武汉方言表达程度的词汇手段主要有五种:使用含有程度语素的合成词;使用前缀"脖~""寡~";使用后缀"~~了的"和"~~流了";还可以使用形容词的其他生动形式。但是武汉方言的形容词生动形式不丰富,含有程度语素的合成词和前缀也不多,因此,在词汇手段方面,武汉方言主要是依靠后缀表达程度。"~~了的"和"~~流了"这两个后缀都是表达高程度的语言形式。

武汉方言表达程度的句法手段主要有:使用副词"蛮、几、才、硬、够、紧、狠、有点把";使用指示代词"这";使用粘着式述补结

---

① "A/V 得 + 一般形容词"这一格式表示的程度由补语部分形容词前面的修饰成分决定,所以在这里没有将之归入任何一类。

构"A/V 不过、A/V 死了/死人/苕（傻）了以及一些固定俗语形式"；使用"得"字述补结构"A/V 得＋一般形容词、A 得很、A/V 得＋发躺、A/V 得＋要命/要死、A/V 得了、A/V 得＋小句"等共十六种语言形式。其中"有点把"表示低程度；"蛮"表示一般的中程度，"才、硬、够、紧、这、A/V 不过"表示高程度，"几、狠、A 得很、A/V 得了、A/V 得＋小句"表示很高程度；"固定俗语类、A/V 死了类、A/V 得＋发躺、A/V 得＋要命类"表示极高程度。

在系统描写的基础上，本章进一步总结了武汉方言程度表达的两个特点：不平衡性和层级性。进而通过与普通话及其他方言的比较发现，在语言中表达程度高低时，存在这样一种倾向——表达高程度的语言形式多于表达低程度的语言形式，而且这种倾向具有一定的普遍性，这可能跟人们对程度的感知以及表达需要有关。

第五章　武汉方言的体貌

第一节　体貌的概念意义及相关研究

一　关于 aspect

时间系统是人类语言最核心的内容之一。语言时间系统是人类对客观世界模型（model）的表达，不同语言各有特点。汉语当然有自己的语言动态系统表达体系，但汉语学界研究汉语动态系统时使用的种种概念却是直接借自印欧语。在印欧语里关于时间意义的表达有三个概念：tense、phase、aspect，陈平（1988）把这三种意义称为时间系统的三元结构。"tense"在汉语里一般翻译为"时"或"时制、时态"①。"phase"一般翻译为"时相"或"相"。"aspect"有时称为"动态、动态范畴"；有时称为"体、时体"；也有学者叫"动相，情貌"；还有时被称为"时态"；现在多被称为"体貌"。因为概念比较乱，所以在行文之前，有必要首先交代本章使用的概念。

本章参考戴耀晶（1997、2004），认为"tense"是指可根据说话时间定位的时间意义。比如英语中的过去时、现在时等②。"phase"是指动词词义所表现的时间意义。比如"死"在时间意义方面具有［瞬间］的特征，而"等"则具有［持续］的语义特征。"aspect"是观察时间进程中的事件构成的方式。事件是一个句子表达的事件，而不仅是动词

---

① 陈平：《论现代汉语时间系统的三元结构》，《中国语文》1998年第6期。
② 参见戴耀晶《现代汉语时体系统研究》，浙江出版社1997年版；《汉语的时体系统和完成体"了"的语义分析》，载竟成主编《汉语时体系统国际研讨会论文集》，百家出版社2004年版，第29—53页。

反映的动作,"aspect"反映了语言使用者对事件的观察方式。至于名称,本章采用现在比较通用的"体貌"这一术语。

二 已有研究回顾

现代汉语体貌问题的研究自 20 世纪 80 年代以来,一直受到研究者们的关注,成为现代汉语语法研究的一个热点。经过 20 多年的研究探讨,应该说对于现代汉语中体貌系统的认识取得了相当大的进步。但是,"由于汉语没有形态,或者说缺乏严格意义的形态标志和形态变化,汉语有关时体的概念及其表达法跟印欧语并不相同。汉语的时体系统到底是怎么样的?跟印欧语有什么相同之处,有什么不同之处?汉语的时体究竟通过什么手段来表达的?汉语方言纷繁,各方言在时体表达上又各有什么特点?……总的来说,研究尚不深入,很不系统,更未形成一种完整的有关汉语时体的系统理论"。(陆俭明《汉语时体系统国际研讨会论文集》代前言)[①] 不过总的来说,不可否认自刘勋宁(1988)、陈平(1998)、戴耀晶(1997)发表文章以后,现代汉语体貌问题的研究还是比较深入了。2003 年在上海召开了"汉语时体系统国际研讨会",专门探讨现代汉语的体貌问题,并出版有论文集,可以说是对现代汉语体貌系统研究的一次阶段性总结。近年来,陈前瑞(2008)借鉴西方理论,从类型学视野考察汉语体貌问题的研究是一种全新的尝试,体现了汉语体貌研究的新方向和最新成果[②]。

在汉语方言学界,体貌系统的研究也是方言语法研究中较早被注意,较多被关注的问题。从研究成果来看,大致可以分为以下三种情况:

(一)对一种方言的体貌系统进行描写。这又包括两种类型:一是方言专著中的体貌研究;二是单篇论文对某一方言的体貌系统描写。前者如曹志耘(1996)、曹志耘、秋谷裕幸、太田斋、赵日新(2000)、大西博子(1999)、戴昭铭(2003)、李小凡(1998)、平田昌司主编(1998)、钱乃荣(1992)、乔全生(2000)、徐慧(2001)、张一舟、张清源、邓英树(2001)等著作。后者最集中的成果是论文集《动词的

---

① 该文里的"时体"即本文所使用的表述"体貌"。
② 陈前瑞:《汉语体貌研究的类型学视野》,商务印书馆 2008 年版。

体》(张双庆 1996)。

在方言专著中,李小凡(1998:143)首先将苏州方言体貌系统分为动态和事态,然后自拟了体貌系统如下①:

动态:完成体、持续体、进行体、继续体、反复体、经历体、短时体、尝试体

事态:已然体、将然体、未然体、仍然体、当然体

乔全生(2000:232)认为"体"是"观察事件的动作、行为在时间进程中所处的不同发展阶段或状态而概括出的语言类别",也在书中构拟了自己的"汉语体貌层次及类型"②:

```
         完全体                    非完全体
        ┌──┴──┐                 ┌────┴────┐
      实现体  经历体            起始体    持续体
                                            │
                                          进行体
```

并以这一体系描写了晋语五台片方言的体貌系统。乔的这一体系明显受了戴耀晶(1997)的影响。徐慧(2001:193)则采用了李临定关于"体"的概念,描写了益阳方言的体貌系统③。张一舟、张清源等(2001:55—56)则强调"不拘泥于术语的称呼","采取了宽松的标准"来处理各种体貌标记或次标记,认为这样"有助于描写事实,并有利于各方言间的比较"。其他研究没有明确交代文章使用的体貌概念及体系,不过在方言志之类的专著中开始关注体貌系统,并列专节进行描写,确实是方言语法研究的一个进步,是很值得肯定的。

单篇论文方面,论文集《动词的体》是对东南部方言"体"问题的集中讨论。收入论文 16 篇,涉及吴语、闽语、粤语、赣语、徽语、客家语等方言。该书所收论文使用的概念、体例比较统一。区别"体"和"貌",认为"体"是"表示动作、时间在一定时间进程中的状态"(P2),"貌"则是"和动作、事件的时间进程没有关系或关系较少的情貌"(P2)。"属于体的有完成、进行、持续、经历;属于貌的有短时、

---

① 李小凡:《苏州方言语法研究》,北京大学出版社 1998 年版,第 143 页。
② 乔全生:《晋方言语法研究》,商务印书馆 2000 年版,第 232 页。
③ 徐慧:《益阳方言语法研究》,湖南教育出版社 2001 年版,第 193 页。

尝试、反复等"（P3）。不过论文集也承认"关于这二者（即体与貌——笔者注）的区别还讨论得不够深入"（P3）。另外，在该书最后还附有一个"体范畴例句调查表"，也是开创性的。但可惜的是在以后的研究中这一材料似乎并未被充分利用。

（二）对一种方言中某一体貌表达手段或者体貌助词的研究。这是目前研究成果最多的部分。集中的也有一部论文集《汉语方言体貌论文集》（胡明扬主编1996），收入相关论文15篇，涉及了吴方言、粤方言、西南官话、湘方言、赣方言、闽方言、客家话七大方言，集中探讨了多种方言内部体貌表达手段，特别是各种方言中有特点的体貌助词。此外，近年来在《方言》、《语言研究》上也多有此类单篇论文发表，比如鲍红（2007）、储泽祥（2004）、刘祥柏（2002a、b）、刘翠香（2007）、彭小川（2002）、杨敬宇（2002）、喻遂生（1990）、周磊（2006）等。从研究内容来看，对于方言体貌系统中的进行体和持续体、完成体的研究相对来说比较多，这表明在这几个方面问题比较多，有方言特色的现象也比较多。

（三）跨方言横向比较研究。这又包括两类，一是就某一体貌形式作跨方言的比较研究，比如罗自群（2004、2005，2006）对持续体的跨方言比较研究、胡明扬（2003）对汉语方言进行态的比较研究、汪国胜（1999）对湖北方言"在"和"在里"表示进行/持续的对比研究等①。二是通过方言对比，构拟汉语方言的体貌系统。这方面的代表作应该是Yue-hashimoto，Anne（1993）。在书中余先生用了整章的篇幅专门讨论了汉语的体貌系统。她通过对收集的方言材料的研究，提出了汉语方言的16个"态"②。这种从方言比较角度总结汉语方言的种种体

---

① 参见罗自群《现代汉语方言持续标记的类型》，《语言研究》2004年第1期；《现代汉语方言持续标记的比较研究》，中央民族大学出版社2006年版等。胡明扬《"着"、"在那里"和汉语方言的进行态》，载戴昭铭主编《汉语方言语法研究和探索——首届国际汉语方言语法学术研讨会论文集》，黑龙江人民出版社2003年版，第137—143页。汪国胜《湖北方言的"在"和"在里"》，《方言》1999年第2期。

② Yue-hashimoto，Anne（1993）书中的"态"，就是aspect，也就是本文所说的"体貌"。她所归纳出的16个态分别是：A. Perfective aspect B. Affirmative aspect C. Progressive aspect D. Durative aspect E. Experiential aspect F. Inchoative aspect G. Instantive aspect H. Partitive aspect I. Habitual aspect J. Incessant aspect K. Compensative aspect L. Change aspect M. Tentative aspect N. Continuative aspect O. Resumative aspect P. Completive aspect。

貌，并就此建构一种体系的理论追求值得重视，但该书所覆盖的方言材料还不够丰富，确立各种"态"也缺乏足够的论证，特别是最后几种"态"解释比较含混，因此书中所提出的16个"态"是否都能算作"态"还很值得商榷。

最后回顾一下武汉方言体貌问题研究的现状。关于武汉方言里比较特别的体貌助词，以及持续进行的表达方式，赵葵欣、陈前瑞（1996）、汪国胜（1999）以及萧国政（2000）都稍有论述。赵葵欣、陈前瑞（1996）首先注意到武汉方言里有一个比较特殊的句尾"在"，是帮助表示进行态和持续态的词，它可以表示动作的进行、持续或某种状态的持续。汪国胜（1999）以大冶、武汉、英山三地为代表点，研究了湖北省内赣语、西南官话、江淮官话表示进行/持续的常用标记成分"在"和"在里"的地域分布情况，并对这些标记成分的来源进行了探讨。萧国政（2000）讨论了武汉方言助词"着（或写做"咗"）"字的三种语法意义，以及与此相联系的三种"着"字句。认为这个"着（咗）"类似于"先行体"标记词，还可以进一步用来表示条件。黄晓雪（2007）虽然在文中也提到了武汉方言的句末助词"在"，但只是引用了汪国胜（1999）的一些例子，并没有对武汉方言的体貌问题有过多的涉及。由此可见，关于武汉方言体貌问题，目前的研究还很不充分，只涉及持续体、进行体，以及两个比较特别的体貌助词"在"和"着（咗）"。对于武汉方言体貌系统的整体描写和讨论，就笔者目前视线所及，还是一片空白。本章将全面描写武汉方言的体貌系统，并探讨武汉方言体貌表达的一些特征。

第二节　武汉方言的体貌系统

根据第一节对体貌概念的理解（见本章第一节第一点），参考戴耀晶（1997、2004）构拟的体貌系统，本节将武汉方言的体貌系统分为以下8类进行描写：①完成体、②经历体、③短时体、④进行体、⑤持续体、⑥起始体、⑦继续体、⑧先行体。

一　完成体

完成体指的是相对某个参照时间，句子所表述的事件已经成为现实。可以是动作行为已经发生，也可以是新情况已经出现。这种"现实"可以是追忆的现实，也可以是设想的现实。比如：

（1）我跟老婆去年贷款买了房子，今年年初我又坚持买了车子。

（2）等一哈你妈妈睡醒了，你要她去买两斤排骨回来。

例（1）是对过去事件的追忆，是说话时已经发生的事件；例（2）是假设的"完成"，说话时其实"妈妈还在睡觉，还没醒"，但在未来"妈妈睡醒"一定是在"去买排骨"之前已经发生的现实。

武汉方言中完成体的标记是"了"。具体格式有以下几种①：

（一）V 了 +（定语）+ O

（二）V 了 + 时量/数量补语

（三）V 了 + 双宾语

（四）V_1 了 V_2

（五）V/A（补语）+ 了

（六）N/数量 + 了

（七）V（补语）+ O + 了

（八）V 了 + 数量结构 + 了

（九）V 了 + O + 了

下面就以上各类分别给几个例句：

（3）请问，刚才我女朋友是不是踩了您的脚？

（4）上个月，我跟老妈办了一张银行卡。

（5）我教了十几年书，就冇见过这样的伢。

（6）前几天过生日，我老爸给我买了个蛮新潮的玩具，你们到我屋里来看吵。

（7）他解释了半天，保安才放了我。

（8）他考驾照考了一年。

（9）我"哎哟"了一声，他们头也不回地出去了。

（10）我把了几块钱他给了他几块钱，他就走了。

（11）做了作业再玩游戏啊，正咱把游戏机关他。

（12）车开了一些时以后，我技术练好了，胆子也练大了，但不晓

---

① 此处 V 表示动词，O 表示宾语，A 表示形容词，N 表示名词。以下皆同。

得为么事,脾气变拐了。

(13) 其他的男将们眼睛哈红了,哼哼,他们嫉妒我吵。

(14) 丫丫,你都这大伢了,么还这不懂事呢?

(15) 五点了,你还不快去接伢!

(16) 真是闯倒鬼了,我明明放倒这里的东西么不见了咧。

(17) 你想出答案了就教倒我咧。

(18) 老头子在这个屋里住了二十多年了,这哈说要拆,他蛮舍不得。

(19) 拐子这些时总回得蛮晚,而且总说已经吃了饭了。

以上例(3)—(7)是Ⅰ类,可见这儿的定语可以是代词、数量结构、时量结构或形容词等。也可以不出现定语,但这时句子有条件限制,比如前面出现了"才",如例(7),否则这种形式不自足。例(8)、(9)是Ⅱ类,(8)是"V了"后接时量补语,(9)是"V了"后接数量补语。例(10)是Ⅲ类。例(11)是Ⅳ类。(12)、(13)是Ⅴ类,(12)是动补结构后加"了"表示出现新的情况,(13)是单个形容词后加"了"表示出现新情况。(14)、(15)是Ⅵ类,(14)是"名词+了"结构,(15)是"数量+了"结构。(16)、(17)是Ⅶ类,(18)是Ⅷ类,(19)是Ⅸ类。武汉话完成体标记"了"跟普通话用法基本一样。

武汉方言完成体的否定用"冇",比如:

(20) 他还冇做完作业,你莫惹他别打扰他。

(21) 我下了"的士",就在车开走的那一哈,我突然发现我包包冇拎。

否定句中"冇"与"了"不共现。完成体的疑问形式是"VP了冇?"或"V冇VP?"①。因为武汉方言疑问句系统中没有相当于普通话"吗"是非问的句式,普通话中的是非问在武汉方言中都只用反复疑问句表达(赵葵欣1993)。所以武汉话完成体的疑问都必须用"冇",这时的"冇"可以和"了"共现,例:

---

① 此处VP代表各种动词结构。因为上文已经详细列出了完成体的各种语法形式,所以此处仅以VP概括表示谓语部分,以下同。

（22）你爸爸到屋里了冇？叫他接电话。

（23）饭好了冇？我肚子饿了。

（24）你今天抹冇抹桌子，拖冇拖地啊？

（25）老板，我的车子修冇修好？我急倒用咧。

以上两种问句格式可以互换，比如"你爸爸到屋里了冇？"也可以说成"你爸爸到冇到屋里？"语义没有什么变化。

二 经历体

经历体表示动作行为曾经发生，但不注意对现在是否有影响。武汉方言用体貌助词"过"来表达经历。例如：

（26）这种水果我在海南吃过，但是叫么事想不起来了。

（27）我在我们大学食堂打过两年菜卖过两年菜。

（28）出去打工五六年了，春节他只回过一次家。

（29）为这个事我不晓得着过几多急，她不听，你也冇得法。

据Yue-hashimoto, Anne（1993）研究，经历体用"过"表达，在汉语方言中有相当的一致性（Yue-hashimoto, Anne 1993：72）[①]。武汉方言的情况也支持了这一结论。

经历体的否定也用"冇"，语法形式是"冇VP过"，例：

（30）这是个么巧板眼新奇东西啦，我冇见倒过。

（31）老妈身体还好，最近也冇得过么病，就是眼睛不大灵光了不太好了。

（32）从来都冇听说过咧，有这样的事？

武汉方言的经历体和完成体否定都用"冇"，但"冇"与完成体体貌标记"了"不共现，而与经历体体貌标记"过"共现。经历体的疑问形式有两种：一是"VP过冇？"或"V冇VP过？"；二是"有冇VP过？"。先看第一种：

（33）这些时你看到过他冇？我总冇见他的人。

（34）你去他屋里玩过冇？

[①] 书中原文为：The marker of the experiential aspect seems to be the most uniform among the dialects, all of which use some form of the suffix 过。

(35) 这个事你跟冇跟他说过啊?

(36) 你碰冇碰到过这巧的事? 真是信了他的邪。

(37) 那个问题你们讨冇讨论过啊? 到底准备么样咧。

这两种格式也可以互换，比如"看到过他冇?"，也可以说成"看冇看到过他?"，意思基本不变。但应该注意的是，武汉方言中"V 冇 VP 过?"格式里正反重叠的部分有时并不是动词，比如例（35）正反重叠的部分是介词"跟"，这在普通话中是不允许的①。另外，武汉方言中能拆开正反重叠构成疑问的动词结构也比普通话范围大，比如例（36）、（37）可以将"碰到""讨论"拆开重叠为"碰冇碰到过""讨冇讨论过"，而普通话得说成"碰到没碰到过""讨论没讨论过"，或者用"碰到过没""讨论过没"省略式。笔者认为这跟武汉方言问句系统内部结构有关。如前所述，武汉方言问句系统中没有是非问而反复问发达，因此可以推测使用谓语部分正反重叠的需要和频率都必然高于普通话，语言使用都遵循"经济原则"，显然"碰冇碰到过他"要比"碰到过他冇碰到过他"经济得多，所以武汉方言在使用中自然选择了前者，其余类推，从而造成了这种很多动词都可以拆开进行正反重叠的情况。

再看第二种格式"有冇 VP 过?"。例:

(38) 拐子，你有冇骑过野狼 125 啊? 可不可以告诉我刹车在哪里呀?

(39) 喂，你有冇听说过他屋里遭强偷的那个事啊他家被偷的事?

(40) 你有冇错发过短信啊?

(41) 你有冇好好想过我说的那些话? 我说了几多回了，总当耳旁风。

(42) 那个残疾人每回收了你的钱，有冇对你说过感谢的话?

观察以上用例可以看到，"有冇 VP 过?"问句多用在结构比较复杂的问句里，比如例（38）、（39）宾语部分比较长，例（40）—（42）动词前有一些修饰成分。这种格式很容易让人想起粤语中"你有冇搞

---

① 武汉方言介词"跟"能正反重叠为"跟冇跟"形式，可能跟介词来源于动词有关。普通话的介词"跟"语法化程度高，已经不能这么用。但武汉方言中的"跟"还残留了动词的一些特性，所以能有这种形式。

错?"这句话,但在粤语中,这种格式是对完成体的否定,而武汉话里完成体却没有这种格式,只有经历体有这种说法。笔者查看了其他方言资料,只有广东阳江话有类似的说法,而且阳江话的这种问句格式既可以用于完成体也可以用于经历体,例①:

(43)你有无讲过?(经历体——笔者注)

(44)其有无去呢?②(完成体——笔者注)

倒是石毓智(2004b)提到普通话中有一种新兴的问句形式"有没有VP?",可以用在完成体和经历体中。而普通话的"没有"在武汉话里应该说成"冇",那么这种新兴的问句形式就正好是"有冇VP?"。这样看来,武汉方言的这种反复问格式可能来自普通话的影响。而武汉方言之所以很容易接受这一格式也是有其内在原因的——武汉方言问句系统倾向于使用反复问,而"有没有VP"正好就是反复问。不过,从现阶段看,这种格式只进入了武汉方言的经历体疑问句中,还没进入完成体疑问句,尚处在语言渗透的过程中。

三 短时体

短时体是表达短时的完整事件。所谓"短时",并不是一个物理时间概念,而是一个心理时间观念,也就是说这里的"短时"是说话人认为的主观上的短时。普通话中的短时体主要用动词重叠形式表达,但武汉方言中动词形容词都很少重叠,也就是说,武汉方言中重叠手段不发达。因此武汉方言的短时体主要用"V一哈、V哈、V(一)哈子"来表达。例:

(45)我问服务员,服务员想了一哈,说:"不行。"

(46)我刚才尝了哈那个菜,□[pʰia⁵⁵]淡的太淡了,再放点盐啊。

(47)我到里头房里歪哈子去稍微睡一会儿,你过一哈叫我起来。

(48)你来算哈子,我们这次出去玩要带几多钱。

(49)你也是该美哈容了,眼角都有鱼尾纹了。

---

① 在我们所见的资料中看不到这种用法,可能是因为一般描写体貌的论文都没有提到疑问形式。因此我们无法断定是真的各方言中没有这种用法还是没被描写出来。特存疑于此。

② 此两例转引自石毓智《汉语的领有动词与完成体的表达》,《语言研究》2004年第24卷第2期。

（50）我刚跟你买了条新裙子，你快过来试哈子吵。

短时体只表示句子表述的事件发生时间短，因此这个事件可以是以前已经发生的，如例（45）、（46）；也可以是还没发生，将来要发生的，如例（47）、（48）；还可以用来表示祈使，如例（49）、（50）。

武汉方言中的这一短时体格式还有一种变体形式：V（一）哈哈，强调事件的短时性。例如：

（51）你就学哈哈别个丽丽咧，不要你回回考满分，八十多分也行吵。

（52）（孩子求妈妈让他看一会球赛）我就看一哈哈，一哈哈，然后马上去做作业。

"学哈哈"比"学哈"表示的"学"的动作程度浅、轻；"看一哈哈"比"看一哈"更强调"看"的时间短。这种变体不是重叠动词部分，而是重叠动词后的体貌标记，比较特殊。就我们查看到的方言资料来看，云南昆明话的短时体也有类似的表达法"一下下、一小小下"（黄伯荣 1996：197）。昆明话也属西南官话，因此我们推测这种表达可能也存在于其它西南官话里，但由于现有方言资料不足，难以定论。

另外，这种短时体"V（一）哈"形式还有一种比较虚化的用法。例如：

（53）朋友们，把心事丢一哈，把工作放一哈，一起来笑一哈。

（54）我想起来还要搞点么事喝哈子，就起来去买蛋酒。

这些地方的"V（一）哈"都不是真的表示短时事件，而只是使语气舒缓一些。也就是说它们表示短时的语法意义已经不那么实在，但在语法意义虚化的同时，却开始承载了一定的语用功能。

四　进行体

进行体是指动作正在进行中，或者变化正处在变化的过程中。武汉方言表达进行体有两种方式：一是用副词或介词结构"正、正在、在那里"置于动词前；二是用体貌标记"在"的一系列格式。第一种方式跟普通话基本一致，其中的"在那里"已经从表空间存在虚化为转指时间，这种用法具有语言共性①。这种方式没有更多需要解释的问题，因此我们只简单各举一例。

（55）一进门就发现女儿正挖倒脑壳拖地板。

（56）我正在犹豫，后头的人铆起来催。

（57）你在那里搞么事啊，快过来帮个忙。

第二种表达进行体的手段是用体貌标记"在"。"在"可以出现在动词前后，但语法意义完全不同，因此本文分别记作"在$_1$"和"在$_2$"。用"在"表达的进行体主要有下面三种语法形式：

（一）在$_1$ + VP，我们把出现在动词前的"在"记作"在$_1$"。例：

（58）十分钟后我到了菜场，老婆站在菜场门口，在$_1$跟几个人唠天，哪有么急事吵！

（59）他这是在$_1$考验我们吵，你还不表现好点。

（60）一路上，他一直在$_1$掰他的手机一直在玩弄手机。

这是比较常见的进行体表达式，普通话和很多方言都有这种格式②。

（二）VP + 在$_2$，这是动词后、句尾出现的"在"，我们记为"在$_2$"，它跟"在$_1$"有很不一样的功能，还能出现在持续体的一些表达式中（详见第五点）。此处先看进行体的例子：

（61）我来找你，看你做么事在$_2$？

（62）那它就是挖鼻子在$_2$，反正绝对有一只手做别的事在$_2$。

（63）我姑娘还冇做事女儿还没工作，读大学在$_2$。

这里的"在$_2$"是必需的，进行体的意义靠它来表达，去掉"在$_2$"句子不成立。这种进行体的语法形式比较特殊，其他方言中也只有合肥话、襄樊话用这种形式表进行③。

（三）在$_1$ + VP + 在$_2$，动词前、后均出现"在"表动作进

---

① 参见胡明扬《"着"、"在那里"和汉语方言的进行态》，载戴昭铭主编《汉语方言语法研究和探索——首届国际汉语方言语法学术研讨会论文集》，黑龙江人民出版社2003年版，第137—143页；王健《汉语方言中的两种动态范畴》，《方言》2005年第3期。

② 王健（2005）提到扬州、连城新泉、大冶、石城（龙岗）、宜都、常宁、六安丁集等处方言都用这种格式表达进行。

③ 方言中有句尾"在"的情况不少，如赣语的岳西话、丰城话；江淮官话的六安话、英山话等。但在这些方言中句尾"在"都表示持续体，不表进行。

行。例：

(64) 他正咱在$_1$学驾照在$_2$，还不能开车。

(65) 张经理在$_1$开会在$_2$，你过一哈再打来吧。

(66) 爸爸在$_1$打电话在$_2$，你莫吵啊。

这种格式更加特殊，在目前我们所见资料中，只有武汉方言有这种进行体语法形式。虽然动词前后都用了"在"，但并没有强调的意思，也没有增加什么语用意义。因此，此处的"在$_2$"不是必需的，如果去掉，就成了"（一）在$_1$ + VP"式，还是可以表达进行体。实际上，以上的3种格式基本可以互换，比如"张经理在开会在。"也可以说成"张经理开会在。"或"张经理在开会。"反之亦可。可见武汉方言进行体的语法形式比较丰富，但体貌标记只有一个"在"（在$_{1,2}$）[①]。

进行体的否定都用"冇"，比如"经理在开会在。"的否定可以说"经理冇在开会。"但是也可以直接否定动作发生，说成"经理冇开会。"而且第二种直接否定动作发生的使用更多，也显得更自然。

疑问的情况比较复杂。"在$_1$ + VP"式可以直接在表达进行的句子后加"冇"表示疑问，"VP + 在$_2$"式直接在句尾加"冇"表疑问就比较勉强，这时一般转化为"在$_1$ + VP"式再用"冇"表疑问。比如"经理在开会冇？"可以说，但"＊经理开会在冇？"就不怎么说。而且"在$_1$ + VP + 在$_2$"式用来表疑问时也一般丢掉"在$_2$"，说成"在$_1$ + VP"式。也就是说，这三种表示进行体的句式在疑问句中，只以一种形式，即"在 VP 冇？"出现。不过，询问正在进行的动作，武汉方言常借用"是不是"来构成疑问，这将在后面第七章讨论问句系统时详细论述。

五 持续体

持续体是表示某种状态在某一段时间内保持不变，它是对事件构成中的持续段观察的反映。"状态"大概包括两种情况：A. 某一动作完成

[①] 关于句尾"在"（本章的"在$_2$"）的语法意义，黄晓雪：《说句末助词"在"》，《方言》2007年第3期，文中认为有4种。因本章重点不在讨论助词，所以暂以"在"出现的位置分别记作"在$_1$"和"在$_2$"。但笔者也认为"在$_2$"存在不同的语法意义，拟另文讨论。

后造成的状态，比如（以普通话句子为例）：墙上挂着一幅画。这是动作"挂"完成后造成的"画在墙上"的状态。B. 与动作无关的静态的状态。比如：他醒着呢。这两种"动态"在武汉方言里多用不同格式表达。

武汉方言持续体用体貌标记"倒"和"在$_2$"表达，具体语法形式有以下三种：

（一）处所 + V 倒 + O + （在$_2$），例：

(67) 里面竖了苕大一块牌子，高头写倒"韩剧四件套"。

(68) 茶几高头放倒一张报纸。

(69) 一个蛮可爱的熊猫，长得圆头圆脑，手上举倒三根香。

(70) 炉子高头煨倒汤在$_2$。

(71) 门口站倒好几个人在$_2$。

这种格式常用来表达存在句，也就是通过某一动作造成某处存在某物，如例（67），动作"写"完成后牌子上存在有"韩剧四件套"这样的字。句尾"在$_2$"不是必需的，但使用后有加强完句的作用。如只说"炉子高头煨倒汤"，语感上觉得话没说完，期待有后继句，比如"炉子高头煨倒汤，莫忘记了咧"。但是用了"在$_2$"却并不一定就意味着不能有后续句，比如也可以说："炉子高头煨倒汤在，你莫忘记了咧。"

（二）N + V 倒 + O/处所，例：

(72) 一个老爹爹牵倒一个白汪了的狮毛狗，小狗还穿了一件小衣裳。

(73) 一个男将坐倒我的位置高头，正津津有味地吃我的烧梅。

(74) 有个人穿倒古时候的袍子，梳倒古人的辫子，手上还举倒一块牌子。

这一格式的主语 N 一般是动作的施事者，能进入该格式的动词主要是能带事物宾语或处所宾语的动作动词，而且这些动词还必须能表达动作完成后的一种状态。比如：拿、牵、阴（藏、躲）、抱、坐、站、躺、穿、戴、梳（头）等等。

（三）N + V 倒 + 在$_2$，例：

(75) 门开倒在$_2$，你自己进来唦。

(76) 灯亮倒在$_2$，他屋里肯定有人。

(77) 他醒倒在$_2$，有么事你进去跟他说。

(78) 鱼还活倒在$_2$，刚买回来的。

这一格式的主语可以是施事，如例（77）、（78），也可以是受事，如例（75）、（76）。这一格式句尾的"在$_2$"是必不可少的，去掉"在$_2$"，句子或意思改变——成了祈使句，或根本站不住。比如：

门开倒在$_2$→门开倒（请让/把门开着）

他醒倒在$_2$→＊他醒倒

武汉方言A类状态的持续用（一）式及（二）式表示，B类状态的持续则用（三）式表达。持续体的否定也用"冇"，如："炉子高头冇煨倒汤。""门冇开倒。""冇"可以和表持续的标记"倒"共现。疑问句可以分别在三种表持续的形式后加"冇"，构成"持续句+冇?"提问，如"茶几高头放倒报纸冇？""爹爹牵倒狮毛狗冇？"、"门开倒在冇？"还可以用"是不是"放在动词前构成对整个状态的询问，详细参见第七章关于问句系统的讨论。

从上面的描写可以看到，武汉方言体貌系统中进行体和持续体是分得很清楚的，进行体的体貌标记主要是"在$_{1,2}$"，持续体的体貌标记主要是"倒"。但句尾"在$_2$"却比较复杂，既可以出现在进行体中，也可以出现在持续体中，而且有时是必需的［本章第四的第（二）点，第五的第（三）点］，有时却可以省略［本章第四的第（三）点，第五的第（一）点］。这在汉语方言中也比较特殊①。吕叔湘先生（1984）曾谈到现代四川方言里有"睡倒在、放倒在、忙倒在"的说法，并从历史上阐明了这个句尾"在"是"呢"的来源，而"在"又是由"在里"这个表处所的副词发展而来②。不过四川方言里"在"用在句尾"惟为用殊窄，仅限于与到（＝着）相连，此外皆已用哩，与北京之'呢'大体相符"。而武汉方言的句尾"在$_2$"使用范围显然比四川方言大，比如还可以用在一般的动词谓语句中［本章第四的第（二）、（三）点］，表达进行或持续的体貌意义。可见武汉方言的"在"更多地保留了古汉语的痕迹，还没有发展成"呢"，事实上地道的武汉方言中至今

---

① 参见黄晓雪《说句末助词"在"》，《方言》2007年第3期。

② 湖北境内的英山方言（江淮官话）还存在"V（O）在里"表进行的说法。详见汪国胜《湖北方言的"在"和"在里"》，《方言》1999年第2期。

也还没有语助词"呢"。

六 起始体

起始体表示动作行为开始发生，事件开始启动。武汉方言用动词后加"起来"表达。例：

(79) 一进屋，老婆就吼起来："你还晓得回来？"
(80) 武汉那个天啦，你又不是不晓得，说热就热起来了的。
(81) 晚饭一吃完，老公就跷倒胯子歪倒沙发高头看起报纸来。
(82) 酒过三巡后，发了财的阿威跟我们大谈他的创业史起来。

能进入起始体的有动词（例79、81、82）和形容词（例80），但动词一般不能是瞬间动词。形容词一般能较自由地进入起始体，表示开始进入一种状态。如果动词后有宾语的话，一般采用跟普通话一样的"V起O来"（例81）形式，但笔者在此次收集的语料中也发现了"VO起来"（例82）的用法。不过经过调查证实，武汉方言中常用的还是"V起O来"，"VO起来"属特例。

七 继续体

继续体是指动作或变化进行了一段时间并将继续下去，它指出事件内部的继续延伸。武汉方言用动词后加"下去"表达。例：

(83) 拐了糟了，像这样搞下去，肯定会变成青皮豆肯定会秃顶的。
(84) 唉，冇得法，只有坚持等下去了，我就不信他不走。
(85) 又不好生读书，又不正经做事，天天到处晃，这样混下去么办咧？

能进入继续体的多是一些非瞬间动词，形容词在武汉方言里比较少进入这一格式。

关于"起来""下去"，有的研究者没放在体貌范畴中讨论，如高名凯（1948）、李讷、汤普森（1981）。较多的研究者承认其是表达体貌意义的形式，但对它们的性质持不同看法。赵元任（1968）认为是"后缀"，吕叔湘（1942）认为接近于"词尾"，《现代汉语八百词》认为是趋向动词。戴耀晶（1997）认为是"独立的形态标志"，不过虚化程度较"了、着、过"为浅，还保留了一定的词汇意义。笔者认为

"起来""下去"确实可以表达体貌意义，因此在体貌系统描写中应该占一席之地，所以本章将它们纳入研究范围，作为武汉方言体貌系统的一部分进行描写。至于它们的性质不是本章讨论重点，因此不做深究。

八 先行体

先行体指一个动作或事件的发生，须以另一个动作或事件为先决条件，或者是一个动作或事件的发生，要在另一个动作或事件之后。比如：孩子想看电视，但妈妈说"你把作业做了咗。"意思是"得先完成作业，才能看电视"，也就是说"看电视"的动作得在"做完作业"之后，而且这个句子的两个动作不仅有时间上的先后，"做完作业"还是"看电视"的先决条件。类似这样表达，我们叫作先行体。武汉方言先行体的体貌标记是"咗"，它总是位于句末。例：

（86）吃吵吃吵，吃倒咗，汤一哈就来。

（87）您家稍微等哈咗，王师傅九点钟到。

（88）你在这里先把队排倒咗，买哪场的票，我打电话回去问哈子。

（89）我正咱不走，等他来了咗。

（90）——这个月的零花钱还有把倒我咧。
　　　——明天才是 16 号吵，明天咗。

（91）我可以给你买这个娃娃，你莫吵咗。

就语法形式来说，"咗"之前能出现各种结构，比如"V 倒"（例86）、动补结构（例87）、把字句（例88）、兼语句（例89）、祈使句（例91），甚至单个名词（例90）也能直接出现在"咗"之前。可见武汉方言先行体标记"咗"适用范围非常广泛。

再从意义来看，"咗"表达的语法意义主要有两种：

（一）先做什么或暂且先做什么。如例（86）—（89）。"吃倒咗，汤一哈就来"意思是"先开始吃，汤一会就好"；"你在这里先把队排倒咗，买哪场的票，我打电话回去问哈子"，很清楚说话人是让听话人暂且先排队，而其实买什么票还没决定。表达这种意义的"咗"的前面常会出现"先"，即使没出现，也可以加上。如"吃倒咗"也可以说成"先吃倒咗"，意思完全没有变化。

(二) 先决条件。如例 (90)、(91)。"到 16 号"是"给零花钱"的先决条件;"你莫吵"是"给你买娃娃"的先决条件。这种先决条件可以是客观的 (如例 90),也可以是主观的要求 (如例 91)。

先行体普通话里没有,但在汉语方言里并不少见。曹志耘 (1998) 早就注意到汉语方言中有一些置于动词后,表示动作次序的后置词。他考察了从南到北 34 个方言点,指出这种后置词主要有"等""可""着""起""先"五个,按照用法及功能又可分为两类。从曹志耘 (1998) 来看,汉语方言里这种后置词的情况非常复杂,难以定性。所以曹文并没提出"先行体"的概念,但是文章也说"也许可以把这种后置词的基本功能看作是汉语方言特有的一种体"。

就目前资料来看,明确提出"先行体"的方言也不少,山东临朐话 (北方官话)、湖北英山话 (江淮官话)、四川成都话 (西南官话)、浙江金华话 (吴语)、湖南临武话 (湘方言)、江西丰城话 (赣方言)等都有先行体的记录①,并且体貌标记的发音也类似武汉话的"咗[tso^0]"。萧国政 (2000) 曾指出武汉方言先行体的体貌标记"咗"是"再说"的合音,笔者基本同意这一看法。那么其他方言里先行体的体貌标记是否都是由"再说"合音而来呢?有先行体的方言覆盖了北方官话、江淮官话、西南官话、吴语、湘方言和赣方言等,这些方言之间的差别是很大的,而先行体的体貌标志如此类似,是否有什么内在联系,是否有共同的来源,都是值得进一步探讨的问题。

九 小结

本章系统详细地描写了武汉方言的体貌系统。认为武汉方言有 8 种体貌:完成体、经历体、短时体、进行体、持续体、起始体、继续体和先行体。前三种完成、经历和短时体是从外部把事件当作一个整体来观察的结果,并不考虑内部过程。后五种进行、持续、起始、继续和先行体则相反,是着眼于事件内部,对事件内部过程的各个阶段进行观察的结果。

---

① 具体参见黄伯荣主编《汉语方言语法类编》,青岛出版社 1996 年版,第 246—247 页;张一舟、张清源、邓英树《成都方言语法研究》,巴蜀书社 2001 年版,第 60—63 页。

完成体指相对某个参照时间，句子所表述的事件已经成为现实。武汉方言完成体体貌标记是"了"，共有九种具体格式。经历体表示动作行为曾经发生，但不注意对现在是否有影响。体貌标记是"过"。短时体是表达短时的完整事件，是说话人认为的主观上的短时。

武汉方言的短时体主要用"V 一哈、V 哈、V（一）哈子"来表达，还可以用"V（一）哈哈"这种变体形式来强调事件的短时。

进行体指动作正在进行中，或者变化正处在变化的过程中。武汉方言进行体用置于动词前的副词、介词结构"正、正在、在那里"及由体貌标记"在"构成的三种格式表达。

持续体表示某种状态在某一段时间内保持不变，是对事件构成中的持续段观察的反映。持续体的体貌标记是"倒"，具体有由"倒"构成的三种语言形式。武汉方言的句尾"在"既能表达进行，又能表达持续，是比较特殊的语言现象。起始体表示行为动作开始发生，事件开始启动，用动词后加"起来"表达。继续体指动作或变化进行了一段时间并将继续下去，用动词后加"下去"表达。先行体指一个动作或事件的发生，须以另一个动作或事件为先决条件，或者是一个动作或事件的发生，要在另一个动作或事件之后。体貌标记是"咋"。

短时体不用动词重叠形式；进行体和持续体拥有各自不同标记；有表示两个事件时间先后或条件的先行体等是武汉方言体貌系统的特点。

否定的问题比较复杂。完成体、经历体、进行体和持续体的否定都可以用"冇"。但是"冇"不和完成体标记"了"共现，却可以和经历体标记"过"、进行体标记"在"及持续体标记"倒"共现。短时体是一种突出强调时量的表达，没有否定形式，要否定的话就只能否定整个动作。起始体、继续体和先行体也都没有否定形式。

否定的复杂性还表现在有时一个肯定的体貌形式，可以有不止一种否定，而且其体貌意义也会发生改变。如持续体的例句（68）"茶几高头放倒一张报纸。"的否定至少可以有以下 3 种形式：a. 茶几高头冇放倒报纸。b. 茶几高头冇放报纸。c. 茶几高头冇得报纸。否定的 a 句是对"放倒"这种持续状态的否定；否定句 b 则是对"放"这个动作的否定；否定句 c 用了"冇得"——这是武汉方言中表"领属、存在义"动词"有"的否定形式，所以否定句 c 是对"报纸存在于茶几上"这一存在的否定。这样一来，实际上一个持续体的肯定形式就有了3种否定形式，而且否定句 b、c 的体貌意义也已经改变，都不再是持续体了。笔者还发现在表达单一事件的句子里和表达复合事件的句子里的否定形式也有些不一样。因此，如何确认各种体貌的肯定形式和否定形式的对应关系，如何说明体貌意义肯定和否定的不对称现象等等，都是需要进一步研究的问题。

疑问的研究也还不充分。受武汉方言问句系统的影响，没有"吗"是非问，多采用反复问。因此否定形式比较清楚的情况下，反复问也比较容易，如完成体和经历体。进行体和持续体一般用省略的反复问，也就是在表达进行体、持续体的肯定形式句尾加"冇"来表疑问。进行体的疑问形式还表现出与肯定形式不对称的现象。此次的研究还发现武汉方言有一种新兴的反复问形式"有冇 VP 过?"，但目前这种形式只能用于经历体。

武汉方言作为一个独立的语言系统，体貌范畴研究是该方言研究中一个不可缺少的重要组成部分。但汉语的体貌问题非常复杂，表达体貌的手段也不止是体貌助词，比如时间副词、能愿动词等都有表示体貌的作用。方言里的问题就更加复杂，比如上面提到的关于体貌的否定、疑问等都是将继续研究的课题。

第六章 武汉方言的否定表达

第一节 否定范畴及研究现状

否定是与肯定相对的一个语义范畴。语言中的否定"一般表示对句子意义做部分或全部的反驳"(克里斯特尔 2000：237)①。从否定的最基本内容来看，否定可以分为内部否定（internal negation）和外部否定（external negation）。内部否定是对某一命题的否定，这是自然语言否定的基本形式。而外部否定并不对命题真假作出判断，而是表示对某一说法的不接受或不满意。与逻辑上的元语言否定（metalinguistic negation）相当。正如梁锦祥（2000）指出的那样，外部否定否定的对象不是事实本身，而是陈述的前提、会话含义、言谈焦点和视点、社会内涵及语言表达手段等。②

语言中表达否定的手段，从词汇层面上来说，主要有否定副词、否定词缀、语调重音、一些表否定的固定用法以及一些本身隐含有否定意义的词。从句法层面上来说，则有反问及一些特殊句型和结构，比如"从来也……"这样的结构就是只能用来表否定的句式等。从语用层面来说，话语交际中不用否定词或根本不用任何否定形式传达否定意思的表达手段就更多了。最简单的例子就是委婉拒绝。比如对于"晚上我们一起去看电影，怎么样？"的邀请，只回答"明天我有考试。"就足以传达出否定的意思等等。

---

① ［英］克里斯特尔·戴维编：《现代语言学词典》，沈家煊译，商务印书馆2000年版，第237页。

② 梁锦祥：《元语言否定的否定对象》，《外语学刊》2000年第3期。

作为一种语义范畴，否定跟肯定相比，有很多独特之处。肯定一般能表达明确的语义，提供准确的信息。而否定则有模糊性，无法提供准确的信息。比如下面两个句子：

(1) 我走进图书馆就看见小王了。

(2) *我走进图书馆没看见小王。

例(2)这个句子就有些不太自然。因为它没提供什么信息。所以在一般的言语交际活动中，肯定用得要比否定多。就像 Leech（1983：100—102）指出的那样，相对于肯定形式，否定句在语用中是不受欢迎的（less favored）①。

此外，否定还具有歧义性。比如下面这个句子：

(3) 我不喜欢周末跟妈妈一起去逛街。

对这个句子可能的理解至少有三种：

(3) a 我不想周末跟妈妈一起去逛街，（但是别的时候没问题）。

(3) b 我不想周末跟妈妈一起去逛街，（跟朋友一起去就好了）。

(3) c 我不想周末跟妈妈一起去逛街，（我想周末跟妈妈一起去看电影）

根据句重音的不同，否定的对象也完全不同。可见否定是有歧义的。

否定和肯定相比，它还是标记性的，在认知上也比肯定复杂，因此儿童在语言习得过程中，否定的习得都要晚于肯定。

正因为否定是语言表达系统中不可缺少的一部分，因此现代汉语对否定的研究很早就开始了。早期（20世纪40年代）的否定研究主要集中在对否定副词的研究方面，比如吕叔湘（1942/1982：234—246）对"不、弗、无、非、未、没、毋、勿、否"九个否定副词进行了历时共时的详细描写。高名凯（1948/2011：485—501）也对名句、动句中使用什么样的否定副词从古文、口语两方面进行了描写。早期的语法学专著中都有对否定的专章讨论②。

20世纪80年代以来，现代汉语的否定研究主要集中在以下三个

---

① Leech, G. N., *Principles of Pragmatics*, London：Longman, 1983, pp. 100 – 102.

② 吕叔湘：《中国文法要略》（1942），商务印书馆1982年版，第234—246页。高名凯：《汉语语法论》（1948年初版），商务印书馆2011年版，第485—501页。

方面：

一、否定范围和否定焦点的研究。探讨否定的辖域及否定的焦点与辖域的一致性等问题。如吕叔湘（1985b）、沈开木（1985）、饶长溶（1988）、徐杰、李英哲（1993）、袁毓林（2000）等。① 这一时期对否定范围和否定焦点的研究，引进了一些新理论，科学性、理论性增强。根据辖域理论，否定范围可以在句中的局部或全句延伸，造成多个被否定项的可能性，而句子中动词成为被否定项只是可能性的一种。

二、否定标记的句法和语义比较研究。主要是探讨"不"与"没"在句法、语义等方面的不同。传统语法学认为的"不"否定的是将来，而"没"否定的是过去。而这一时期的研究注重语义分析，石毓智（2001）首次用离散量、连续量概念来考察"不"和"没"的分工，提出"不"否定的是连续量，"没"否定的是离散量。否定有量的否定和质的否定的差异。史锡尧（1995）详细考察了"不""没"与动词、形容词的组合情况后指出，"不"否定表现了说话人的主观意志或主观认定，并且是尚未发生的情况；"没"则是客观地说明，并且否定的是过去的情况。这些研究成果现在基本已成定论，显示了否定标记"不、没"研究已经比较成熟。②

三、对否定和肯定不对称现象的研究。本来肯定和否定是一对语义范畴，从语言哲学的观点来看，每个思想都有与自己相矛盾的思想，从最初的思想表达式出发，通过一个否定词就可以建立起表达这个矛盾思想的句子（弗雷格 1918：152—153）③。但是，实际的语言表达系统中，却存在很多肯定与否定的不平行现象。比如下面这组句子④：

---

① 吕叔湘：《疑问·否定·肯定》，《中国语文》1985 年第 4 期。沈开木：《"不"字的否定范围和否定中心的探索》，《语法研究和探索》（三），北京大学出版社 1985 年版。饶长溶：《"不"偏指前项的现象》，《语法研究和探索》（四），北京大学出版社 1998 年版，等等。

② 石毓智：《肯定和否定的对称和不对称》（增订本），北京语言文化大学出版社 2001 年版。史锡尧：《"不"否定的对象和"不"的位置》，《汉语学习》1995 年第 1 期。

③ 弗雷格：《否定》，王路译，载《弗雷格哲学论著选辑》，商务印书馆 1994 年版，第 152—153 页。

④ 以下例（4）—（6）转引自戴耀晶《试论现代汉语的否定范畴》，《语言教学与研究》2000 年第 3 期。

　　　　　　肯定句　　　　　　　　　　　否定句：

（4）a. 江浩到广州了。　　　　　　b. 江浩没到广州。

（5）a. 江浩已经到了广州。　　　　b. ＊江浩已经没到广州。

（6）a. ＊江浩已经三年到了广州。　b. 江浩已经三年没到广州。

一个肯定形式并不一定就有一个与之相对应的否定形式。这种肯定、否定的不平行现象引起了很多研究者的注意。戴耀晶（2000）主要结合"没"和相应的肯定标记"了"与动作动词配合使用的情况，分析了这种肯定和否定不对称的现象，并探讨了这种现象产生的语义因素。他提出了否定的量向大确定，肯定的量向小确定；否定有［保持］语义特征，肯定有［变化］语义特征；肯定与事件"前"相容，否定与事件"后"相容等五条否定与肯定语义上的不同，对这样的不平行现象进行了解释。石毓智（2001：53）更是通过对大量表示极大极小方面语义的词与肯定、否定搭配的不对称现象的考察，提出了一个自然语言肯定与否定公理[①]：

　　语义程度极小的词语，只能用于否定结构；语义程度极大的词语，只能用于肯定结构；语义程度居中的词语，可以自由地运用于肯定和否定结构之中。

这些对现代汉语中肯定与否定不对称现象的研究，进一步加深了否定范畴研究的深度，是否定研究中的亮点之一。

除此之外，这一时期还有一些对羡余否定、双重否定以及反问表否定的研究。在此就不一一赘述。

20世纪90年代以后，从语用学角度研究否定开始兴起，一直到现在成为否定范畴研究的一个热点。沈家煊（1993）在现代汉语研究领域首先提出"语用否定"的概念。[②] 他首先区别了"语义否定"和"语用否定"，指出"语义否定"是否定句子的真值条件；而"语用否定"是否定语句表达的适宜条件或恰当性。继而考察了否定由"适量

[①] 石毓智：《肯定和否定的对称和不对称》（增订本），北京语言文化大学出版社2001年版，第53页。

[②] 沈家煊：《"语用否定"考察》，《中国语文》1993年第5期。

准则"得出的隐含义、否定由"有序原则"得出的隐含义、否定风格和色彩等隐含义、否定"预设"意义以及否定语音或语法上的适宜条件等五类语用否定。沈文所说的"语用否定"基本相当于我们前面提到的外部否定这一概念。继而何春燕（2002）、张克定（1999）、史尘封（2004）等对语用否定的类型及使用动机、语用否定的限制条件、语用否定的修辞作用等进行了探讨。此外，张谊生（1996、1999、2011）对近代汉语预设否定副词、现代汉语预设否定副词的系列研究也应该算作是语用否定的研究成果。

语用否定的研究进一步扩大了否定范畴的研究范围，但是从目前研究现状来看，还存在概念比较混乱，研究范围过于宽泛等问题。

与现代汉语共同语中否定范畴的研究相比，汉语方言领域关于否定的研究深度和广度都比较欠缺。这首先表现在关于方言否定的研究数量很少，如黄伯荣主编（1996：714—716）收录的否定研究成果只有20多个方言点，比起对量词、重叠等研究来说，显得相当少。其次是研究方法单一，研究范围也非常有限。对于方言否定的研究至今也主要局限在对各种方言中否定副词的描写上，而且主要描写手段都是以普通话为参照，找出各个方言对应于普通话"不、没"的表达方式。黄伯荣主编（1996：714—716）收录的22个方言点关于否定的资料，都是关于否定副词的描写，只有6个方言点讨论涉及了否定句式。这表明现有的研究缺乏对方言中整个否定范畴系统的观察和讨论。

不过进入21世纪以后，开始出现了一些跨方言的否定比较研究，以及运用新的语言学理论考察汉语方言否定的研究成果，是方言否定研究的一个亮点。其中刘丹青（2005）根据形态句法特征对汉语"否定词"进行了跨方言比较。[①] 主要考察结果有：1. 汉语古今南北普遍具有普通否定与有无否定（存在否定）的词项差异，但北中部两者声母不同，普通否定为［p-/f-］，有无否定为［m-］，而华南两类同为［m-］或其他鼻辅音。2. 语法化使"否定词"泛化，导致词项减少；词汇化使否定词与相邻的其他词发生熔合，催生新的否定词项。否定词频率高引起语音弱化，为了强调否定义又常形成否定词的词形强化。

---

① 刘丹青：《汉语否定词形态句法类型的方言比较》，《中国语学》2005年252号。

3. "否定词+谓语"是汉语固定不变的语序。一些有疑问的现象并不违背此语序。4. 西北方言的否定词强烈倾向于不管辖域大小直接用在谓语中心上，经常违背汉语普遍遵循的语序—辖域对应律，如"甚不好"表示"不很好"。这可以归因为附缀化引起的核心吸附现象。5. 古汉语的"不"（副词）"否"（叹词）之别（对应于 not—no）在普通话中都用"不"，"不"的副词和叹词两解正是历史上"不"重新分析为 no 义叹词的原因。南方方言中普通否定词常没有否定叹词的功能。就吴语而言，光杆动词、形容词、副词普遍不具备普通话中的独用成句功能，"不"类词的独用限制只是这类现象的表现之一。曹志耘（2005）从语音、语素、语义等角度对汤溪方言的否定词与官话、吴语、徽语、湘语、平话的一些方言进行比较后指出，合音是否定词语法化的一种手段；"不""未""无"3个概念在方言中有三分、二分、一分（不分）的情况；否定动词"无"向否定副词"未"扩展的现象在方言中普遍存在；句末否定词一般是在反复问句的基础上省略否定词后面部分的结果；句末否定词有逐渐向疑问语气词转化的倾向。张敏（2002）借鉴功能主义类型学的研究成果，引入"共时类型学动态化"的观念，考察了汉语方言否定词的发音问题，试图解释桥本万太郎（1985）"粤、闽、客等南方方言里否定词的语音形式一般是成音节的鼻音或鼻音声母字，而北方方言则一般是塞音声母字"这项著名的关于汉语方言否定词形式的区域分布格局的观察。文章从上古、中古一直考察到粤语、平话、客家话、闽语、湘语及湘南土话直至广西的官话等诸多现代南方方言，借用 Croft（1991）提出的"negative - existential cycle"（否定—存在演化圈）的概念，指出上古、中古及至现代南方方言，汉语的否定形式一直进行着这样的循环演变：存在否定词发展出一般否定的用法，然后产生一种新的存在否定形式，而这个新的存在否定形式又可能再次发展出一般否定功能。这样的演化理论上可以一而再、再而三地出现，形成一个周而复始的演化圈。这在一定程度上可以很好地解释汉语方言中否定形式众多的情况，并对其语音形式的复杂也有相当的解释力。

以上这样的研究论文虽然还不多，但这种研究方向和路子为方言否定以至方言法研究提供了新的视野和启示，是很值得瞩目的。

本章研究武汉方言的否定范畴，首先引入内部否定和外部否定的概念。从否定词、否定格式两个方面探讨武汉方言的内部否定表达形式。至于外部否定，主要是对陈述的前提、会话含义、言谈焦点和视点、社会内涵等的否定，与语用交际策略、汉民族共同心理等密切相关，因此语言上的方言特色并不明显，故此次考察暂不涉及。

第二节　武汉方言的否定词

对命题的否定，我们称之为部否定，这是自然语言中最基本的否定。武汉方言表述内部否定从大的方面来讲最重要的是两种方式，一是用各种否定词，二是用一些固定的结构。本节先讨论武汉方言的否定词问题。

按照否定词否定的对象，这里先把武汉方言的否定词分为三个大类：1. 存在否定词；2. 普通否定词；3. 情态否定词。存在否定词指用来否定存在的否定词项；普通否定词指否定一般动词、形容词的否定词项；情态否定词指跟情态有关的否定词，如祈使否定、主客观可能性否定、推测否定等。下面逐一讨论。

一　存在否定词：冇得、没得

武汉方言否定存在用"冇得、没 [mei^{55}/mə^{55}] 得"，动词。例如：

(7) 冇得工夫跟你鬼扯了，我要走了。
(8) 随说么事她都不听，我也冇得法。
(9) 屋里冇得菜了，我们到外头去吃咧。
(10) 那种球赛冇得看头。
(11) 把让我打听哈子，看有冇得人去。

例(7)—(10)中，"冇得"分别否定"时间（工夫）、办法（法）、事物（菜、看头）"的存在，表示"没有……"。例(11)是肯定形式"有"和否定形式"冇得"连用的反复问形式。这些句子里的"冇得"都可以用"没 [mei^{55}/mə^{55}] 得"替换，意思也完全没有变化。比如，"冇得工夫"也可以说成"没 [mei^{55}/mə^{55}] 得工夫"等。其他例句皆同。

武汉方言在用反复问形式询问是否存在某物时，还可以说"有

□［piou⁴²］"，如例（11）也可以说成：

(11)′把让我打听哈子，看有□［piou⁴²］人去。

其他的例子如：

(12) 你有□［piou⁴²］那个大片的碟子啊？

(13) 明天有□［piou⁴²］空？我请你吃饭咧。

例（12）、(13) 用"有冇得、有没［mei⁵⁵/mə⁵⁵］得"替换也完全没问题。但是，在回答这样的问题时，如果是否定回答，却只能回答"冇得、没［mei⁵⁵/mə⁵⁵］得"，而不能回答"□［piou⁴²］"，即：

你有□［piou⁴²］那个大片的碟子啊？

——冇得。／没［mei⁵⁵/mə⁵⁵］得。／＊□［piou⁴²］。

也就是说，"□［piou⁴²］"是个只存在于反复问形式中的否定形式，并不能单独使用。这是个很有意思的问题。这个"有□［piou⁴²］"从语音上来看，很明显是"有不有"的合音，而根据刘丹青（2005）①：

> 汉语在否定词项方面的一大特征是表示拥有兼存在的动词有专用的否定词项，而不用普通的加"不"规则来类推。……而要用"无"（古）或"没（有）"（今）。……总体上这一特征自古而然，至今犹然，南北皆然。

那么武汉方言的这个"有不有"就是个相当特殊的例外。不过，乌鲁木齐回民汉语方言语料中也有"还有不有饭？"的说法（刘俐李1989：217），而且也跟武汉方言一样，只能作为反复问句中的一部分出现，而不能单独用于别的否定场合。这一点刘丹青（2005）也注意到，但是没有给予过多的解释。现在我们在武汉方言中也发现了这种用法，那么其他汉语方言的情况如何，应该有更多的研究。如果这一说法并不是极少的特例的话，汉语否定词项严格区分存在否定词和普通否定词这一结论就将受到质疑。不过，从武汉方言"有□［piou⁴²］"里的"□［piou⁴²］"并不能单独用来回答问题或者单独出来否定存在这一事实，又可以反过来证明"冇得"类作为存在否定词的强大力量。

---

① 刘丹青：《汉语否定词形态句法类型的方言比较》，《中国语学》2005 年 252 号。

除此之外，武汉方言中表示比较后的否定时，也用"冇得"或"没［mei⁵⁵/mə⁵⁵］得"。例：

（14）那些都冇得这支好看。
（15）桔子没［mei⁵⁵/mə⁵⁵］得芦柑甜。
（16）这个伢冇得他哥哥灵醒_聪明_。

也可以说这样的句子是否定"某种程度"的存在。比如例（15）可以理解为是否定"桔子有芦柑那样甜"这一程度的存在，所以仍然用的是"冇得"类否定词。

二　普通否定词：不、冇、□［miou⁴²］

一般动词的否定，武汉方言用"不、冇、□［miou⁴²］"三个。"不"与"冇、□［miou⁴²］"构成体貌上的对立，"不"否定主观意愿或认定，一般是尚未发生的动作；"冇、□［miou⁴²］"否定已然的动作或行为。一般形容词的否定只用"不"，否定某种性质或状态。

（一）不

武汉方言在一般动词的前面加上"不"，否定主观意愿或认定。在形容词前面加上"不"，则否定某种性状。例：

（17）我们铺子光做批发，不卖零的。
（18）不到别处，在这里住几天就从北京回国。
（19）过节，哪个不喜欢咧。
（20）他们都还年轻，说不招呼啊，又不放心。
（21）内行跟外行做买卖的法子不同。
（22）一进厨房炒菜，就不是那回事了_不行了_。
（23）你么这不过细小心咧，又把钥匙搞丢了。
（24）这个不酸，你吃这个。

例（17）、（18）否定"卖零的、到别处"等动作的发生；例（19）和例（20）否定"喜欢、放心"这样的心里感觉；例（21）、（22）否定"办法相同、是那回事"这样的认定；例（23）、（24）否定"过细_小心、仔细_、酸"这样的性状。这是最一般的动词句、形容词句的否定。

（二）冇、□［miou⁴²］

否定已然的动作行为时，武汉方言在动词前加上"冇"或

"□［miou⁴²］"。例：

(25) 我们在办公室谈得热闹流了的，王姐只当冇会倒听到。
(26) 我里里外外找了三圈，都冇找倒我的电动车。
(27) 我们都冇受伤，就是吓得很。
(28) 话还冇说完，他就进来了。
(29) 她搬了以后，我还冇去过她屋里。

这些句子里的"冇"，都可以自由替换为"□［miou⁴²］"。在构成反复问句子时，这两个词也是可以自由替换的，而且都可以单独回答问题。例：

(30) 您家吃□［miou⁴²］吃啊？　　　您家吃冇吃啊？
　　　——□［miou⁴²］。／还□［miou⁴²］。　——冇。／还冇。
(31) 武昌汉口都去看了□［miou⁴²］？　武昌汉口都去了冇？
　　　——□［miou⁴²］。／还□［miou⁴²］。　——冇。／还冇。

三 情态否定词：莫、不消、不得/不会、不能、不准

情态否定词是跟否定情态有关的否定词项，武汉方言里除了表示劝阻的祈使否定"莫"以外，都是由"不"跟各种能愿动词组合，构成对各种情态的否定。

(一) 莫

表示劝阻、制止的祈使否定。例：

(32) 你莫在这里现宝丢人啊，硬像一辈子冇吃过肉的。
(33) 莫哭了，哭个么事吵。
(34) 莫把给他，把他都糟蹋了。

(二) 不消

表示主观上的不必，不需要。例：

(35) 不消去喊得，我就在这里等他一哈。
(36) 已经有这多菜了，不消再做了。
(37) 花园公园不消说，连乘凉的宽场子都冇得。

这儿的"消"其实就是"需要"的合音。从"不需要"发展出"不消"，是典型的词汇化。这跟现代汉语共同语中的"别、甭"的来源是一样的。词汇化是否定词形成的一个重要机制。

（三）不得/不会

否定推测或可能性，武汉方言用"不得"或者"不会"。例：

（38）不得下雨的，我不带伞。

（39）说多了，您家也是不得要的，顶少五百块钱。

（40）要是别个，像这样的货我不得要。

以上这些例句的"不得"都可以用"不会"来替换，意思不变。例如：

（38）′不会下雨的，我不带伞。

（39）′说多了，您家也是不会要的，顶少五百块钱。

（40）′要是别个，像这样的货我不会要。

但是，"不得"应该是武汉方言固有的用法，"不会"则是后起的，是共同语影响的结果。比如出版于1921年的《汉口语自佐》这本书里，就只有"不得"的用法，而没有"不会"。

（四）不能

表示客观上的不能够、不允许。例：

（41）这是终身大事，不能随随便便。

（42）他病得不能下床。

（43）你还是月母子，不能见水用水，也不能出门，最好连路都少走。

这儿"不能随随便便"是因为有客观原因"这是终身大事"；而"不能下床"也是因为"病"这一客观原因。例（43）也一样。

（五）不准 [tɕyn⁴²]

表示主观上的不允许。例：

（44）妈妈不准我看电视，要我去做作业。

（45）老师说的，不准带手机去学校。

（46）你还有洗碗咧，不准出去。

跟上面的"不能"相反，这儿的动作行为不能实现，不是因为客观原因，而是妈妈、老师等主观上的"不允许"。

武汉方言中这些用来否定情态的否定词项里，只有表制止的"莫"是没有使用"不"的形式。"莫"是个古代汉语里就有的否定词，但最早它是作为否定代词用的，如"不患莫已知"（《论语·里仁》），意思就是"不担心没有人知道我"。所以这里的"莫"应该是个全量的否定代词。但是,从中古到近古"莫"开始表示禁止(太田辰夫 2003:280),如"初七及下九,嬉戏莫相忘"(古诗为焦仲卿妻作)①。而"莫"在发展出祈使否定用法后,其否定代词的作用就逐渐丢失了。现在在很多南方方言,包括西南官话、江淮官话、湘语、连城客家话及部分闽方言里都有这种"莫"作祈使否定的用法。武汉方言的这个祈使否定"莫"也是直承古汉语而来。

据刘丹青(2005)的研究,"莫"的这一否定用法跟英语"no + V + ing"形式表示禁止来源一样。"no"也是一个全量否定词,然后发展出祈使否定的用法,如"No smoking"(禁止吸烟)。它们共同的语义机制就是回溯推理:因为没有什么行为,所以推理出应当是不准有某种行为。

以上文章分三类详细描写了武汉方言的存在否定词、普通否定词和情态否定词。下面用一个表将这些否定词归纳如下:

存在否定词	普通否定词		情态否定词
	未然/主观 意愿、认定等	已然	
冇得、没 [mei^{55}/mə^{55}]得	不	冇、□ [miou^{42}]	莫、不消、不得/会、不能、不准

从这个表里我们能清楚地看到武汉方言否定词具有以下特点:

1. 存在否定词和普通否定词对立。普通否定里又存在未然和已然否定词的对立。

2. 存在否定是 [m-] 系的否定词;普通否定的未然是 [p-] 系的否定词,而已然却是 [m-] 系的否定词。

3. 存在否定词和普通否定(已然)词都有两种表达形式。

---

① [日]太田辰夫:《中国语历史文法(修订译本)》,蒋绍愚、许昌华译,北京大学出版社 2003 年版,第 280 页。

存在否定与普通否定具有不同否定词项，符合汉语否定词古今南北具有的普遍性规律（刘丹青 2005）。存在否定用［m-］系的否定词，普通否定是［p-］系的否定词也符合张敏（2002）考察上古、中古汉语中否定词后得出的"［m-］系本质上是表存在否定，而［p-］系则表非存在否定"的推理。但现在的问题是，为什么武汉方言表达存在否定和普通否定的已然，都有两套否定词，而且都是［m-］系否定词。下面主要讨论这一问题。

根据高名凯（1948/2011：501）的研究，表存在否定用［mau］，在古汉语里就有痕迹①：

> 《后汉书·冯衍传》："饥者毛食。"注云："衍集毛字作无，今俗语犹然者，或古通用。"王先谦《集解》引钱大昕曰："古音无如模，声转为毛，今荆楚犹有此音。"

可见，武汉方言的"冇"应该就是直承古代汉语而来。问题是这儿的"冇"是个存在否定词，"毛"是"无"，"饥者毛食"就是"没有吃的（东西）"。可在现代的武汉方言中，如前所述，存在否定用"冇得"，而一般否定（已然）才用"冇"，这又该如何解释呢？下面我们引进 Croft（1991）、张敏（2002）关于"negative–existential cycle"（否定—存在演化圈）的理论来解释这一问题②。

所谓"否定—存在演化圈"，指的是语言中否定词的这样一种循环式的演变：假定某个语言或方言里的存在否定形式（negative existential form）是"无"，一般的动词否定词（verbal negator）是"不"。这个"无"有可能发展出一般否定的功能，从而取代原有的一般否定词"不"。存在否定词发展出一般否定用法后，要表达存在否定则必须带

---

① 高名凯：《汉语语法论》（1948 年初版），商务印书馆 2011 年版，第 501 页。
② 参见 Croft, William "The evolution of negation", *Journal of linguistics*, Vol. 27, 1991. 及张敏：《上古、中古汉语及现代南方方言里的"否定—存在演化圈"》，载 Anne Yue, eds. *International Symposium on the Historical Aspect of the Chinese Language: Commemorating the Centennial Birthday of the Late Professor Li Fang-kuei*, Vol. II. Seattle: University of Washington, 2002, pp. 571–616。

上动词"有"。而当"无有"连用已久，就可能出现合音现象，从而产生出一个新的存在否定形式。这个新的存在否定形式又有可能像其前身"无"那样，进一步发展出一般否定的用法，然后要表达存在否定，后面又要再加上一个"有"。这样的演化可以周而复始，形成一个演化圈。

　　借用这一理论，我们就可以有效解释武汉方言中"冇"和"冇得"的问题。如前所述，"冇"在古汉语里表存在否定的用法，一直留在武汉方言里，而后发展出一般否定功能，用来否定已然，这就是现在武汉方言表示已然否定的"冇"。这样，再要表达存在否定，就必须在"冇"的后面加上一个词"得"。"得"做动词时，《武汉方言词典》（朱建颂 1995）释义为"事物变为自己所有"。所有当然就存在，所以用这个词加在"冇"后面表示存在否定，也是很好理解的。于是，到现代武汉方言里，存在否定词是"冇得"，而普通否定词（已然）是"冇"。至于为什么"冇"只发展出普通否定的已然用法，而没有发展出未然否定的用法呢，笔者认为，这应该跟"冇"原来表存在否定的语义有关。存在即有了，是一种状态完成了。所以"冇"发展出表已然的普通否定在语义上跟原来的用法一脉相承。而且，"不"的普通否定功能自古有之，且一直非常稳定，所以在"不"管辖的普通否定未然的范围内，也就没有"冇"能够发展的空间了。

　　至此，我们讨论解决了"冇"和"冇得"的来源问题。这样在武汉方言里，存在否定用"冇得"，普通否定未然用"不"，已然用"冇"，情态否定用古已有之的"莫"和各种能愿动词加"不"的否定词，各司其职，一个否定词系统也就很完整了。可是，为什么武汉方言里还有一个表存在否定的"没[mei^{55}/mə^{55}]得"和另一个表一般动词已然否定的"□miou^{42}"呢？下面尝试解决这个问题。

　　其实这个"没[mei^{55}/mə^{55}]得"和"□[miou^{42}]"正是另一个来源，却经过相同演变途径而来的一组否定词。"□[miou^{42}]"就是"没有"的合音，是来自北方官话的否定词。武汉地处九省通衢，一直是长江中游的商业大都会，人来人往，方言也势必受到诸多影响。因此北方话里的"没有"进入武汉方言是完全没有问题的。"没（有）"作存在否定词，宋元话本、明清白话小说都已经很普遍。如①：

（47）它又更没活路，你又更没亲故。（《张协状元戏文》）

（48）媳妇们见三婶婶没有的穿戴，好意与他首饰衣衫，与其脱换脱换。（《刘香宝卷》）

（49）此处没有什么蓝麝明月州渚之类。（《红楼梦》第十七回）

然后跟"冇"一样，"没有"发展出一般否定（已然）用法，成为现在武汉话里的已然否定词"□［miou⁴²］"。而表示存在否定呢，就又在"□［miou⁴²］"后加"得"，继而发生音变，读为"没［mei⁵⁵/mə⁵⁵］得"。这样，武汉方言里存在否定和一般否定（已然）就有了这两套不同的否定词。它们一个是保存历史的方言底层词汇，另一个是语言接触带来的新生词汇。有意思的是它们都经历了相同的演化途径，最后成为现在这样的分布格局。这也是武汉方言在发展演变过程中存古纳新的一个很好例证。

笔者考察《汉口语自佐》时发现，该书表示存在的否定，都是记做汉字"没得"，注音为［meitɤ］②。如以下的例句：

（50）也没得么事，就是喝一杯淡酒。（P104）

（51）看是看了的，那里没得好先生，所以耽搁了两个多月才好。（P117）

而同时，这本书里一般动词的已然否定，也都是用的"没有"。如：

（52）他今天还没有来，您家有么事跟我们说是一样的。（P119）

（53）还有一个姓周的没有回来，所以不能定规。（P127）

由于该书主要是为外国商人在武汉经商之需而编，所以语言选择倾向于文雅，一定程度上受到北京话影响。③ 因此这本书里已然否定用"没有"；存在否定用"没得"的事实，就进一步证明了我们关于"冇

---

① 例句（47）—（49）转引自高名凯《汉语语法论》（1948年初版），商务印书馆2011年版，第495页。

② 这本书的注音用的是日语片假名，此处国际音标为笔者转写。详细参见第二章第二节。

③ 具体参见第二章第二节第三点。

得、冇"与"没 [mei^{55}/mə^{55}] 得、□ [miou^{42}]"是属于两个不同层次的语言现象的这一观点。

第三节 武汉方言的否定结构

除了以上的否定词以外，武汉方言还可以用一些固定的语法结构表达否定。这些否定结构主要是一些短语和一些只能用来表达否定的特殊结构，具体来说有以下几种。

一 懒 V 得

表示厌烦、不愿意做某事。例：

（54）那种鬼地方，我才懒去得。

（55）我懒跟你说得，莫来烦我。

（56）正咱懒去买东西得，就随便吃点算了。

进入"懒 V 得"之"懒"和"得"中间位置的，除了单纯动词（例54）以外，还可以是含有介词结构的动词短语，如例（55）"跟你说"，以及更复杂的连动结构，如例（56）"去买东西"。也就是说，"懒"和"得"之间结构比较松散，能容纳相当多的语言成分进入其中。

以上这些句子，在武汉方言中，也可以说成"懒得 V"，意思没有什么变化。例：

（54）'那种鬼地方，我才懒得去。

（55）'我懒得跟你说，莫来烦我。

（56）'正咱懒得去买东西了，就随便吃点算了。

这里"懒得"是动词，现代汉语共同语里也有这样的用法。这就提示我们，武汉方言"懒 V 得"这个"懒"表示否定的用法，应该是从实词义的"懒"所蕴含的否定意义虚化而来。只不过在武汉方言里，这个"懒"还不能作一个否定词，而必须用"懒 V 得"这一格式来表达否定。

而在另一些方言，如连城客家话里，"懒"已经完全虚化为否定副词了。如下面的例子①：

（57）我懒去_{我不去}。

（58）尔合我相痛狭_{你给我帮忙好吗}？

——懒不。/我懒_{我不}。

而且，项梦冰（1997）还指出，连词客家话里也有"懒得V"的说法，但意思和"懒V"不一样。"懒得V"表示的是厌恶，不愿意；而"懒V"只是一般动作的否定。但是，尽管如此，我们发现连词客家话里的"懒"还是一定程度地保留了否定意愿的特性，比如，它只能用来否定自主动词等（项梦冰1997：223）。这说明，"懒"在连城客家话里做否定副词的用法，应该是从动词"懒得"虚化而来。参照此，我们可以推测，武汉方言的"懒V得"可能是"懒得"从动词虚化的第一步。首先，作为一个动词的"懒得"结构出现松散，本来置于"懒得"后的表示动作行为的动词部分进入"懒得"之间，从而造成"懒"跟动词的紧密结合，而使"得"处于句末位置，且语音也弱化，这就为"得"的脱落提供了可能。进一步虚化的结果很可能就是"得"脱落，从而形成"懒+动词"形式，而"懒得"本身的否定意义全部由"懒"承担，这样"懒"作为否定副词的用法就会产生了。虽然很难说这就是连城客家话"懒"的语法化过程，但基本可以断定武汉方言中"懒V得"的否定结构是"懒得V"开始虚化的一种表现。

二 V不得

这一结构主要表示不能做某事。例：

（59）伢啊，这种苕事做不得啊。

（60）我记不得把车钥匙丢_放倒哪里去了。

（61）这馓子煮不得，一煮就化了。

以上这些例句中的"做不得、记不得、煮不得"等，都是表示不能做什么事，是一般的可能补语的否定式。但是，这种"V不得"结构，在武汉方言里还有一些具有歧义的用法。例：

---

① 例（57）、（58）引自项梦冰《连城客家话语法研究》，语文出版社1997年版，第222页。

(62) 正咱不比以前了，吃不得么事了。
(63) 菜有味了，吃不得，倒它。
(64) 我真喝不得，您家多喝点。
(65) 隔夜茶喝不得。
(66) 这些话你说得，未必我说不得？
(67) 正咱的房价啊，那真说不得，我们哪里买得起咧。

例（62）和（64）表示对主观能力的否定，意思是不能"吃（喝）那么多的量"；而例（63）和（65）是对由于客观条件不能做某事的否定，意思是"由于东西变质等原因，不能吃（喝）"。例（66）的"说不得"表示因为客观条件的"不能说"；而例（67）的"说不得"意思是"简直没法说"，是强调"房价高得厉害"这种程度。这种"说不得"的用法已经没有"说"这个动作"不能进行"的实在意义，而只是表示"程度高得没法说"，应该说是一种比较虚化的用法了。

造成"V不得"出现例（62）、（64）和例（63）、（65）两种意义解读的原因，应该跟武汉方言中"V得"的歧义性有关。"V得"既可以表示客观条件的可能，又可以表示主观能力，比如"他蛮吃得"是指"他食量很大"的意思①。由此义产生的否定就有了例（62）、（64）的意义解读了。

三 不好 V 得

表示由于客观原因，不便于或不能做某事。例：
(68) 我是想说的，但是他又有问我，我就不好说得。
(69) 别个屋里的事，我不好插嘴得。
(70) 他不想说的样子，我也就不好多问得。

例（68）"不好说得"是因为"他有问我"这一客观原因；例（69）"不好插嘴"是因为那是"别个屋里的事"这样的客观理由。例（70）也是如此，都是表示由于前面的原因，不便于"说、插嘴、多问"等。

这一结构没有与之相对的肯定结构，也就是说，没有"好 V 得"

---

① 关于武汉方言"得"表可能的用法，具体参见第九章的讨论。

四　才+不+V+咧

这是一种强调否定，表示不愿意做某事。例：

（71）尽他说去，我才不耳听咧。
（72）那种鬼地方，我才不去咧。

这样的说法否定语气都比较强。但是它们也都没有相对应的肯定式，也就是说"才耳听、才去"都是不成立的。

五　冇得+代词+不+V

这是一种强调否定周遍的结构。例：

（73）他是个岔巴子，左邻右舍的事冇得他不晓得的。
（74）这伢玩性才大哦，只要说是去玩，冇得他不愿意的。

这里的"冇得"不能换成肯定的"有"，动词前的"不"也不能去掉变成肯定。也就是说"*左邻右舍的事有他不晓得的""*左邻右舍的事冇得他晓得的"等的说法都是没有的。

六　赶不倒

赶不倒［tau⁴¹²］表示差比，是"不如"的意思。例：

（75）古来的法子究竟赶不倒［tau⁴¹²］如今的枪炮火药。
（76）他总说我煨的汤赶不倒［tau⁴¹²］姆妈妈弄的好吃。
（77）你随么事都赶不倒［tau⁴¹²］别个晶晶，怪不得别个要跟你吹。

武汉方言表达比较句"A比B+形容词"的否定是用"冇得、没［mei⁵⁵/mə⁵⁵］得"（见本章第二节第一点）。但是表达差比"不如"的意思时，用"赶不倒［tau⁴¹²］"。这是个动词，算不上一种结构，但是因为这个词也没有相应的肯定式"赶得倒"，所以为了行文方便，也在此一并讨论。

以上讨论了武汉方言中的否定结构，主要是一些短语和没有肯定形式，只能表达否定意义的特殊结构。石毓智（2010：131—135）也讨论过现代汉语共同语中这类只能用于否定而没有相应肯定形式的结构，并把此类结构称为肯定和否定受到限制的语法结构①。这也是肯定、否定不对称的一种典型表现。

最后，简单讨论一下否定范畴的虚化问题。在收集语料的过程中，笔者发现很多下面这样的例子：

(78) 您家说的不错，慢点再拜望去。
——不敢当，不敢当。
(79) 费心费心，我回来了再来拜谢。
——不讲那些。

显然，这里的"不敢当""不讲那些"都已经不再是单纯的否定，而是俗语化为一种交际语。也就是说，这里的否定形式已经不再是对命题的否定，而成为话语—语用性否定。从语义的实在性方面来说，否定范畴从命题否定发展为话语—语用性否定，是一种虚化。这种情况不仅武汉方言、现代汉语共同语里有，英语也有类似的例子。比如英语中回答别人的感谢时，也有"Don't mention it.""It's nothing.""Not at all."这样的表达，跟本文上面提到的例子同出一辙。可见，否定句式虚化为交际语、否定范畴的虚化，也是一种语言共性。

本章从否定词及否定结构两个方面，研究了武汉方言的否定范畴。武汉方言表达存在否定和一般动词、形容词否定具有不同的语言形式。存在否定用 [m-] 系的"冇得、没 [mei^{55}/mə^{55}] 得"。普通否定有未然和已然的对立，否定未然用 [p-] 系的"不"；否定已然用 [m-] 系的"冇、□ [miou^{42}]"。武汉方言的存在否定和普通否定（已然）有两套来自不同层次的否定词，"冇"类直接来源于古代汉语，"□ [miou^{42}]"则是语言接触的产物。运用"否定—存在演化圈"这一概念，本章还解释了武汉方言中现在这几个否定词的分布及来源。除了运用否定词表达否定外，武汉方言里还有一些只用来表达否定的特殊否定结构，如"懒 V 得、不好 V 得、才 + 不 + V + 咧、冇得 + 代词 + 不 + V"等。最后，本章还提到了否定范畴里命题否定 > 话语—语用性否定的扩展演化现象。

---

① 石毓智：《汉语语法》，商务印书馆 2010 年版，第 131—135 页。

第七章　武汉方言的疑问表达

第一节　疑问系统及研究现状

任何语言都少不了表达疑问的语言形式，一般来说，表达疑问用各种问句。现代汉语问句一般分为是非问、反复问、特指问和选择问这四个大类。是非问指由疑问语调或疑问语气词构成的问句，一般要求对整个命题作出肯定或否定回答。反复问指谓语部分用肯定否定重叠构成的问句，一般要求在肯定否定中选择其一进行回答。特指问指含有疑问代词的疑问句，它要求针对疑问焦点进行回答。选择问指提出两个或两个以上的选择项，要求回答者针对选择项进行回答的问句。问句系统还可以包括反问、设问等形式，不过这些问句并不以获取新信息为目的，是主要用来表达语用功能的问句形式，本章暂不将此类问句列入研究范围。

关于问句系统的分类问题，从不同的角度可以有不同的分类结果。大致来说，先贤们的研究成果可以概括为以下四种。

一、根据疑问句与陈述句的转换关系来分类。如朱德熙（1982：202）认为[①]，只要把相应的陈述句的语调换成疑问语调，就变成了是非问。在相应的陈述句里代入疑问词语，加上疑问句调，就变成了特指问句。把陈述句的谓语部分换成并列的几项，再加上疑问句调，就变成了选择问句。所以，他将是非问、特指问、选择问看成是3种最基本的疑问句式，都是由陈述句转换出来的，而认为反复问包括在选择问里，

[①] 朱德熙：《语法讲义》，商务印书馆1982年版，第202页。

是一种特殊的选择问形式。

二、根据各种疑问句之间的派生关系来分类。如吕叔湘（1985b）认为①，特指问与是非问是疑问句的两种基本类型，而反复问和选择问分别是由"两个是非问合并而成"，所以是从是非问派生出来的。

三、根据疑问句的结构形式特点来分类。如陆俭明（1982）考察了特指问和选择问跟是非问构成对立的两项重要共同特点——由疑问形式构成和均能带语气词"呢"，不能带"吗"后，将疑问句分为是非问和非是非问两大类。② 他认为通常所说的三类疑问句（反复问包括在选择问句里）实际上不在同一个平面上，特指问与选择问（包括反复问）是非是非问句里的两个小类。

四、根据疑问句的交际功能，即说话人的意图和听话人的回答来分类。如范继淹（1982）认为③，现代汉语除了特指问句，其他疑问句都是一种选择关系，疑问句系统就是选择问句和特指问句的对立，而是非问句是选择问句的一种特殊形式。

分类的不同，体现了对问句观察角度的不同。不过这四种分类结果也表现出了共同之处，那就是都肯定问句系统是有层次的。笔者也完全赞同这一观点，但是本章的研究以具体、细致、完整地反映武汉方言问句系统全貌为目的，因此本章在问句系统的分类问题上不做过多讨论，而主要关注于对武汉方言中的四类问句形式，即是非问、反复问、特指问和选择问的逐一描写和讨论。

汉语疑问范畴的研究，最早是跟语气联系在一起的。《马氏文通》（马建忠，1898）就按助字所传语气将句子分为传信、传疑两大类。《新著国语文法》（黎锦熙，1924/1992：241—247）也仍以助词为纲，将疑问放在"语气—助词细目"里去讨论。直到20世纪40年代《中国文法要略》（吕叔湘，1942：282—301）才真正开始了对疑问句具体细致的研究。《中国文法要略》不仅讨论了疑问句的分类问题，还对疑问点、疑问程度、疑与问的区别和联系等都进行了考察，成为现代汉语疑问范畴研究的奠基之作，而后的研究都基本仍在这一框架下进行。20

---

① 吕叔湘：《疑问·否定·肯定》，《中国语文》1985年第4期。
② 陆俭明：《由"非疑问形式＋呢"造成的疑问句》，《中国语文》1982年第6期。
③ 范继淹：《是非问句的句法形式》，《中国语文》1982年第6期。

世纪 80 年代关于汉语问句系统分类的讨论，以及稍后关于汉语方言反复问句类型的系列探讨，使疑问句研究一度成为汉语语法研究的热点问题之一，这也是在该方面研究成果最多的一段时期。

在方言问句研究领域，反复问和是非问研究成果比较多，特指问和选择问则相对冷落。如黄伯荣主编（1996：688—714）关于方言问句的资料里①，反复问收录有 41 个方言点的研究成果，是非问有 17 个，而特指问和选择问分别只有 5 个和 9 个，反复问研究成果比另外 3 种疑问句研究成果之和还要多。关于方言里反复问句的研究，不仅数量多，而且也是相对最为成熟的。这主要是因为 20 世纪 80、90 年代，朱德熙《汉语方言里的两种反复问句》（1985）和《V – Neg – VO 与 VO – Neg – V 两种反复问句在汉语方言里的分布》（1991）这两篇文章的发表，引发了汉语方言学界对反复问句形式、类型分布，直至历史来源的全面探讨。直到近年来，方言问句系统的研究也主要集中在这个方面。在《中国语文》《方言》21 世纪的最初十年里（2000—2011）发表的 19 篇方言问句研究论文中，反复问方面的文章 10 篇，疑问语气词方面 5 篇，选择问 1 篇，其他 3 篇。反复问研究仍然明显占有绝对的优势。这一方面可能是因为在汉语方言里，反复问形式确实最有特点，最为特殊，所以最受注目；但另一方面也反映了方言问句作为一个系统的研究还非常不够，要做的基本工作还有很多。而武汉方言问句系统的研究成果，目前只有赵葵欣（1993）以普通话为参照点②，对武汉方言中是非问和反复问的几种形式进行过简单描写。全面研究武汉方言问句系统的文章至今未见。

本章的研究期望达到以下目的：1. 准确、细致地描写出武汉方言问句系统的实际面貌，使之成为进一步研究的可靠材料；2. 在描写的基础上，通过与其他方言及古代、近代汉语的比较，揭示武汉方言问句系统的一些特征，并力图寻求适当的解释；3. 对有方言特色的个别问句形式作类型学上的探讨。

---

① 黄伯荣主编：《汉语方言语法类编》，青岛出版社 1996 年版，第 688—714 页。
② 赵葵欣：《武汉方言中的两种问句》，《汉语学习》1993 年第 6 期。

第二节　武汉方言的是非问句

是非问，是"提出一个问题，要求作出肯定或否定回答"[①] 的问句。武汉方言的是非问，从形式上看，有以下两类。

一　语调型是非问

在语表形式上，不出现任何疑问词或疑问语气词。只是用上扬语调（记作"↗"）来表示疑问。例如：

(1) 小王不在？↗他说好了要来的咧。

(2) 你硬是要去？↗那莫怪我冇告诉你呀，蛮难得走咧。

(3) 你们看过了？↗么时候看的啊，我么样不晓得。

(4) 灯亮倒在？↗鬼话，我明明记得关了的。

这种语调型是非问完全靠上扬语调来表达疑问语气。在语用价值上，这种类型的是非问疑问度很低，几乎是"明知故问"。有一个常见的例子：A 去找 B，敲开门后见 B 不在房间，却仍对开门的人问一句"B 不在?"。可见，这种疑问几乎不"问"什么，只是把自己已有把握或已认识到的事实用疑问形式说出来，要求交际另一方的附和或是诱导对方作更明确的解释性回答。比如上面的例子，开门的人一般就会告诉 A，B 去了哪里，或者什么时候回来等信息。

二　语气词"□［·pə］"结尾的是非问

"□［·pə］"是武汉方言中用得很普遍的语气词。它用在句末，构成是非疑问句。例如：

(5) 我好像以前见过你，你是王新□［·pə］？

(6) 昨天通知你们带第一册书来，都带来了□［·pə］？

(7) 你告诉他了□［·pə］？他随么事都晓得了咧_{他全部都知道了}。

(8) 病好了□［·pə］？今天看起来气色蛮好的。

(9) 蛮冷□［·pə］？看你冻得直□［sai^{213}］_{的看你冻得直发抖}。

---

① 邢福义：《现代汉语》，高等教育出版社 1991 年版，第 319 页。

这类是非问疑问度也较低，是有所推测的疑问。问话人一般已知或已推知某事，只是用问句来证实一下。比如例（6），问话人这样发问，实际上表示问话人估计大家都已经把书带来了，只是用这样一个问句希望得到对方的证实。如果从对这类"□［·pə］"字是非问的回答方面来看，就更明显。比如回答例（6）是否定"冇，都冇带。"的话，问话人就会情不自禁产生意外之感，往往会脱口再追问一句："么样搞的咧？我不是通知了你们的？"

另外，有时这类是非问并不是表示问话人对某事已有推测，而只是问话人的一种主观意愿。例如：

（10）您家这些时身体还好□［·pə］？

（11）你屋里爹爹这些年还是蛮鲜健□［·pə］？

问话人并不知道某些事实，也并不是根据什么条件推测出的某种结果，这只是一种主观上的良好愿望。用"□［·pə］"类是非问来问，希望得到对方肯定的回答。而且在表达上，用这类问句显得客气、委婉。如果在这种情况下，对这类问句作了否定回答，问话人也不会像听到例句（6）否定回答一样产生意外之感，而很可能是产生惋惜或同情。这种情况多出现在一些问候性的话语中。

由此可见，"□［·pə］"结尾的是非问疑问度也比较低，有的要求求证，有的甚至并不以疑问为目的，只是体现了一种寒暄、问候功能。

武汉方言的是非问就只有这两类，而没有北京话中所谓典型的是非问——"吗"问句。王力（1980：523）认为，"吗"字作为疑问语气词，是非常后起的。[①] 武汉方言问句系统的现状正好证明了这种后起性。

第三节　武汉方言的反复问句

反复问，是谓语部分肯定和否定重叠构成的问句。武汉方言反复问句十分复杂，下文以形式为标准来分类进行描写。

[①]　王力：《汉语史稿》（重排版），中华书局1980年版，第523页。

武汉方言反复问句的典型形式是"V – neg – VP",这与朱德熙(1991)得出的"'V – neg – VO'式反复问句分布在西南官话"的结论相一致。① 由于动词和否定词的不同,这一典型形式演变出一系列不同的问句格式。可以出现在"neg"位置的否定词,武汉方言中有3个:不、冇、□［miou^{42}］。"不"与"冇、□［miou^{42}］"是对立关系,这两类否定词的不同带来了表意功能方面的不同。"冇"与"□［miou^{42}］"是互补关系,有时甚至可以自由替换。所以,以下分成"不"与"冇、□［miou^{42}］"两大类来描写。

一　V – 不 – VP 式

这一形式下有7种演变格式:

(一) V 不 V

句中谓语是单音节动词或形容词时,反复问句用"V 不 V"式。这一格式仅用来询问未发生、将要发生的事或事物的性状。也可以用来询问人的意愿。例如:

(12) 我明天要去逛街,你去不去?

(13) 这个包重不重? 太重了你就莫拿。

(14) 你还写不写? 不写就把笔收它_{不写就把笔收拾好}。

(15) 这些纸还要不要? 要就收好,莫瞎丢。

(16) 你看这件衣服小不小? 我觉得有点紧。

在这类结构中,句子末尾可以带上一个轻声的"的",构成"V 不 V 的",如例(12)、(14)、(15)都还可以说成"你去不去的?""你还写不写的?"和"这些纸还要不要的?"加了"的"后语气比原句缓和。但在形容词作谓语时,则不能加"的",如"*这个包重不重的?"就不成立。

(二) V 不 VO②

当句中谓语部分是单音节动词带宾语时,动词肯否重叠,后加宾语构成反复问形式。用于询问尚未发生、将要发生或恒常性的动作事件。

---

① 朱德熙:《"V – neg – VO"与"VO – neg – V"两种反复问句在汉语方言里的分布》,《中国语文》1991年第5期。

② O 表示动词所带的宾语。

例如：

（17）7 点钟了，你看不看新闻？
（18）今天有点冷咧，你戴不戴手套啊？
（19）路蛮远，你坐不坐车去？
（20）你看电视的时候开不开灯啊？
（21）你每天早上读不读英语？

（三）A 不 AB

当句中谓语部分的动词或形容词是双音节 AB 时，其反复问形式为"A 不 AB"。也就是说，将双音节词拆开，前一个音节进行肯定否定形式的重叠。例如：

（22）这个伢聪不聪明？
（23）这本书你今天拿不拿走？
（24）明天我休息，你过不过来玩啊？
（25）这个帽子我戴倒好不好看啊？
（26）你快说，同不同意我们的意见唦？

一般来说，几乎所有的双音节动词、形容词都可以拆开来，在中间加入否定词，构成反复问句。像上面这些例子中的"聪明、好看、拿走、过来、同意"等。笔者认为这跟武汉方言的整个问句系统特征有关。如前所述，武汉方言的是非问是不发达的，因此很多时候只能用反复问来提问。而根据语言经济原则，将双音节词整个重复当然不如只重复前一个音节方便，再加上在谓语是动宾结构时，有"V 不 VO"这种反复问形式，因此很容易由此类推出"A 不 AB"这一形式。这也体现了语言的系统性和类推性规则。

（四）是不是（在 [tai^{35}]）V（倒）P 在 [·tai]

"是不是（在）V（倒）P 在"用来询问正在进行的动作，也可以用来询问持续的状态。它有四种变体形式①：是不是在 VP、是不是在 VP 在、是不是 V 倒 P 在、是不是在 V 倒 P 在。例如：

（27）我说了这半天，你是不是在听啊？

---

① 这四种变体形式，特别是其中"在"的语法功能不尽相同，是武汉方言中比较有特色的体貌表达手段，具体讨论参见第五章第二节。

（28）小明是不是在看书在？屋里一点声音都冇得咧。

（29）好大的风啊，窗户是不是开倒在？

（30）炉子高头是不是在煨倒汤在？

武汉方言询问进行和持续，一般都借助"是不是"构成反复问句来表达。

（五）M 不 MVP

M 代表能愿动词，如能、会、可以、该、肯、愿意等。此句式用来询问行为或状态的可能性、必要性和意愿等。例如：

（31）这房子装修得差不多了，可不可以住人了？

（32）我们该不该走了？蛮晚了咧。

（33）你会不会下象棋？我们来玩一盘咧。

（34）我蛮喜欢这本书，你肯不肯把倒我？

（35）我们能不能不逛了？我都要累死了。

以上例句中，例（31）、（33）、（35）都是询问可能性，例（32）是询问必要性，例（34）是询问意愿。

（六）动补结构反复问

武汉方言中有些"能愿动词 + 动词性短语"的结构与一些动补结构之间有同义关系，所以，有时询问可能性、能力或可否等，并不用能愿动词结构，而是用动补结构，通过动词重叠加上后面补语位置的某些变化来表达。尤其是在口语中，这种表达的使用更加普遍。下面将这类动补结构以形式为标准分成五类加以描写。

1. V 不 V 得

"V 不 V 得"是用来询问可否的问句。询问主客观条件是否容许实现某种动作。例如：

（36）这杯茶我喝不喝得？苦不苦啊？

（37）这是哪个的笔啊，我用不用得？

（38）这些话说不说得？搞不好要得罪人的。

（39）那边的东西都不让动，这咧，动不动得？

（40）不让我看杂书，那电视看不看得咧？

以上这些例句在武汉话里都可以转换为"能不能 VP"式，如例（36）也可以说成"这杯茶我能不能喝？"例（37）也可以说成"我能不能用？"但这样的说法比较文气，不如"V不V得"口语化。

2. "V不V得下""V不V得了"和"V不V得下地"

总的来说，这三种句式都是询问可能性，询问主客观条件是否容许实现某种动作的结果或趋向。但三者之间用法稍有不同。

"V不V得下"主要侧重体积、容量，询问是否有足够的空间能容纳。例如：

(41) 这么小的车子，坐不坐得下这多人啊？

(42) 这碗饭你吃不吃得下？吃不下早说啊。

(43) 这些东西，你一个包装不装得下？

"V不V得了"主要侧重询问动作执行者是否具备完成某事的能力，或客观条件是否允许实现某事。例如：

(44) 这个桌子这重，你一个人搬不搬得了？

(45) 他的伤还冇好全，明天的比赛上不上得了啊？

(46) 你这次出差，三天回不回得了？

最后的"V不V得下地"主要是询问整个事件能否最后完成或成功。例如：

(47) 这个厨房我想改一下，给你半个月，搞不搞得下地？

(48) 小王刚来不久，让他一个人去谈判，谈不谈得下地啊？

(49) 一千块钱办两桌酒，办不办得下地啊？

这是武汉方言中比较地道的表达，在普通话里只能用能愿动词形式，比如例(47)只能说成"……给你半个月的时间，能不能完成？"，而武汉方言中则不会这么说。

3. V不V得倒

用来询问是否会做某事。例如：

(50) 伢几大了？走不走得倒路了？

(51) 你玩不玩得倒牌啊？好像从冇看你玩过咧。

(52) 这个题你做不做得倒？

(53) 这是个么字啊，你认不认得倒？

(54) 你骑不骑得倒自行车？我们骑车去吧。

这类格式的问句在武汉话里都可以用"会不会VP"来替换，比如例(50)、(51)也可以说成"伢几大了？会不会走路了？""你会不会玩牌啊？"但是，用能愿结构的说法明显比较文气，而"V 不 V 得倒"却有较浓的方言色彩。

4. V 不 V 得 + 补语

这种句式用来询问可能性或结果，例如：

（55）白衬衣高头的油印子洗不洗得干净？
（56）你穿倒高跟鞋爬山，爬不爬得上去啊？
（57）说明书都是写的外国字，你看不看得懂？
（58）坐倒教室后头，你看不看得清楚黑板高头的字？
（59）要你写的报告，明天交不交得出来？

这种句式在武汉方言里一般都可以用"能不能 VP"替换，比如例（55）、（56）也可以说成"白衬衣高头的油印子能不能洗干净？""你穿倒高跟鞋爬山，能不能爬上去啊？"但口语中一般不用能愿结构。

5. V 得 A 不 A

"A"在这里指作补语的形容词，这一句式用来询问事件的情况。例如：

（60）我讲得快不快？要是太快了，我就讲慢点。
（61）你的字写得好不好？
（62）我今天抹了一下午，你看看，屋里搞得干不干净？
（63）比赛还差一个人，你跑得快不快啊？

这类格式的疑问焦点在补语位置，要求就补语部分回答，在武汉方言中没有其他形式可以替换。

邵敬敏、周娟（2007）认为用"V – neg – V 得 C"来提问，主要是吴方言、湘方言、粤方言和客家方言的特色。[①] 但是从笔者对武汉方言疑问句的考察来看，武汉方言中存在以上 1—4 四类这种格式的反复问。另外，同属西南官话的杭州话、四川话也有"你吃不吃得光？""内战打不打得下去？"这样的说法[②]，可见，这种格式的反复问在西南官话里也是存在的，很难说就是南方方言的特色。

[①] 邵敬敏、周娟：《汉语方言正反问的类型学比较》，《暨南学报》（哲学社会科学版）2007 年第 2 期。

[②] 杭州话、四川话例子引自黄伯荣主编《汉语方言语法类编》（1996：701、699）。

（七）副词反复问

除了以上格式外，武汉方言中还有一个比较特殊的反复问句形式，那就是处于状语位置的某些副词，也可以肯定否定重叠构成反复问。例如：

(64) 多不多煮点饭啦？今天多一个人咧。

(65) 你们快不快点走的啊？要下雨了，还到处晃。

(66) 罐头好不好开啊？我这里有起子。

不过，这种可以重叠的副词并不太多。它明显是由"V 不 VP"格式类推而来。处于谓语位置的动词或形容词肯否重叠形成的"V – neg – VP"格式在武汉方言问句系统中势力十分强大，基于类推作用，很容易影响到其他位置，譬如状语位置、补语位置等，从而产生了这种反复问格式。

二 V – 冇/□ [miou^{42}] – VP

"V 冇/□ [miou^{42}] VP"是与"V 不 VP"相对立的一类反复问，用于完成体和经验体。① "冇"和"□ [miou^{42}]"在实际使用中一般可以互换，因此以下为了方便，均以"冇"为代表来书写记录。

（一）V 冇 V

"V"是单音节动词或形容词。这一句式用于询问过去已经发生或曾经发生过的动作或事件，也可以用来询问某一性状是否产生或变化。它是与"V 不 V"对立的一种反复问句。例如：

(67) 那个电影你看冇看？听说还蛮好的。

(68) 小王走冇走？老板叫他去一趟。

(69) 老师叫你写的东西你写冇写呀？

(70) 我都准备好了，你好冇好？

(71) 我这边的事都做完了，你那边完冇完？

（二）V 冇 VO

这是句中动词带宾语时的格式，它与"V 不 VO"构成对立。例如：

(72) 你昨天下课后打冇打球？

---

① 关于武汉方言"体"的问题，参见第五章。

（73）你今天在屋里抹冇抹桌子，扫冇扫地？

（74）外头下冇下雨？天蛮阴咧。

（75）你戴冇戴表啊？看哈子几点钟了。

（三）A 冇 AB

当句中谓语部分是双音节动词时的格式，与"A 不 AB"构成对立。例如：

（76）你告冇告诉他这件事？我看还是莫说的好。

（77）你去冇去过九寨沟？几漂亮哦。

（78）我送来修的车修冇修好啊？

（79）去年我们种的葡萄结冇结果？

（四）VP（了）冇

这是"V 冇 VP"的一种变体形式。实际上，以上的（一）—（三）的各组例句，都可以自由转换为这种形式。例如：

（67）'那个电影你看了冇？听说还蛮好的。

（72）'你昨天下课后打球冇？

（76）'你告诉他这件事冇？我看还是莫说的好。

转换之后在功能表达上并无明显差异。

据朱德熙的考察，反复问的"VP - neg - VP"格式与"VP - neg"格式是可以在一种方言中共存的。这一点在武汉方言中也得到印证。但是，武汉方言中出现在"V - neg - VP"中的否定词有"不"和"冇"两组，并且两者形成对立："不"用于未然，"冇"用于已然。但是，能出现在"VP - neg"的"neg"位置的却只有"冇"，"VP 不"的说法在武汉方言中是不用的。也就是说武汉话可以说"那个电影你看了冇？"，却不说"那个电影你看不？"（这样的情况只能说：那个电影你看不看？）而北京话，"那个电影你看不？"和"那个电影你看了没有？"都可以说。这就是说，北京话"VP - neg"句式中可以出现的否定词包括"不"和"没（有）/冇"这两类。根据现有方言问句研究成果[①]，笔者又统计了其他 23 种有"VP - neg"问句形式的方言否定词选择的

---

① 所用材料主要根据黄伯荣主编《汉语方言语法类编》（1996：689—692；693—714）。也参考了曹志耘主编《汉语方言地图集（语法卷）》（2008，图 101、102）和 1997 年以后主要杂志发表的疑问句论文，具体参见书末参考文献。

情况，结果如表 7-1 所示①。

表 7-1　汉语方言 "VP-neg" 问句形式对否定词的选择对照

所属方言区		方言点	"VP 不" 类	"VP 没（有）/冇" 类
官话	北京官话	北京	○	○
	中原官话	宝鸡	○	○
		宁夏固原	○	○
		陕北	○	○
		枣庄	○	○
		浚县	×	○
		平邑	○	?
	东北官话	东北	○	○
	冀鲁官话	济南	○	○
		淄博	○	○
		潍坊	○	○
	西南官话	四川	○	○
		武汉	×	○
	江淮官话	扬州	×	○
		黄冈	○	○
		随州	×	○
晋语		呼和浩特	○	○
		武乡	○	○
		沿河	○	○
吴语		金华	○	○
湘语		湘乡	○	○
闽语		闽南	○	○
		莆田	○	○
粤语		阳江	○	○

从表 7-1 来看，一般有 "VP-neg" 问句形式的方言里，绝大多

---

① 表中 "○" 代表有此种形式；"×" 代表无此种形式；"?" 表示现有研究报告不一致，暂存疑。这里排除作为动词的 "有" 的否定 "没有"，因为那是表存在，不表已然。

数都是表未然和表已然的两套否定词能共现的，特别是表已然的"VP没（有）/冇"类，除了平邑话以外①，此次考察的24处方言点均有此种形式。而表未然的"VP不"类，除武汉方言以外，只有中原官话的浚县方言、江淮官话的扬州方言和西南官话的随州方言没有这种形式。从数量上来说是相对的少数。

浚县方言里"不"只进入"VP–neg–VP"格式，"冇"只进入"VP–neg"格式，两者呈现严整的对立分布②。这跟武汉方言"VP–neg–VP"格式中"不、冇"类兼容也不同。扬州话的语料里虽然出现了"来了没有？"这样的例句，但文章一再强调以"没有"后再出现"VP"为常。可见，总体来说"VP–neg"格式在扬州方言里就居于弱势。随州方言则存在省去"不"的"VV式"反复问，如：去去看戏？但表已然的"当过兵冇？"却没有这种形式。

另外据邵敬敏、周娟（2007）研究③，在东北地区、山东胶莱河以西的内陆地区、山西、青海、陕西北部、甘肃临夏以及河北，"VP–neg"占绝对优势；中部和南部方言"VP–neg"分布就不太广。但是吴方言和闽方言中这一格式也不少见。在粤语和湘语中，虽然整体都采用"V–neg–VP"式，但如果询问完成态，也用"VP–neg"。可见，在粤语和湘语里，也存在跟武汉方言类似的情况。但究竟哪些方言点有这种情况，目前资料不充分，还需要进一步考察。

为什么"VP–neg"问句形式在有些方言里表已然、未然的否定词可以共现，有的则是选择性的，而如果是选择性的话，一般是表已然的"VP没（有）/冇"存在，而表未然的"VP不"不存在呢？

游汝杰（1993）在研究吴语反复问时曾指出④，吴语未然体的三种类型中，以"V–neg"产生的时代最早，"V–neg–V"次之，"F–V"

---

① 关于平邑话反复问句的情况，黄伯荣主编《汉语方言语法类编》（1996：697）里提到在动词、形容词后加否定副词"不"的例子，如"回家不？年轻不？"。但曹志耘主编《汉语方言地图集（语法卷）》图101、图102均显示平邑方言只有"V不V"和"V没V"说法，无"VP–neg"形式。

② 详细参见辛永芬《豫北浚县方言的反复问句》，《汉语学报》2007年第3期。

③ 邵敬敏、周娟：《汉语方言正反问的类型学比较》，《暨南学报》（哲学社会科学版）2007年第2期。

④ 游汝杰：《吴语里的反复问句》，《中国语文》1993年第2期。

产生的时代最晚；而已然体的"V‑PRT‑未"型应是两宋之交官话区的移民输入吴语区的。遇笑容、曹广顺（2002）也认为①，在中古之前"VP 不"是汉语反复问的主要格式，始见于西周中期的五祀卫鼎铭文。但在中古汉语中大部分"VP 不"中的"不"已经虚化了。这后来发展成了是非问句。

所以，就武汉方言而言，它既不像吴方言、闽方言那样留有较多古汉语遗迹；又由于整个问句系统中是非问不发达，受到反复问的排斥；再加上武汉方言反复问的主要形式是承后省的"V‑neg‑VP"式，要省略掉在否定词后面的整个动词部分本来就比北方方言中占优势的承前省"VP‑neg‑V"式省略掉单个动词困难。因此出现了"VP‑neg"问句形式受限的状况。

由于以往的研究只注意到某种方言中"VP‑neg"这种格式是否存在，却并没注意到这一格式对否定词的选择问题，所以现有材料很不充分，很难说以上的解释就是充分的结论。不过，从这次对"VP‑neg"问句形式中否定词的考察可以发现，"VP‑neg"问句形式并不是那么单一整齐的，它存在内部差异，有不同类型，就是在同一个官话区也有内部差异。武汉方言的这种类型，在现有的方言资料中显得很特别，而与武汉方言相反的类型又是否存在呢？对这些问题的研究，将有助于我们理解"VP‑neg"问句形式，进而对研究反复问和是非问的关系都有帮助。期待在此方面有更多的方言调查材料和更进一步的研究。

三 有冇得/□［·mə］得/□［piou^{42}］NP

这是一类询问存在和拥有的反复问形式。这儿的 NP 表示名词性或形容词短语。"有冇得 NP"是表存在的动词"有"与其否定形式"冇得"构成的反复问；其中的"冇得"有时在语流中发生音变，弱化为"□［·mə］得"，就成为"有□［·mə］得 NP"式反复问；而"有□［piou^{42}］"则是"有不有"的合音音变，因此"有□［piou^{42}］+ NP"反复问其实是"有不有 NP"这种反复问句。这三种形式在意义和

---

① 遇笑容、曹广顺：《中古汉语中的"VP‑neg"式疑问句》，载《纪念王力先生百年诞辰学术论文集》，商务印书馆 2002 年版。

功能上没什么不同，一般可以互换使用。例如：

（80）有冇得信封？给我一个。

（81）他屋里在哪里啊，有冇得你说的那远？

（82）有□［·mə］得水喝？我口干了。

（83）你弟弟有□［·mə］得你高啊？

（84）明天晚上你有□［piou⁴²］空？我们去看电影咧。

（85）你有□［piou⁴²］日语辞典啊？借我用哈。

以上这些例句中的"有冇得、有□［·mə］得、有□［piou⁴²］"都可以自由替换。只是一般来说，"有□［piou⁴²］"老年人使用得多，"有冇得、有□［·mə］得"青年人使用得多些。

但是，不管用"有□［piou⁴²］"提问还是用"有冇得"提问，否定回答的时候都只能用"冇得"，不能用"□［piou⁴²］"。如：

（86）你有□［piou⁴²］这本书啊？

否定回答：□［piou⁴²］。（×）冇得。（√）

（87）你有冇得这本书啊？

否定回答：冇得。（√）

也就是说"□［piou⁴²］"这种形式是不能单独用来做否定回答的。这说明它并不是一个独立的否定词，只是存在于"有□［piou⁴²］NP"反复问里的一种形式上的否定（参见第六章第二节）。这一形式之所以能产生，笔者认为还是由"V - neg - VP"格式类推而来的。因为武汉方言问句系统中"V - neg - VP"格式十分强大，不但动词、形容词能如此正反重叠，就是一些能愿动词和副词也可以正反重叠直接构成反复问（见第（五）、第（七）点），因此"有"也不例外，在形式上类推产生了"□［piou⁴²］（不有）"这种形式，构成了"有［piou⁴²］NP"这种反复问。但这种形式并不独立，因此无法脱离这种格式使用，也就不能用来做否定回答了。

四 有冇VP

这儿的 VP 一般是结构比较复杂的动词性短语，"有冇 VP"询问 VP 部分所叙述的事件是否发生或存在。例如：

（88）拐子，你有冇骑过野狼125啊？那个刹车在哪里啊？

(89) 哎，你有冇听说今年的国庆节放 9 天假？

(90) 你有冇错发过短信啊？

(91) 你有冇好好想过我说的那些话？都说了几多回了，总当耳边风。

在这些问句中，"有冇"询问的都不是动词本身的动作是否发生，而是整个动词性短语所叙述的事件是否发生。比如例（89），不是询问是否"听说"，而是询问"听说今年的国庆节放 9 天假"这样一个事件有没有发生过等。这种问句类似于普通话中新兴的"有没有 VP"反复问句式，所以可能是受普通话影响而来。① 而武汉方言之所以很容易接受这一格式也是因为武汉方言问句系统倾向于使用反复问。"有冇 VP"正好就是反复问，而且使用方便，多么复杂的结构也都可以在"有冇"后面直接使用，不需要变形，非常简单。

综上所述，武汉方言的反复问句内容丰富、结构复杂，基本句式就有以上 4 类 17 种。它可以询问尚未发生、正在进行、已经发生和曾经发生的动作或事件；能询问事物的性质及性状是否改变；询问主观意愿、客观能力、事件的客观可能性；询问存在和拥有等多方面内容。因此可以说，武汉方言的反复问句功能十分齐全，是整个方言问句系统中非常重要的疑问手段。

从类型学角度来看，武汉方言在以"V – neg – VP"为优势的反复问系统里，也存在"VP – neg"形式。但是只有询问已然的"VP 冇"类问句形式，而不存在与之对立的"VP 不"类形式。这在现有方言类型的视野里具有一定的独特性。另外，武汉方言的反复问系统里还有动补结构的"V – neg – V 得 C"反复问形式及副词反复问形式，表现出了语言系统明显的类推规则。

第四节　武汉方言的特指问句

特指问是指用各种疑问词构成的疑问句，一般要求针对疑问词部分做答。下面以疑问词的意义范畴为纲，详细描写武汉方言的特指问句。

---

① 参见第五章第二节的相关论述。

一 询问人、物、事的特指问

武汉方言中用来询问人的疑问词只有一个，即"哪个"。可以做主语、宾语，也可以做定语。例如：

(92) 这些外号都是<u>哪个</u>取的呀？

(93) 你去看哈子，<u>哪个</u>还有来？

(94) 这是<u>哪个</u>的包啊？么放倒我桌子高头咧。

(95) 坐倒那里的那个姑娘伢是<u>哪个</u>啊？

"是哪个"在口语中还常常发生音变，成为一个合音词"啥个[sa^{42}·kuo]"，这一音变现象在19世纪中期的汉口话资料里就已经出现，20世纪初的汉口话口语教材里也有记录①，一直到现在都留在武汉方言的口语里。

询问事物的时候，武汉方言用"么事"和"么"。"么事"主要在主语和宾语位置，如果是定语位置，只能用"么"。例如：

(96) <u>么事</u>叫痞子啊？

(97) 你们在找<u>么事</u>啊？

(98) <u>么</u>颜色？<u>么</u>牌子？花几多钱买的呀？

(99) 老板跟我打招呼：想看<u>么</u>碟子吵_{想看什么DVD}？

例(96)是"么事"做主语，例(97)的"么事"做宾语，例(98)、(99)都是"么"做定语。

如果是在一定范围内，要求确指某一事物，则用"哪"，后加数量名结构。例如：

(100) 我考哈你，武汉最高的楼是<u>哪一栋</u>？

(101) 伙计，你在等<u>哪家</u>的生意呀？等这半天。

(102) 这种葡萄咧，好看不甜；那种咧，不好看但是蛮甜，你买<u>哪种</u>咧？

---

① Parker, Edward H. "The Comparative Study of Chinese Dialects." *Journal of the North China Branch of the Royal Asiatic Society*, new series No. 12, 1878, pp. 19–50. 和江矜夫《汉口语自佐》(汉口日日新闻社1921年版)里都有这个合音记录。具体参见赵葵欣(2021)的研究和本书第二章第二节。

二 询问方式、状态的特指问

武汉方言询问方式、手段等时，用疑问词"么样"和"么"。例如：

(103) 我有了这多钱，<u>么样</u>花咧？

(104) 我的个神，<u>么样</u>回去咧？

(105) 那别个问<u>么</u>回答咧？

(106) 正咱<u>么</u>办咧？你说咧。

"么样、么"一般都出现在状语位置，两种用法基本相同，可以互换。可是，"么样"还可以做定语，修饰名词，询问人或事物的性质等，例如：

(107) <u>么样</u>的人会受踹_{受欺负}呢？

(108) 表妹，你到底想要个<u>么样</u>的男朋友？

这种情况下不能用"么"。

询问状态在武汉方言里也用"么样"，可以出现在谓语或者补语位置。例如：

(109) 他妈妈连忙问："宝宝，<u>么样</u>了？<u>么样</u>了？"

(110) 拐子，现在混得<u>么样</u>啊？

例（109）是"么样"做谓语，例（110）是"么样"出现在补语位置。

另外，"么样"还可以用来询问对方的意见，例如：

(111) 过几天我要搬家，你力气大，耐力又好，到时候来帮个忙，<u>么样</u>？

(112) 大牛，周末去你屋里打麻将，<u>么样</u>？

可见，武汉方言里的疑问词"么样"承担的疑问功能比较多，除了询问方式手段外，还可以询问性质、状态和意见。另外，"么样"还可以用来询问原因，见以下第三点。

三 询问原因的特指问

武汉方言询问原因，有以下几个疑问词：为么事、是么、是么样、么样、么。例如：

(113) 一等奖为么事有得三等奖奖金多啊？
(114) 咦，是么到点了阿星还冇来咧？
(115) 这些人是么样一边对倒骂，一边还亲热流了的？
(116) 都这晚了，你们么样还不吃饭呀？
(117) 你今天么呐像熊猫？眼圈黑黢了的，人秧脱了的。

这几个疑问词意思大致相同，可以自由替换使用。用"是么、是么样"时有追究语气，所以在语感上比用"么、么样"提问时语气强一些。

四　询问处所、时间的特指问

武汉方言询问处所的疑问词只有一个"哪里"。例如：
(118) 昨天我往你屋里打电话冇得人接，你去哪里了啊？
(119) 我看李嫂子蛮憔悴，就问"您家哪里不舒服？"

询问时间，可以用"几时""几咱"和"几满"。例如：
(120) 老爸，这次出差几时回呀？
(121) 你一直说陪我去玩，几满去吵？
(122) 这条超短裙你几咱买的啊？蛮清爽的咧。

几时、几咱、几满都是询问时点的疑问词。如果询问时间量，则用"几长时间"。例如：
(123) 小陈，你锻炼身体几长时间了？
(124) 你上次去西安，玩了几长时间啊？

这里武汉方言在询问时间量的时候，也用"几长 + N"而不用"多长/多少/多大 + N"这样的"多（少）"类疑问词，是比较特殊的。因为据梁淑珉（2009）研究[①]，明代末期以后，询问时间量北方系作品多用"多大 + N"，南方系作品多用"多少 + N"，而"几"这个疑问词只能用来询问时点了。这种情况一直延续到现代汉语，"多长时间"是现在广泛使用的询问时量的疑问词。

---

① 梁淑珉：『時量を問う疑問代詞の歴史的変遷』，『中国語学』2009 年 256 号。

五　询问数量的特指问

询问数量，武汉方言用疑问词"几多"和"几"。"几多"后面直接接名词，也可以单独使用，做宾语。"几"修饰名词问数量时，要求出现量词，也就是要成为"几+量词+名词"结构。例如：

（125）这件衣服几多钱啊？

（126）您家买几多吵？多买就跟您家便宜点。

（127）你们来几个人啊？我好订位子。

另外，"几"还可以在"几+形容词"结构中出现，询问大小、重量、体积等。例如：

（128）你新买的房几大啊？

（129）这个包有几重啊？看倒蛮吓人，这大。

以上按疑问词的意义范畴分五类详细描写了武汉方言的特指问句。从以上描写可知，武汉方言有自己一套完整的疑问词系统，而且数量比较多，下面将这些疑问词用法归纳如表7-2所示。

表7-2　　　　　　　　　武汉方言疑问词

		哪个	么事	么	哪	么样	为么事	是么/么样	哪里	几时/几咱/几满	几长时间	几多	几
询问	人	+			+								
	事、物		+	+									
	确指				+								
询问方式				+		+							
询问性质						+							
询问状态						+							
询问意见						+							
询问原因				+			+	+					
询问处所									+				
询问时间	时间点									+			
	时间量										+		

续表

		哪个	么事	么	哪	么样	为么事	是么/么样	哪里	几时/几咱/几满	几长时间	几多	几
询问数量	+名词											+	
	+量词+名词												+
	大小重量体积等											+	

从表7-2可见，武汉方言疑问词中使用最复杂的是"么"和"么样"，"么"既可以询问人、事、物，又可以询问方式、原因；"么样"不但可以询问方式、性状和原因，还可以用来询问意见和看法，表现出跨类别的特点。而从意义范畴来看，询问原因的疑问词最多，其次是询问方式和事物的。而且，询问原因和询问方式的疑问词有交叉重叠现象，比如"么"和"么样"。那么，询问原因和询问方式都用一样的疑问词的时候，会不会产生歧义呢？笔者通过考察发现，在现实语言中，或者有句式上的限制，或者有语境的限制，发生歧义的现象并不多。例如：

（130）表妹，你么样来了咧？

（131）表妹，你是么样来的呀？

例句（130）一定是问原因，例句（131）一定是问方式。因为例句（130）谓语部分是"VP了"，表示出现一种新情况，这时候的"么样"一定是问发生这种新情况的原因，因为对已经发生的动作问方式的话，必须用"是……的"句式，像例句（131）那样。因此，这两个问句中的"么样"意义分别是很清楚的，不会有歧义。这充分表明了语言的系统调节功能，在词汇层面上同形的话，为了尽量减少歧义，就会在比如句式（如"是……的"句）等方面有所区别。

武汉方言特指问使用的疑问词跟古汉语中的谁、孰、何、胡、奚、安、焉等那一套疑问词系统完全不同，也跟现代汉语普通话相差较远，但是要找到它们的来源却也并不困难。这些疑问词都可以在中古和近代汉语中找到源头：

哪个：询问人现代汉语用得最普遍的是"谁"。但"哪个"用来询问人，其实起始也很早，在《景德传灯录》里就已经出现。以后元曲、白话小说《醒世恒言》《儒林外史》《红楼梦》《三侠五义》里都有使用例①。吕叔湘（1985a：120）曾指出，在长江官话区的多数方言里，"哪个"完全代替了"谁"，成为询问人的疑问词。武汉方言正是这种情况，在近代选择了"哪个"而摒弃了"谁"，一直沿用下来。

么事、么、么样类：据吕叔湘（1985a：127）"么"是"什么"的省缩形式，而"么事"又是"么"的变形。笔者认为，么样，也是从"怎么样"简缩而来。这样就形成了武汉方言询问事物、性质、方式和原因的么事、么和么样类疑问词。

几时、几咱、几满："几时"用来询问时点，大约出现在唐代②，武汉方言直承了这一用法。"几咱［tsan⁴²］、几满［man⁴²］"则是武汉方言中更老一些的"几满咱"的省略。"几满咱"现在年轻人已经不用。而这个"满咱［man⁴² tsan⁴²］"就是"早晚"的音变。"早晚"是表示时间的词，最早见于晋代文献，一直用到宋代③。到了近代，因为"询问时间没有专用的指称词，拿'哪''几''多'等词和表时间的词拼合起来用"。（吕叔湘1985a：215）这就是从元代起出现的"多早晚"，更后变成"多咱（喒）"。而武汉方言，没有选择"多"和时间词搭配，而是选择了"几"，于是出现了"几满咱"，进而变成现在武汉方言中的"几满"和"几咱"。不仅是询问时点，对"几"的选择还影响了询问时量的疑问词，这就是前文提到的武汉方言询问时量用"几长时间"而不用"多长时间"或"多少时间"的原因。

几多：询问数量武汉方言不用"多少"，只用"几多"。这也是直承中古汉语而来。据吕叔湘（1985a：343）的考察，"从中古的某一个时候起又有'几多'一词，这大概是揉合几跟多少而成。它的应用好

---

① 详细例句参见吕叔湘《近代汉语指代词》，学林出版社1985年版，第119页。

② 关于"几时"询问时点、时量的发展变化过程，详细参见梁淑珉《時量を問う疑問代詞の歷史的変遷》，『中国語学』256号（2009）。

③ 吕叔湘：《近代汉语指代词》，学林出版社1985年版，第357页。

像不怎么广，宋以后也就不大见了。"但是，这个"几多"在武汉方言里却留存下来，一直沿用至今。

综上所述，武汉方言特指问句有自己一套完整的疑问词，可以用来询问人、事、物，询问方式、性质、状态、原因、处所、时间和数量等诸多范畴。其中询问原因的疑问词形式最丰富，功能最多的疑问词是"么"和"么样"。这些疑问词跟古汉语书面语疑问词系统完全不同，而是直承中古、近代汉语口语中的疑问词而来。另外，武汉方言的特指问从句法形式方面来说，一般除了用疑问词以外，句末还常常使用语气词，或者啊、呀，或者咧、呢，使语气显得舒缓。不用这些语气词时，问句语气比较硬，或者表现说话人比较急。

第五节　武汉方言的选择问句

选择问是提出两个或两个以上的选择项，要求针对选择项进行回答的问句。武汉方言选择问句在句法形式上可以分为三种：

一　是 X，还是 Y？

在并列的两项或多项选择之间用"是……还是"连接。例如：

（132）您家的面<u>是</u>加原汤<u>还是</u>加清汤？
（133）他<u>是</u>想自杀，<u>还是</u>有精神病？你绝对想不到他的目的。
（134）明晓得打不过么办？<u>是</u>逃跑<u>还是</u>求饶？

前后两项之间可以用逗号隔开，也可以不用。武汉方言在使用这种选择问句式时后面一般不再用语气词。

二　是 X 咧/啊，是 Y 咧/啊？

武汉方言还可以用"是……咧/啊"连接两个或多个选择项。例如：

（135）这面<u>是</u>要煮烂些的<u>咧</u>，<u>是</u>要硬筑些的<u>咧</u>？
（136）你<u>是</u>想帮我<u>咧</u>，<u>是</u>想害我<u>啊</u>？
（137）你们两个<u>是</u>你去<u>啊</u>，<u>是</u>他去<u>啊</u>？快说吵，莫推来推去的。

这种选择问格式的句子最后一般都要有语气词，但是用"啊"还是"咧"并没什么区别。

三 XY 啊?

这一类选择问没有形式上的标志，只是并列两个或几个选择项表示疑问，例如：

(138) 你吓我，有这事? <u>真的假的啊</u>?

(139) 您家的豆腐脑，把<u>咸的甜的啊</u>放成的还是甜的调料?

(140) <u>先买车先买房啊</u>? 你说吵。

这种选择问格式的语尾也一般都有语气词"啊"。并列项一般以两个为多，多项并列的时候几乎很少用这种没有形式标记的选择问。

武汉方言选择问从形式上来说，基本就是以上三类。最典型完整的是第一类格式"是 X, 还是 Y?"，而且这种格式使用也最多，最普遍。选择问所并列的选择项一般范畴、性质相同，在语义上或是对立（如例 138：真的假的），或是相关（如例 134：逃跑求饶）。这种选择项的并列明显不同于反复问的肯定否定形式上的并列，充分表明虽然从语义上来说，反复问、选择问都是一种选择，但其本质是完全不同的。这也是本文将反复问和选择问分为两类进行描写的原因。

第六节　武汉方言问句的系统考察

以上我们对武汉方言问句系统的是非问、反复问、特指问和选择问这四种问句形式进行了细致、详尽的静态描写，提供了武汉方言各种问句形式的完整面貌。下面将四种问句形式置于整个问句系统中，考察武汉方言问句系统的一些特点。必要时引进北京话或其他方言作为参照点进行比较。

通常认为，北京话的是非问有三种形式：语调型是非问、"吧"字问和"吗"字问。语调型是非问可以看成是由一个命题和一个升调构成，记作"P+↗?"；"吧"字问可以看作一个命题和一个语助词构成，记作"P+吧?"；"吗"字问也可以看作一个命题和一个疑问词"吗"构成，记作"P+吗?"。从功能上看，语调型是非问以 P 为预设，对所问之事已有一定推测，问话人对肯定回答抱有或多或少的期待，所以疑问程度低。"吧"字问也是有所推测的疑问，朱德熙（1982）指出，"用'吧'字问表示说话人已经知道是怎么回事，只是还不能确定，提问是为了让对方证实。"① 丁声树等著（1961）也认为，"'吧'字问，常表示一种测度语气，介乎信疑之间。"② 可见"吧"问句疑问程度也比较低。而"吗"字问一般对所问之事不知晓，也没有倾向性推测，是真正的有疑而问。所以，一般认为，"吗"问句是疑问程度高，典型的是非问形式。

武汉方言的是非问形式如前所叙，只有两种：语调型是非问和"□［·pə］"字是非问。从形式类别来看，没有所谓典型的"吗"字是非问，这是武汉方言问句系统的显著特点。再从其功能上来看，武汉方言的语调型是非问与北京话中的此类是非问基本相同，而"□［·pə］"字是非问在功能上也基本上和北京话的"吧"字是非问一致。比如，以下三个在《现代汉语语法讲话》（丁声树等著 1961）中举的"吧"字问句：

(141) 李有才在家吧？
(142) 你说，这身衣裳我穿着不错吧？
(143) 你听谁说的？别是谣言吧？

用武汉方言来表达的话，都应该用"□［·pə］"字是非问：

(141)′李有才在屋里□［·pə］？
(142)′你说，这身衣服我穿倒还好□［·pə］？
(143)′你听哪个说的呀？莫是谣言□［·pə］？

可见，武汉方言的"□［·pə］"字是非问与北京话的"吧"字问在语义功能上也是相当的。

所以，就问句系统来说，武汉方言的是非问形式少，也只能表达低疑问度的疑问，真正有疑而问的高疑问度疑问，武汉方言无法用是非问来表达，只能依靠反复问。下面讨论在反复问方面武汉方言与北京话的不同。

北京话反复问句的主要形式是：VP – neg – VP。其变体可以有 6

---

① 朱德熙：《语法讲义》，商务印书馆 1982 年版，第 211 页。
② 丁声树等：《现代汉语语法讲话》，商务印书馆 1961 年版，第 213 页。

种：VO – neg – VO；V – neg – VO（动词完整形式）；VO – neg – V；VO – neg；V – neg；V 得 A 不 A。用例句来具体表现这 6 种格式就是：

a) 你知道这件事不知道这件事？
b) 你知道不知道这件事？
c) 你知道这件事不知道？
d) 你知道这件事不？
e) 你知道不？
f) 他跑得快不快？

这里出现在"neg"位置的否定词可以有"不、没、没有"这 3 个。"不"用于尚未发生的事件，"没、没有"用于完成体和经验体。

武汉方言反复问的基本格式是：V – neg – VP。其变体形式也有 6 种：V – neg – VO、A – neg – AB、V – neg – V 得 C、V 得 A 不 A、VP（了）冇、有冇 VP。它与北京话之间主要的不同表现在以下三个方面：

第一，当句中谓语部分是动宾短语或双音节复合动词时，武汉方言反复问形式是 V – neg – VO 或 A – neg – AB。而北京话在这种条件下的反复问形式则是 VO – neg – VO 或 AB – neg – AB。另外，北京话反复问在谓语部分是动宾短语时还有两个变体：VO – neg – V 和 VO – neg；AB – neg – AB 也有省略形式 AB – neg。例如表 7 – 3 所示。

表 7 – 3　　武汉方言与北京话反复问句谓语部分形式差异之一

武汉话	北京话
你喝不喝水？	你喝水不喝水？ 你喝水不喝？ 你喝水不？
这伢聪不聪明？	这孩子聪明不聪明？ 这孩子聪明不？
他们说的意见你接不接受？	他们说的意见你接受不接受？ 他们说的意见你接受不？
昨天我给你的书拿冇拿走？	昨天我给你的书拿走没拿走？

不过，现在北京话受南方方言影响，也出现了一些 V – neg – VO 和 A – neg – AB 的说法。比如，"这杯子漂不漂亮？"等说法已经被许多人接受。据张敏统计，在 16 个 35 岁以下的说北京话的调查对象里，用"V 不 VO"的人竟占 95%①。邵敬敏、周娟（2007）也指出，这种双音节情况下大量使用"A – neg – AB"形式，现在不仅在南方方言里大量出现，而且在北方方言里也普遍使用②。可见，在双音节谓词的情况下，使用"A – neg – AB"反复问形式具有了更大的语言共性。

在武汉邻近的一些地区，如天门、仙桃、荆门方言中，还可以省去中间的否定副词，变为"VVO"和"AAB"形式的重叠问。例如"你喝喝水？"、"他今天高高兴？"等。这种重叠问与反复问有着历史渊源关系③，表现出反复问形式由 VP – neg – VP 到 V – neg – VP 再到 VVP 的逐渐省略简化的演变过程。

第二，当句中谓语部分是动补结构时，武汉方言与北京话反复问句形式上的差异更加明显。武汉方言中有四种 V – neg – V 得 C 和一种补语位置的反复问 V 得 A 不 A 形式［见本章第三节第一点第（六）小点］，而北京话中只有在补语位置正反重叠这一种形式 V 得 A 不 A。从功能来看，武汉方言中的 V – neg – V 得 C 动补结构反复问形式，是疑问焦点在动词上的疑问，V 得 A 不 A 类是疑问焦点在补语上的疑问。而北京话反复问形式中，带"得"字的动补结构则只能询问疑问焦点在补语位置的疑问。如果疑问焦点是动词，就没有反复问形式，只能用"吗"字是非问，且有时需要通过句重音（下文用字下加·表示）来强调疑问焦点。武汉话与北京话的对比见表 7 – 4。

---

① 张文数据转引自朱德熙《"V – neg – VO"与"VO – neg – V"两种反复问句在汉语方言里的分布》，《中国语文》1991 年第 5 期。

② 邵敬敏、周娟：《汉语方言正反问的类型学比较》，《暨南学报》（哲学社会科学版）2007 年第 2 期。

③ 参见陈妹金《汉语与一些汉藏系语言疑问句疑问手段的类型共性》，《语言研究》1993 年第 1 期。

表 7-4　武汉方言与北京话反复问句谓语部分形式差异之二

武汉话	北京话
他跑不跑得快？	他跑得快吗？
他跑得快不快？	a. 他跑得快不快？ b. 他跑得快吗？

此外，武汉方言中的 V – neg – V 得 C 反复问，因为与某些"能愿动词＋动词性结构"是同义的，因此还可以用能愿动词肯定否定重叠构成"M 不 MVP"（M 代表能愿动词）格式来提问。只是这种问句不如 V – neg – V 得 C 问句形式地道和口语化。而北京话遇到这类情况，就只能用能愿动词构成"MVP 吗？"是非问或"M 不 MVP？"反复问来表达。

第三，武汉方言反复问还有在状语位置的肯否重叠（参见本章第三节第一点第（七）小点），这在北京话中也是没有的。但即使是在武汉方言中，能构成这种反复问的副词也不多。可见，这只是语言类推作用的结果，并不是一种成熟的反复问形式。

武汉方言是非问句不发达，不能表达真正高疑问度的疑问，使得反复问不得不承担主要的疑问功能，从而造成反复问句十分发达的情况，是武汉方言整个问句系统的一大特点。

汉语方言问句系统中没有"吗"是非问的方言点并不少。据辛永芬（2007）观察，一般在"VP – neg"反复问类型比较强势的方言中，几乎都较少使用"吗"字类是非问或干脆没有"吗"字类是非问，比如，山西、陕西、河南的大部分地区都没有"吗"字类问句。[①] 而据笔者掌握的方言资料，像武汉方言这样，以"V – neg – VP"反复问类型占绝对优势而没有"吗"是非问的方言点至少还有杭州方言、四川方言和兰州方言。另外，像昆明方言、潮州方言，以"K – VP"为反复问主要形式而问句系统中也没有"吗"是非问。

"吗"是位于句尾的否定副词"不"或"無"虚化而来，这一点现在已成定论。而在"V – neg – VP"和"K – VP"反复问占优势的方言

[①] 辛永芬：《豫北浚县方言的反复问句》，《汉语学报》2007 年第 3 期。

里,本身就没有位于句尾的否定副词,至于辛永芬(2007)提到的那种情况,她曾解释说反复问句多用"VP-neg"格式的方言里,句尾否定词的虚化受到了一定的限制,由此也影响了句尾表示疑问语气词的产生。可见,在方言问句系统中,反复问句和是非问句是相互作用相互制约的。

武汉方言特指问在句式上与北京话相差不多,区别主要表现在疑问词系统上。选择问也没有很多类型上的区别。这一点在各种方言点之间大致相同,可见汉语方言问句系统在特指问和选择问上具有相当大的共性。

本章研究了武汉方言的疑问范畴,现将内容小结如下。

武汉方言问句系统中,是非问句不发达,只有两种形式:语调型是非问和"□[·pə]"字是非问。从功能上看,只能表达疑问度低的求证性疑问。而同时,反复问句内部丰富复杂,结构形式多样。其基本典型形式是"V-neg-VP",根据疑问焦点部分的主要动词或形容词的不同,演变为4类17种格式。在以"V-neg-VP"为优势的反复问句里,也存在"VP-neg"形式。但是只有能询问已然的"VP冇"类,而不存在与之对立的"VP不"类形式。这在现有方言资料的视野里具有相当的独特性。在武汉方言问句系统里,反复问是真正的有疑而问,是行使疑问功能的重要和主要手段。武汉方言问句系统中是非问和反复问的这种状况,充分显示了方言作为一个系统,各组成部分之间相互作用、相互补充的系统调节功能,表现出方言系统的内部制衡力量。

武汉方言特指问有一套完整的疑问词系统,可以询问人、事、物,询问方式、状态、原因、处所、时间和数量。这些疑问词跟古汉语书面语疑问词系统完全不同,而是直承中古、近代汉语口语中的疑问词而来。从句法形式方面来说,武汉方言的特指问一般除了用疑问词以外,还常常在句末使用语气词。特指问要求就疑问词部分做答,因此一定要提供新信息,是疑问度最高的疑问。

武汉方言的选择问有三种形式,基本格式是"是X,还是Y?",这也是用得最多的一种选择问形式。选择问虽然有提出的选择项,但回答可能超出选择项，如例句（140）问"先买车先买房啊？"回答可以是"都不买"。所以选择问也是一种疑问度较高的疑问形式。

　　就整个武汉方言问句系统来看，反复问与是非问相比占绝对优势是其最大特点。特指问和选择问跟其他方言相比，具有较大的共性。

第八章 武汉方言的处置、被动表达

第一节 处置句、被动句及其研究现状

处置句是表示"把人怎样安排，怎样支使，怎样对付，或把事物怎样处置，或把事物怎样进行"（王力 1985：125）的句式。① 而"谓语所叙述的行为系施于主语者叫被动式"（王力 1985：131），即被动式是说明主语所表示的人或事物是受动者的语法格式。②"被动句"这个概念来自印欧语。在印欧语里，被动句有严格的形式标记，比如英语的被动句要用"be + 动词的过去分词"；法语用"être + 动词的过去分词"；西班牙语用"ser + 动词的过去分词"等。但汉语的被动句则缺乏硬性的形式标记。而处置句，在很多语言里都没有相对应的语法结构，所以在称名上也有一些不同。比如日语里直接称呼这种句式为"把構文"。而在用英语表述时，有的研究者则将之称为"object-marking constructions"（宾语带标记结构）（曹茜蕾 2007）③。这两种句式都与汉语一般的"SVO"句子结构不同，因此对他们的研究一直受到汉语学界的极大重视，相关文献众多，研究成果也数不胜数，在此我们只简单回顾一下

---

① 王力：《中国现代语法》，载《王力文集·第二卷》，山东教育出版社 1985 年版，第 125 页。

② 王力：《中国现代语法》，载《王力文集·第二卷》，山东教育出版社 1985 年版，第 131 页。

③ 曹茜蕾：《汉语方言的处置标记的类型》，《语言学论丛》第三十六辑，商务印书馆 2007 年版。

处置句、被动句的研究概况，并主要关注汉语方言中这两方面的研究成果。

先看处置句。

现代汉语处置句研究，主要集中在对"把"字句的研究上。从王力《中国现代语法》将处置式单独列出专节讨论以来，一般的语法学专著都对此问题有专门叙述。吕叔湘（1982：36—37）称为"把"字式，列出了8种"把"字句例子，并专门讨论了必须用"把"字句的几个条件。① 朱德熙（1982：210—214）则指出"把"字句与某些受事主语句有密切关系，还对"把"字句里的动词进行了探讨。② 早期的"把"字句研究主要集中在"把"的宾语的指称性问题、"把"字句动词及"把"字句与相关句式的变换关系等方面。20世纪80年代以后，一些学者开始从语用角度考察"把"字句的特点。曹逢甫（1987）从主题-评论角度考察汉语的"把"字句，认为"把"字句有两个主题，"把"字句的主语是第一主题，"把"的宾语是第二主题。③ 金立鑫（1997）认为"把"字句的焦点是"把"的宾语。④ 张旺熹（1991）则从篇章角度考察了"把"字句的语境特征，认为"把字结构"在实际语用中，处于一个因果关系的意义范畴之中，即由于某种原因而需要执行某种特定的手段以达到一定的目的。⑤ 90年代以后，因为不满足于笼统的"处置义"的说法，一些研究者利用封闭语料或语料库具体考察了"把"字句的实际使用状况，进而总结出"把"字句典型的语义和使用环境。如崔希亮（1995）对《红楼梦》和《男人的一半是女人》两部著作中"把"字句使用情况进行了分类统计，总结出"把"字句的典型形式及"把"字句的典型语义：是一个描述性语段，其功用在于说明在某一行动的作用下所发生的变化。⑥ 张旺熹（2001）利用语料库统计分析的方法对2160个"把"字句的内部语义问题进行了深入的

---

① 吕叔湘：《中国文法要略》，商务印书馆1982年版，第36—37页。
② 朱德熙：《语法讲义》，商务印书馆1982年版，第210—214页。
③ 曹逢甫：《从主题—评论的观点看"把"字句》，《中国语言学报》1987年第1期。
④ 金立鑫：《"把"字句的句法、语义、语境特征》，《中国语文》1997年第6期。
⑤ 张旺熹：《"把"字结构的语义及其语用分析》，《语言研究》1991年第1期。
⑥ 崔希亮：《"把"字句的若干句法语义问题》，《世界汉语教学》1995年第3期。

考察，结果发现其中有1121个"把"字句表现的是物体的空间位移。①因此，指出典型的"把"字句凸显的是一个物体在力作用下发生空间位移的过程。这些结论都大大推进了人们对"把"字句的认识。

汉语方言处置句研究，则以对各个方言点处置句及处置标记的描写为主，如黄伯荣主编（1996：656—665）收入了28个方言点的各种处置式和处置标记的研究成果。②一直到现在，方言处置句的研究也还主要是这个方面。在各个方言点处置式描写语料的基础上，近年来一些研究者开始对汉语方言处置式的类型及标记分布做全面的考察和探讨。比如远藤雅裕（2004）考察了汉语诸方言的处置式后认为，汉语方言里表达处置并非只用狭义处置句（有标记的处置句），在南方非官话区其他类型的处置式占优势，东南沿海地区甚至不太使用狭义处置句。他还考察了汉语方言的三大处置标记"将、把、拿"及地区处置标记（如给、拨、帮、共等）的分布及来源，并绘出了诸多处置标记的方言地图。③曹茜蕾（2007）考察了粤方言、客家话、赣方言、湘方言、吴方言、徽州方言、闽方言、北方话、晋方言、广西平话十种方言的处置标记类型后，认为汉语方言里的处置标记主要有三个来源：A."拿、握"一类意思的动词；B."给、帮"一类意思的动词；C.伴随格。继而详细探讨了这三种处置标记的语法化过程。④陈山青、施其生（2011）在研究了湖南汨罗方言处置句的各种形式后，将汉语方言中表达处置的手段归纳为以下4种：用处置介词加在处置对象前；用处在宾语位置的一个代词（通常是第三人称单数）复指被处置对象；用处置介词加复指被处置成分的代词；用一个处置副词放在动词前。并指出在一些方言中存在以上四种基本处置式的叠加使用情况，从而造成方言里的处置表达形式丰富而复杂。⑤既注重微观的方言现象描写，也注意宏观把握汉语方言处置式的类型和分布，应该是方言处置问题研究值得肯定的新

---

① 张旺熹：《"把"字句的位移图式》，《语言教学与研究》2001年第3期。
② 黄伯荣主编：《汉语方言语法类编》，青岛出版社1996年版，第656—665页。
③ 远藤雅裕：《汉语方言处置标志的地理分布与几种处置句》，《中国语学》2004年251号。
④ 曹茜蕾：《汉语方言的处置标记的类型》，《语言学论丛》第三十六辑，商务印书馆2007年版。
⑤ 陈山青、施其生：《湖南汨罗方言的处置句》，《方言》2011年第2期。

方向。

至于武汉方言的处置式，目前只有朱建颂（2009：36）对"把汤趁热喝了他"这类表示祈使的处置句稍有简述，但并没有对这个句末复指代词"他"进行更多的讨论，也没有对武汉方言整个处置式系统的详细分析。所以笔者认为，关于武汉方言处置式的研究，还有许多工作要做。

下面再简单介绍一下被动句的研究现状。最早 19 世纪末的《马氏文通》中就有了对被动的研究。而后 20 世纪 40 年代，黎锦熙在《新著国语文法》中明确提出了"被动式"的概念。吕叔湘（1982：37—39）用"被动式"这一名称讨论了被动句。王力在《中国现代语法》中立专节研究了被动式。20 世纪 50、60 年代的研究主要集中在"被"字的词性和功能、被动句的类别及被动句的用法意义的研究。如吕叔湘、朱德熙将"被"称为副动词，将被动式分为传统的被动式、完全的被动式和简化的被动式三种，还提到了没有被动形式但有被动意义的格式。丁声树等将"被、教、让"等看成助动词，将"被"字句分为三种格式等。80 年代，李临定（1980）在《被字句》一文中，详细分析了被字句的各种类型，并对被字句的语义问题作了论述。龚千炎（1980）将现代汉语里的受事主语句分为"被字句"和"非被字句"两类。[①] 刘叔新（1987）还提到了意念受动句的问题。[②] 吕文华（1987）提出有标记的带"被"句和无标记的被动句，并侧重研究了"被"字句不能变成无标记被动句及无标记被动句不能变换成"被"字句的原因和条件，还讨论了两者可以变换的句式的相关情况及彼此之间的不同语义差别。[③] 20 世纪 90 年代至今，运用不同的理论研究汉语中的被动句成为主要特点。比如从配价语法（王静、王洪君 1995）、转换生成语法（冯胜利 1997）、语法化理论、类型学、认知语言学（石毓智 2004a，2006，

[①] 龚千炎：《现代汉语里的受事主语句》，《中国语文》1980 年第 5 期。
[②] 刘叔新：《现代汉语被动句的范围和类别问题》，载《刘叔新自选集》，河南教育出版社 1993 年版。
[③] 吕文华：《被字句和无标志被动句的变换关系》，《句型和动词》，语文出版社 1987 年版。

2010）等角度研究汉语的被字句等。①

关于被动句的历史发展状况的研究也取得了相当多的成果，比如唐钰明关于上古、先秦、汉魏六朝、唐至清汉语被动式的系列研究（唐钰明 1985a、b，1987，1988）②。蒋绍愚运用语法化和重新分析的理论阐释了汉语中"给"字句、"教"字句的来源问题等（蒋绍愚 2003）③。桥本万太郎从历史角度考察了汉语被动式的来源和发展，从语言地理类型学的角度分析了汉语南北方言被动标志差异与历史上汉语相关语言接触的关系（桥本万太郎 1987）④。

方言研究中，除了桥本万太郎（1987）那样的跨方言被动标记研究外，一个个方言点的被动式，尤其是被动标记的描写是主流。如黄伯荣主编（1996：665—674）就收有关于 21 个方言点被动式及被动标记的研究成果。近年来，还出现了一批研究各个方言点被动式的硕士论文，如阳新方言被动句研究（陈晓云 2007）、湖南武冈方言被动句研究（向柠 2005）、安化羊角塘方言被动句的句法（王淑良 2006）等。但对武汉方言被动句的专门研究目前还没有看到。

最后要指出的是《汉语方言地图集（语法卷）》（曹志耘主编，商务印书馆 2008 年版）有关于 930 个方言点基本处置句、被动句（包括有标及无标处置、被动）的方言地图，还有处置标记"把"、被动标记"被"在方言里的表达形式，是从宏观上了解汉语方言处置、被动表达方式可以参考的重要工具书之一。

以下本章将详细考察武汉方言处置和被动表达系统。首先描写武汉方言中的两大类处置表达形式——"把"字句和句末代词回指句（第

---

① 参见王静、王洪君《动词的配价与被字句》，载沈阳、郑定欧主编《现代汉语配价语法研究》，北京大学出版社 1995 年版，第 90—118 页。冯胜利《汉语的韵律、词法和句法》，北京大学出版社 1997 年版。石毓智《被动标记"让"在当代汉语中的发展》，《语言学论丛》2004 年第 31 辑；《语法化的动因和机制》，北京大学出版社 2006 年版等。

② 唐钰明、周锡复：《论先秦汉语被动式的发展》，《中国语文》1985 年第 4 期、《论上古汉语被动式的起源》，《学术研究》1985 年第 5 期；唐钰明：《汉魏六朝被动式略论》，《中国语文》1987 年第 3 期；《唐至清的"被"字句》，《中国语文》1988 年第 6 期。

③ 蒋绍愚：《"给"字句、"教"字句表被动的来源——兼谈语法化、类推和功能扩展》，载吴福祥、洪波主编《语法化与语法研究（一）》，商务印书馆 2003 年版，第 202—223 页。

④ 桥本万太郎：《汉语被动式的历史区域发展》，《中国语文》1987 年第 1 期。

二节），继而将视野扩大到现代汉语方言，考察句末代词回指这一特殊句式在汉语方言中的类型和差异（第三节）。然后描写武汉方言被动表达的各种形式（第四节），最后对武汉方言中处置、被动共用同一标记"把"的现象做更深入的探讨（第五节）。

第二节 武汉方言的处置句

处置句，在现有方言关于处置句的研究里有广义、狭义之分。狭义的处置句仅指带有处置标记，如有"把、将、拿、得"等的句子。广义的处置句则除了有标记的处置句以外，还包括没有标记的表达处置义的句子，如粤语"你食埋条鱼佢啦"（远藤雅裕 2004）、湘语"买哒火车票他"（陈山青、施其生 2011）等。武汉方言处置义的表达形式也主要有这两种：一是有标记的"把"字句，二是没有处置标记的句末代词回指句。同时还存在处置标记"把"与句末代词回指共用的杂糅形式，我们将之放在第一类有标"把"字句里描写。以下分别讨论。

一 "把"字句

武汉方言处置标记只有一个，就是"把"。由"把"构成的处置式基本句型是"施事+把+受事宾语+动词+其他成分"。施事不是必需的，可以省略。"其他成分"，可以是除可能补语以外的各种补语、连动用法、也可以是体貌标记词，还有"施事+把+受事宾语+动词+回指代词"这种杂糅形式。以下分别讨论。

（一）（施事）+把+受事宾语+动词+补语等

(1) 几个伢把屋里搞得一塌糊涂。
(2) 他把我的伞搞掉弄丢了。
(3) 在单位有得事，把订的各种报纸都翻倒看了一哈。
(4) 把那个杯子递倒我哈。
(5) 你看几时到余先生那里去坐哈子，把这个事情拜托他吧。

例（1）是动词"搞"后紧跟程度补语"一塌糊涂"；例（2）是"搞"后用结果补语"掉"；例（3）是数量补语"V一哈"形式；还有表示动作涉及的方向或对象，如例（4）、(5)。

有时在动词后还可以再出现一个动词,形成连动结构,如:

(6) 他一个月里头有半个月要把妻子背到一个推拿中心做治疗。

(7) 把一张整钱拆散了用。

(8) 把他带到我这里来吧。

(9) 正咱还不能吃,等孃孃姑姑把它煮哈子给你吃。

(10) 把我们的行李银钱都抢起跑了。

(11) 我们把这三箱卖得试哈子,好销再来多定。

例(6)"背到"的后面还有一个动词"做治疗",形成"背到推拿中心做治疗"的连动结构;例(7)"拆散"后还有一个动词"用",成为"拆散了用"这样的连动结构。后面几个例子也都是如此。

(二)(施事)+把+受事宾语+动词+了/倒

(12) 他帮我把碗洗了。

(13) 你把这好好收倒。

这些例句动词后使用了体标记词,如例(12)的"了"是武汉方言的完成体标记;例(13)的"倒"则是武汉方言的持续体标记。

(三)(施事)+把+受事宾语+动词+回指代词

这里的回指代词,是一个与武汉方言中单数第三人称代词"他"同音的成分,以下为行文方便均写为"他"。根据这一句式中动词部分的不同形式,又可细分为以下三种:

1. (施事)+把+受事宾语+光杆动词+他,例:

(14) 快去把碗洗他,莫紧坐倒那里看电视。

(15) 下雨了,快去把窗户关他。

(16) 你等哈子(等一下),我把水倒他再来。

2. (施事)+把+受事宾语+动词+了+他,例:

(17) 你先把饭煮了他。

(18) 你把这件大衣送出去洗了他。

(19) 你去把头发剪了他。

3. (施事)+把+受事宾语+动词+补语+他,例:

(20) 快把作业做完他,不然不让你看电视咧。

(21) 把这些不要的东西都搬走他。

(22) 还快不去做作业?你想把我气死他啊。

以上这些有标"把"字句表达的语义可以归纳为六种：

（四）一般处置。

表示通过某一动作对"把"后宾语进行某种处置，或进行了某种处置。例：

（23）老公，快把车子开慢点。

（24）把货统统卖完了。

（25）我已经把事情交代清白了。

（26）请您家把章程说一说吧。

例（23）是将对"车"进行一种处置"开慢点"；例（24）、（25）是对"货"和"事情"进行了一种处置——卖完了、交代清楚了；例（26）则是请求对方对"章程"进行处置——"说一说"等。

（五）表示致使。即使得"把"后宾语产生某种结果。例：

（27）一心的用功去了，把欠想回来的心思都忘记了。

（28）你是么板眼吵，我把喉咙都喊嘶了也不耳理睬。

（29）差一点把性命都丢了的。

例（27）由于"一心用功"，使得"想回家的心思"都"忘记了"；例（28）"喉咙"由于"喊"导致了"嘶"的结果；例（29）的"性命"差一点出现"丢了"的结果。这样表致使的把字句，动词后的补语部分，有时候还可以出现一些带有夸张色彩的说法，表示程度之高。例：

（30）把跟我一起玩的伢都欠死了。

（31）出去了一年多，把我欠坏了。

（32）唉，提不得，真把人嚇死了。

（33）气温高得不得了，硬把人热茆了。

（34）真把个人烦死了。

这些句子动词补语部分的"欠死了、欠坏了、嚇死了、热茆了、烦死了"都是一种夸张的说法，极言程度之高，是日常口语中常用的一种"把"字句。

（六）表示认同、充当或转化。

即表示将"A"看作或当作"B"。如：

（35）把他当个人，他就闪显摆起来了。

（36）你莫把我当苕笨蛋哄，怕我不晓得。

（37）刚才他把我当成便衣警察了。

这类"把"字句的动词后面都有另一个名词，如例句中的"人、苕、便衣警察"。有时后面还可以再出现一个动词，如例（36），表示以对待"苕笨蛋"这样的方式哄骗。

（七）表示对待、办法。即表示对"把"后宾语采取什么办法。例：

（38）他老子娘爸妈也把他有得法，那大的伢了，哪里管得住呢。

（39）真把你不得了。

（40）我就是不去，你把我么样咧？

这种意思的"把"字句，一般以否定形式出现居多，如例（38）、（39），都表示无可奈何，没有办法。

（八）表示祈使、劝说。即表示要求或希望的一种"把"字句。例：

（41）您家把这个先买了他吧。

（42）你出去的时候，帮我把渣滓带出去丢他。

上文有句末回指代词的第三类句式"（施事）+把+受事宾语+动词+回指代词"大都是这种祈使用法，表达说话人要求听话人做某事。如前面的例（14）表示说话人要听话人"快去洗碗"；例（15）是说话人要求听话人"赶快把窗子关上"。后面的例（17）—（21）也均是如此。

（九）弱化的处置用法

除了表达实在意义的处置以外，武汉方言的"把"字句还有一些处置义比较弱的虚化用法。例：

（43）把您家受了等。

（44）把我说，这件事就这样算了。

（45）把我才有得那听话咧，凭么事他说了算咧。

这里的"把"都带有一些使役"让"的意味。"把您家受了等"就是"让您久等了"；"把我说"就是"让我说"；而例（45）就更加特别，"把我"后面连动词也没有了，几乎成了一个话语连接词"要是我，就……"，是一种从"把我说"演化而来的更加主观化的用法。这种从"把"字句虚化而来的话语连接功能是很有意思的问题，今后拟另作探讨。

二 句末代词回指句

武汉方言里除了有标记的"把"字处置句以外，还有一种在句末用回指代词表达处置义的句式，我们将之称为"句末代词回指句"。它又有以下两种形式：

（一）受事宾语+动词+他

在武汉方言里，不用处置标记"把"，而直接将受事宾语前置于动词，然后再在句末加上一个用来回指的代词，构成"受事宾语+动词+他"格式，也能表示对某种事物采取某种处置的语义。如：

(46) 盘子收他，不用了。

(47) 凉水倒他，再重新灌点热的。

(48) 这些不要的东西我都丢扔他咧。

(49) 未必你不晓得屋里经济困难，这贵的衣服快去跟我退他。

(50) 菜都吃完他，剩倒蛮讨嫌。

这些例子里的"盘子收他、凉水倒他"等就是"把盘子收起来、把凉水倒掉"的意思。后面的例子也一样。

（二）尽/等+主语+动词+补语+他

与第一种相比，这种形式的句末代词回指句主要表达一种无为之处置，即听任、任凭的语义。例：

(51) 我要他多穿点衣服啊，他硬是不听。
　　——你莫管他，尽他去冻病他。

(52) 你喝得太多了，莫喝了。
　　——莫管我，尽我喝醉他。

(53) 开车慢点，也不晓得说了几多遍了，总是不听。
　　——莫管他，等他去撞死他。

"尽他去冻病他""等他去撞死他"也都可以看作是一种处置，只是说话人用一种不干预，或放任的态度去进行处置。所以虽然它不同于上面"受事宾语+动词+他"句式表达的处置义典型，但两者之间有形式和意义的联系，所以在此一并讨论。

三 句法限制及回指代词的功能

武汉方言中有句末代词回指表处置的几种句式，不管是否与处置标记"把"共现，在句法条件上都更加受限，这主要表现在对动词和补语的要求上。下面分别讨论这类处置句在动词及补语方面的要求，并对不同类型句式中句末回指代词的功能进行一些探讨。为了行文方便，以下将与处置标记"把"共现的类型［本节第一点的第（三）类］与只用代词回指的处置句［第二点的第（一）类］一并称为句尾"他"字句。

（一）对动词的限制

对动词的限制就是什么样的动词能进入句尾"他"字句的问题，这就涉及动词的分类。在此，我们引进"动词的过程结构"这一概念，主要依据郭锐（1993）的研究成果来讨论武汉方言中能进入句尾"他"字句的动词类别[①]。

动词的过程结构由动词表示的动作或状态的内部过程可能具有的起点、终点和续段三要素构成。根据这三要素的有无和强弱的差异，郭锐（1993）将汉语动词分为了 5 个大类：Va. 无限结构动词、Vb. 前限结构动词、Vc. 双限结构动词、Vd. 后限结构动词和 Ve. 点结构动词。

Va 无限结构动词是无起点、无终点，续段性极弱的动词，如：以为、像。舍得、记得、值得等。Vb 前限结构动词的特点是有起点，但无终点，续段很弱，如：知道、了解、当心、熟悉等。据郭锐（1993）的考察，汉语中这类动词数量很少。Vc 双限结构动词的特点是有起点、有终点、有续段。如：放心、害怕、信任、病、表演、猜、等、搬、洗等。但是由于起点、终点、续段的强弱不同，双限结构动词又可以分为 5 个小类。Vc1—Vc3 这三类虽然起点、终点、续段这三个要素齐备，但是续段和终点很弱。如：爱、流行、闭等。Vc4 和 Vc5 类与前三类相比，动作性增强，Vc5 类动词终点性更强。如：比赛、测验等。Vd 后限结构动词的特点是有续段和终点，但没有起点，如：产生、建立、解放、离开等。Ve 点结构动词的特点在于其瞬时性和变化性，即总是表示某种性质的突变，动作一开始也就结束，并产生一定的结果，从而从一种性质进入另一种性质。如：出来、毕业、断、死等。

根据这一分类，笔者考察了武汉方言常用动词后发现，能进入句尾

[①] 郭锐：《汉语动词的过程结构》，《中国语文》1993 年第 6 期。

"他"字句的动词主要是第 3 类双限结构的第 5 小类,即 Vc5 类动词。这类动词的特点是有起点、终点,有续段,且续段性强,也就是动作性强,而且终点更强。以《武汉方言词典》(朱建颂 1995)为例,笔者将该类动词较为穷尽的统计如下:熬、拔、搬、办、包、补、裁、擦、拆、抄、炒、扯、撤、吃、冲、吹、打、倒([tau^{35}])、点、掉、叠、定、订、丢、堵、剁、发、翻、放、分、改、割、刮、关、喝、划、画、换、剪、浇、锯、开、抹、埋、买、卖、磨、拿、捏、弄、泼、铺、砌、掐、签、撬、切、染、撒、洒、扫、删、烧、收、梳、刷、摔、撕、锁、填、贴、吐、退、吞、脱、挖、洗、掀、写、修、印、砸、栽、炸、摘、蒸、种、煮、装、做。

以上结果显示能进入句尾"他"字句里的动词,几乎都是单音节动词,双音节动词即使是 Vc5 类,也无法进入该句式,比如"参观、测验"等,都无法用在句尾"他"字句里。这也是武汉方言句尾"他"字句在动词制限方面表现出的一个重要特点。

(二) 对补语的限制

武汉方言一般的"把"字处置句动词后的补语部分可以是结果补语、状态补语、方位补语、趋向补语等,但是有句末回指代词的时候,只有部分结果补语可以进入此结构,而其他状态补语、方位补语、趋向补语等都不行。如下面这些带有补语的句子在武汉方言中都是不能说的:

(54) *把屋里清打扫得干干净净他。

(55) *把书送把给他看他。

(56) *把东西放倒桌子上他。

(57) *把酱油递过来他。

没有"把"共现的句尾"他"字句也是如此,如前文的例句 (46)—(50),都是"光杆动词+他":盘子收他、凉水倒他、都丢扔他、快去跟我退他,只有最后一个句子用了结果补语"吃完他",其他例句还有:

(58) 墙刷白他。

(59) 不要的都搬走他。

也都只能是结果补语,而且并不多见。而像"*盘子收起来他"

"*菜买回来他"这样动词后带其他补语的句子都是不能说的。

（三）回指代词的功能

首先可以明确地指出，这类处置句句末的回指代词并没有实在的指代功能。因为无论前面的受事宾语是单数还是复数，句尾"他"都只用单数形，如例（48）受事宾语"这些不要的东西"是复数，但句末仍用的"他"；而且有时受事宾语并不是第三人称，如例（22）"你想把我气死他啊"，受事宾语是"我"，句尾也仍用"他"来回指。而在例（52）"尽我喝醉他"这样的句子里，"他"就根本找不到指代的对象了。可见在这类句式里句末"他"的指代功能已经完全消失了。

"他"既然已经没有指代功能，那么在这样的句式中，"他"有什么作用呢？根据句式中动词部分的不同结构，"他"的功能也不相同，表现出逐渐语法化的倾向。

1. 在动词部分为光杆动词的句尾"他"字句里，无论是否与处置标记"把"共现，句尾"他"都是必需的，不能省略，去掉后整个句子不再成立。如"快去把碗洗他"不能说成"*快去把碗洗"；"盘子收他"也不能说成"盘子收"。这时的句尾"他"是句子必需的成分，类似于普通话的"了$_1$"。吕叔湘主编（1999：352）曾指出，"有些动词后面的'了$_1$'表示动作有了结果，跟动词后的'掉'很相似。……这个意义的'了$_1$'可以用于命令句和'把'字句"。武汉方言光杆动词"他"字句的句尾"他"正是这样的功能。由于处置句总是要求动词后面必须有个东西，不能是光杆动词，所以在没有任何后补成分的情况下，这个句尾"他"实际上就行使了补语的功能，帮助句子自足。

2. 在有结果补语的"他"字句里，"他"不是必需的，如例（20）、（50）都可以去掉"他"说成：

(20)'快把作业做完，不然不让你看电视咧。

(50)'菜都吃完，剩倒蛮讨嫌。

只是去掉"他"以后语气比较生硬。因此这些句子里的"他"起了舒缓语气的作用，是一种语气功能。

3. 在动词后有"了"的句式中，句尾"他"原则上也不能去掉。如例（18）就不能说成：

(18)'*你把这件大衣送出去洗了。

但是，如果有后继句，"他"又是可以去掉的。如例（17）和（19），如果加上后继句，说成：

（60）你先把饭煮了，我回来再做菜。

（61）你去把头发剪了，我就带你出去玩。

这样句子也成立。

这就启示我们，这种句式的句尾"他"也是一种完句功能。但"他"是一种句外成分，也就是说"他"并不参与组句，动词后的"了"表达了完成的补语义，因此没有"他"句子能成立，但是句子没有完的感觉，必须有后续句。而在句尾用了"他"，整个句子就完句了。

从上面分析可以看出，武汉方言的这类处置句句末的回指代词已经没有实在的指代功能。主要是起完句和舒缓语气的作用。但是"完句"又包括两种情况：一是回指代词作为一种句内成分，即动词后的补语部分构成一个完整的处置句（动词部分为光杆动词的情况）。二是回指代词为句外成分，帮助整个句子能独自成句（动词部分有"了"的情况）。这三种功能，体现了回指代词逐渐语法化的过程：在充当动词后补语部分的时候，回指代词有一定的表"结果"语义。然后进一步虚化，"结果"义丢失，转而承担一定的语气功能。继而表语气功能也减弱，只有句法形式上的完句作用。这种虚化过程也伴随着这个回指代词由句内成分走向句外。

至于为什么这个回指代词会产生出表"结果"语义的补语功能呢？笔者认为其动因主要还是句法位置。具体来说，这种处置句里的回指代词一直处于动词后位置，而且紧接动词（因为宾语已经前置），所以在光杆动词做处置句谓语部分时，这个代词就会被重新分析为动词后的附带成分，而处置句一般要求动词有一个结果，所以它就被赋予了一定的"结果"语义，从而开始了其语法化进程。当然，这个表"结果"的语义并不是回指代词自身所有的，而是这一句式的句法位置赋予的，所以离开这个位置，回指代词就完全没有这种意义了。这也进一步证明，句末回指代词的语法化并不是词汇意义的衍生，而是句法位置的作用。

最后，关于句末回指代词的来源，一般认为是古汉语的遗留，来源于早期汉语的处置式代词回指（Peyraube 1985、1996；石毓智、刘春卉

2008），武汉方言里的句末回指代词处置句应该就是直承近代汉语而来。关于这一点将在下一节（第三节）再具体讨论。

本节详细描写了武汉方言表达处置义的两种形式——"把"字句和代词回指处置句。有标"把"字句从句法形式上可细分为三种，所表达的处置义可细分为一般处置、表致使、表示认同、表对待和表祈使等。代词回指处置句也有两种句法形式，所表达的语义一般都是祈使。本节还详细讨论了武汉方言句末代词回指处置句的动词制限、补语制限及句末回指代词的功能问题。

第三节 汉语方言代词回指处置句的类型和差异

第二节讨论了武汉方言中用句末代词回指表示处置义的一种句式。实际上这种句式不仅武汉方言里有，也广泛存在于现代汉语方言中，甚至普通话也偶尔能看到这样的句子，如吕叔湘（1990：200）就提到两个例子①：你先把这杯酒喝了他再说。/你不赶快起来，我把窗户给你敲碎他。曹茜蕾（2007）、远藤雅裕（2004）在讨论汉语方言处置式类型时都曾提到这是汉语方言的一种处置式类型。② 石毓智、刘春卉（2008）更分析了官话方言、闽方言、客家话等方言中代词回指现象并寻找了其在上古汉语的源头。③ 魏兆惠（2011）也指出处置句中代词回指现象在汉语方言中具有普遍性，而且认为这是一种在汉语中普遍存在的口语现象。④ 但是，现有研究虽然指出这种句式在汉语方言中普遍存在，却并没有进一步考察该句式在汉语方言中的分布类型，也没有具体研究该句式在各方言间表现出的共性和差异。本节拟在现有方言调查资料基础上，对该问题做一次跨方言的比较研究。全面考察这种代词回指

---

① 吕叔湘：《吕叔湘文集·第二卷·汉语语法论文集》，商务印书馆1990年版，第200页。

② 曹茜蕾：《汉语方言的处置标记的类型》，《语言学论丛》2007年第36辑；远藤雅裕：《汉语方言处置标志的地理分布与几种处置句》，《中国语学》2004年第251号。

③ 石毓智、刘春卉：《汉语方言处置式的代词回指现象及其历史探源》，《语文研究》2008年第2期。

④ 魏兆惠：《处置句中代词回指的普通性及差异性》，第六届汉语语法化问题国际学术研讨会论文，西安，2011年8月。

处置句在汉语方言中的类型和分布情况,进而分析其在汉语诸方言中表现出来的共性及差异。代词回指处置句是一种比较特殊的处置式,弄清该句式在汉语方言的具体面貌,对了解汉语处置式的类型、汉语回指系统等都将有一定帮助。

一 代词回指处置句的类型及分布

汉语方言中的代词回指处置句总的来说跟武汉方言一样有两大类:一类是与处置标记共现的;另一类是没有处置标记,仅在句中带有回指代词的句子。下面分别考察这两类句式的结构类型和在汉语方言中的分布情况。

(一) 与处置标记共现的代词回指处置句

这类句式的内部结构可以再分为以下四种①:

1. (施事) +处置标记+受事宾语+光杆动词+代词

中原官话:

罗山话:**把**药熬**他**把药熬了。/**把**年画贴**他**把年画贴上。/**把**石头搬**他**把石头搬开。/**把**媳妇娶**他**把媳妇娶了。/**把**头发染**他**把头发染。/**把**钱用**他**把钱用掉。/**把**气消**他**把气消消。/**把**货验**他**把货验收一下。

确山话:**叫**饭吃**他**把饭吃了。/**叫**垃圾扔**他**把垃圾扔掉。/**叫**那张纸撕**他**把那张纸撕掉。

平邑话:**把**水喝**他**把水喝了。(笔者调查②)

西南官话:

武汉话:我**把**水倒**他**再来我把水倒掉再来。

常德话:快点儿**把**话讲**他**快点儿把话说了。/早点儿**把**头梳**他**早点儿把头发梳了。/明朝**把**通知发**他**明天早上把通知发了。/干脆**把**衣服脱**他**干脆把衣服脱了。

长阳话:大热天的,饭私臭哒也不**把**它空**他**大热天的,饭坏了也不把它

---

① 方言例句都在后面用小字标注普通话说法。现有各文献中回指代词有的记作"它",有的写为"他",本章一律统一记作"他"。例句来源见<例句出处>。同一方言点引用文献多于两处的,用1、2标注,如广1,广2。

② 来自笔者自己调查所得语料标注"笔者调查",具体参见文后<笔者调查>及附录五。

倒掉。

荆沙话：**把**头剃**他**把头发剪了。/**把**衣服洗**他**把衣服洗了。/**把**棍子丢**他**把棍子丢掉。/趁热**把**饭吃**他**趁热把饭吃了。

江淮官话：

九江话：**把**饭吃**佢**把饭吃了。/干脆**把**衣裳脱**佢**干脆把衣服脱了。

2.（施事）+处置标记+受事宾语+动词+连带成分+代词

这儿的连带成分指一些语气助词或体貌标记词，如啊、了、哒、咖等。

冀鲁官话：

沧州话：**把**门关了**他**把门关上。

胶辽官话：

牟平话：叫俺大爷**把**那个狗子领儿撂儿**他**吧让你伯父把那条狗领出去扔了吧。（黄1）

西南官话：

武汉话：您家**把**这个先买了**他**吧您先把这个买了吧。

常德话：快点儿**把**话讲啊**他**快点儿把话说完。/早点儿**把**头梳啊**他**早点儿把头发梳好。/明朝**把**通知发啊**他**明天早上把通知发了。/干脆**把**衣服脱啊**他**干脆把衣服脱掉。

公安话：**把**书撕哒**他**把书撕了。/**把**门关哒**他**把门关了。

荆沙话：**把**头剃了**他**把头发剪了。

江淮官话：

孝感话：我**把**这些书卖了**他**我把这些书卖了啊。（孝1）/**把**地扫了**他**把地扫扫。/**把**这碗饭趁热吃了**他**把这碗饭趁热吃了。/你还不赶快**把**这些东西丢了**他**你还不赶快把这些东西都扔了。（孝2）

英山话：**把**这盆水泼了**他**把这盆水泼掉！（黄2）

鄂东话：我**把**鸡儿上半天吃了**他**我上午把鸡吃了。

九江话：快来**把**饭吃了**佢**快来把饭吃了。

湘语：

汨罗话：**把**火车票买哒**他**把火车票给买了。/**把**水冷倚**他**把水给冷着。

赣语：

鄂南话：恨不得**把**她吞了**他**恨不得把她吃了。（黄3）

宿松话：**把火点著佢**把火点着。/**把书买倒佢**把书买了。

粤语：

广州话：**将条项链卖咗佢**，唔系有钱啰把项链卖了不就有钱了吗？（广1）

香港话：**将啲功课做咗佢**，唔喺唔带你哋去睇戏把这些功课做完，不然的话不带你们去看电影。

3.（施事）+处置标记+受事宾语+动词+补语或动词重叠+代词

这是动词部分带有补语或动词部分为重叠形式的结构。因为动词重叠"VV"在很多方言（比如西南官话、江淮官话）里是以"V（一）下（儿）"表现的，所以"V（一）下（儿）"也一起归并在这里。

中原官话：

确山话：**叫桌子擦擦他**把桌子擦擦。/我想赶紧**叫书看完他**我想赶快把书看完。/**叫帘子卷起来他**把帘子卷起来。/**叫狗撵出去他**把狗赶出去。

平邑话：**把这些菜都吃完他**把这些菜都吃完。/**把酒筛筛他**把酒热一下。

西南官话：

武汉话：**把这些不要的东西都搬走他**把这些不要的东西都搬走。

公安话：**把这些椅子摆整齐他**把这些椅子摆整齐。

常德话：**把话讲完他**把话讲完。/**把衣服晒干他**把衣服晒干。/**把头发染黄他**把头发染黄。/**把妹妹喊起来他**把妹妹叫起来。/**把人喊回来他**把人喊回来。/**把树砍成三截他**把树砍成三段。/**把纸烧成灰他**把纸烧成灰。

江淮官话：

孝感话：**把他的衣服撕破他**把他的衣服撕破。（孝1）

巢县话：**把衣裳洗干净他**把衣服洗干净。（黄4）

九江话：我**把这个旧电视机丢掉佢**我把这个旧电视扔掉啊。/我**把你打死佢**我打死你。

吴语：

上海话：我今早要**拿迭本书看脱伊**我今天早上要把这本书看完。（上1）/**拿旧书旧报侪卖脱伊**把旧书旧报都卖掉。（上2）

苏州话：**拿哀两段课文背熟俚**把这两段课文背熟。

杭州话：你**把袜儿洗洗他**你把袜子洗洗。你**把桌子揩揩他**号你把桌子擦擦啊。

赣语：

常宁话：**拿**桌子抹刮**佢**把桌子擦一下。/**拿**饭呷完**佢**把饭吃完。/**拿**书收起**佢**把书收起来。（常1）

宿松话：**把**饭吃脱**佢**把饭吃完。/**把**桃子打下来**佢**把桃子打下来。/今朝热，你**把**衣裳脱脱掉**佢**今天热，你把衣服脱掉。

湘语：

汨罗话：**把**他送走**他**把他送走。/**把**喉咙哭哈**他**把喉咙给哭哑。/**把**书递徛过来**他**把书给递过来。

粤语：

广州话：唔好**将**条横[waŋ$^{25-11}$]锯断**佢**不要把那根横木锯断。（广2）

客家话：

梅县话：**将**裡只鸡拿来食帛**佢**把这只鸡全吃了。

4.（施事）＋受事宾语＋处置标记＋代词＋动词＋其他成分

这是一种回指代词非句末形式。在有些方言里，处置式采用这种受事宾语前置，然后在处置标记后用一个代词回指的形式。如：

江淮官话：

泗洪话：你书**给他**摆葛宁个你把书放着吧。/衣裳**给他**穿上把衣服穿上。

吴语：

温州话：酱油**把他**递给我把酱油递给我。

湘语：

汨罗话：头发**把他**朝上梳把头发朝上梳。/钱**把他**存哒银行把钱存在银行。/大门**把他**上得锁把大门上了锁。

闽语：

福州话：玻璃**共伊**褪下来把玻璃卸下来。/汝哥**共伊**告底来把你哥哥叫进来。/熏**共伊**扼代咯把香烟掐灭。

厦门话：门紧**共伊**关起来快把门关上。

泉州话：许几个学生**共伊**叫入来把那几个学生叫进来。/汝卵**共伊**食落去，面干留嘞你把蛋吃了，线面留着。

汕头：我双鞋**恰伊**物对地块去把我的鞋给弄哪儿去了？/凄凄惨惨趁来许几个钱拢**恰伊**输到白白去辛辛苦苦赚来的那几个钱全给输光了。

潮州话：衫**甲伊**收起来*把衣服收起来*。

海南话：糜**甲伊**食了*把饭都吃了*。

有些方言还可以在这种结构的受事宾语前也使用处置标记，如：

江淮官话：泗洪话：你**给**书**给他**摆葛宁个*你把书放着吧*。/**给**衣裳**给他**穿上*把衣服穿上*。

吴语：温州话：**把**身份证**把他**带身边*把身份证带在身边*。

湘语：汨罗话：**把**衣**把他**脱下来浸哒*把衣服脱下来泡着*。/**把**钱**把他**存哒银行*把钱给存在银行*。/**把**大门**把他**上得锁*把大门给上了锁*。

赣语：常宁话：**拿**脸**得佢**洗下*把脸洗一下*。/**拿**羊**得佢**牵到山上去映*把羊牵到山上去让他吃草*。/**拿**饭**得佢**呷干净点儿*把饭吃干净*。（常2）

闽语：泉州话：着**将**牛**共伊**缚嘞树嘞*得把牛拴在树上*。/**将**大厝**共伊**卖嗦去*把大房子卖了*。

另外，如果动词后面是趋向补语的话，有的方言里回指代词也不能居于句末，如粤语广州话"**将**啲凳搬晒**佢**上嚟*把凳子全搬上来*（广2）"、平邑话"**把**酱油递过**他**来"等。

以上各类例句从语义上来看，大多是表示说话人对听话人的一种希望或要求，也就是用来表达祈使，不论何种方言均如此。有时候这种句式也表达说话人打算或将要对某物进行某种处理，比如"我把水倒他再来。"（武汉话）、"我把这些书卖了他。"（孝感话）、"我今早要拿迭本书看脱伊"（上海话）等。但总的来说还是以祈使句为绝对优势。

（二）代词回指独用型

首先从语序上来说有截然不同的两类：受事宾语前置句和一般动宾语序句。下面分别讨论。

1. 受事宾语前置句

根据动词部分的不同结构，还可以再分为如下四类①：

（1）受事宾语+光杆动词+代词

中原官话：

罗山话：地下扫**他**（把）*地扫扫*。/秧栽**他**（把）*秧栽了*。/作业做**他**（把）

---

① 例句后小字部分的（）表示该语法成分在方言原文中本来没有，是用普通话转述其意思时添加的。以下的方言例句部分皆同。

作业做了。/头剃**他**(把)头发剪了。

平邑话：水喝**他**(把)水喝了。

西南官话：

武汉话：盘子收**他**，不用了(把)盘子收起来,不用了。/凉水倒**他**，再重新灌点热的(把)凉水倒掉,再重新加入热水。

常德话：菜吃不得哒，干脆泼**他**菜不能吃了,干脆(把)他倒掉。

江淮官话：

九江话：地扫**佢**(把)地扫了。/饭吃**佢**(把)饭吃了。

（2）受事宾语+动词+了/啊等+代词

西南官话：

常德话：头发剪啊**他**(把)头发剪了。

江淮官话：

孝感话：这些衣服你洗了**他**(把)这些衣服你洗了。（孝1）

粤语：

广州话：盆水倒咗**佢**，好唔好(把)那盆水倒掉,好吗？（广2）

香港话：门开咗**佢**(把)门打开。

湘语：

益阳话：门去关咖**他**去(把)门关上。/咯碗现饭子吃咖**他**(把)这碗剩饭吃了。/菜端咖**他**(把)菜端走。

汨罗话：火车票买哒**他**(把)火车票买了。/书递徛过来**他**(把)书递过来。

客家话：

连城话：这碗饭食撒**佢**(把)这碗饭吃了。/这封信也寄撒**佢**(把)这封信也寄了。

（3）受事宾语+动词+补语或动词重叠+代词

中原官话：

平邑话：菜都吃完**他**(把)菜都吃完。/酒筛筛**他**(把)酒热一下。

西南官话：

武汉话：菜都吃完**他**，剩倒蛮讨嫌(把)菜都吃完,剩下很讨厌。

常德话：病诊好**他**(把)病治好。/饭不剩起哒，吃完**他**饭别剩下,都吃完。

吴语：

上海话：台子揩揩**伊**(把)桌子擦擦吧。/房门锁脱**伊**(把)房门锁上吧。（上3）

杭州话：葛只鸡杀掉**他**(把)这只鸡杀掉。/葛只桌子搬掉**他**(把)这张桌子搬走。/我糖吃吃他号我把糖吃了啊。

苏州话：耐衣裳俉汏清爽**俚**你（把）衣服洗干净了。

粤语：

广州话：支竹都系绑实啲**佢**好那根竹子还是绑紧点儿好。/啲啤酒饮晒**佢**啦(把)这些啤酒喝了吧！（广2）

香港话：行李执好**佢**先，免得到时赶唔切先（把）行李收拾好，免得到时赶不上。

湘语：

汨罗话：书递徛过来**他**(把) 书递过来。

赣语：

常宁话：碗托稳，莫打刮倒**佢**(把) 碗端稳，别（把它）打烂了。（常1）

宿松话：这一碗饭你吃脱掉**佢**你（把）这碗饭吃完。

客家话：

连城话：鸟子赶走**佢**(把) 鸟儿赶走。/钱塞起**佢**(把) 钱收好。

（4）受事宾语 +（施事）+ 动词 + 代词 + 补语

中原官话：

浚县话：（那个羊）栓**他**树上吧(把) 那个羊拴在树上吧。/大衣你捎**他**来吧你（把）大衣带来吧。

平邑话：酱油你递过**他**来你（把）酱油递过来。/盘子收起**他**来(把) 盘子收起来。

客家话：连城话：衫收**佢**转来(把) 衣服收回来。/鸡催**佢**出去(把) 鸡赶出去。

2. 一般动宾句：动词 + 受事宾语 + 代词

在这种结构的代词回指处置句里受事宾语并没有提前，而是一般的"SVO"语序，然后在受事宾语后再紧跟一个代词。例句如下：

湘语：

汨罗话：买哒火车票**他**(把) 火车票买了。/递徛过来书**他**(把) 书递过来。

粤语：

广州话：洗净件衫佢*(把)* *衣服洗干净*。/锁埋道门佢啦*(把)* *门锁上吧*。（广3）/饮晒啲啤酒佢啦*(把)* *这些啤酒喝了吧*。（广1）/你唔食咗个包佢，一阵实饿死你*(你)* *不把这包子吃了，一会儿非饿死你不可*。（广2）

香港话：食晒的饭佢，唔好嘥嘢呀*(将)* *那些饭吃完，不要浪费*。/扫走晒的旧嘢佢，间屋通爽得多啦*(把)* *那些旧东西扫走，房子通爽多了*。

这种采用一般"SVO"语序的代词回指处置句目前笔者只收集到湘语汨罗话和粤语广州话、香港话的例子。

代词回指独用型的处置句也几乎都是用来表达祈使的，各种方言均如此。

以上涉及的30多个方言点涵盖了官话、吴语、湘语、赣语、粤语、闽语及客家话这七大方言区，可见这种句末代词回指处置句式确实是现代汉语方言中普遍存在的现象，下面讨论其在方言中的共性和差异。

二　汉语方言代词回指处置句的共性及差异

（一）共性

代词回指处置句在汉语七大方言区中均有分布，从语义方面来看，其最大共性是这种处置句一般都是用来表达要求或命令，即是一种用来表达祈使的处置句。虽然也有一些表示说话人将要对某物实施某种处理的例子［参见上文第（一）点最后］，但从本次研究收集到的例句来看，表祈使的用法还是绝大多数。

从语表形式来说，其最大共性是用来回指的代词一般跟各方言中第三人称单数形式同形，如西南官话区的"他"、江淮官话、赣语、粤语、客家话的"佢"、吴语、闽语里的"伊"等。虽然用来回指的代词是第三人称单数形式，但回指的宾语并不限于第三人称，可以是第一、二人称，如：把你气死他！（孝感话，殷何辉2010）。所回指的受事宾语也不一定是单数，实际上并不区分单复数。如：这些衣服洗了他（孝感话，殷何辉2010）；将嗰几条友仔捉起佢呀*把那几个家伙抓起来吗？*（广州话，麦耘2003）等。这启示我们，该句式中的这个代词作为代词的指代用法已经虚化，它已经不指代具体事物，而只是回指前面的一个语言单位（受事宾语），在语法形式上占据一个语法位置而已。

在动词的内部结构要求方面，各方言有同有异。具体情况请看表

8-1。表中"×"表示相应结构不能进入该方言的这一句式。

表8-1　　汉语方言代词回指处置句的动词结构差异①

		光杆动词	动+连带成分	动+结果补语	动+趋向补语	动词重叠或动+(一)下(儿)
官话	中原官话	浚县			×	×	×
		罗山				×	×
		确山					
		平邑					
	胶辽官话	牟平	×				×
	冀鲁官话	沧州	×			×	×
	西南官话	武汉				×	×
		常德					×
		荆沙（荆州）				×	×
		公安	×			×	×
		长阳	×			×	×
	江淮官话	孝感	×				×
		英山				×	×
		鄂东（黄冈）				×	×
		九江				×	×
		巢县				×	×
吴语		上海	×			×	
		苏州	×			×	
		杭州	×			×	
湘语		汨罗	×				×
		益阳	×		×	×	×
赣语		鄂南				×	×
		常宁	×				
		宿松	×				

---

①　表8-1主要依据现有各方言已发表的文献资料做成，资料不足时笔者进行了追加调查。追加调查项目及方言点合作人情况参见文末《笔者调查》及附录五。泗洪、温州、潮州、海南四处方言点本次没能进行追加调查，因资料不足未列入此表。

续表

		光杆动词	动+连带成分	动+结果补语	动+趋向补语	动词重叠或动+（一）下（儿）
闽语	泉州	×				×
	福州	×				×
	厦门	×				
	汕头	×				
客家话	梅县	×			×	
	连城	×				×
粤语	广州	×				
	香港	×				

由表 8-1 可知，代词回指处置句中动词内部结构在各方言中表现出的共性是：动词部分最为普遍的语法形式是"动词+连带成分（啊、了等）"和"动词+结果补语"，南北方言皆然。也就是说，汉语各方言的代词回指处置句动词部分一般都可以是"动词+连带成分（啊、了等）"或"动词+结果补语"形式。

（二）差异

这一句式在各方言中的差异主要表现在动词部分、语序和句末的回指代词功能这三个方面。下面逐一讨论。

1. 动词部分的差异

如表 8-1 所示，这一句式在动词内部结构方面表现出极大的差异性。不管是第一类与处置标记共现型还是第二类句末回指代词独用型，各方言对动词部分的要求都有所不同。在动词部分为"光杆动词、动词后加连带成分、动词后带结果补语或趋向补语、动词重叠"这些类型中，有的方言里该句式容认其中的四种甚至全部，如：确山话、平邑话、常德话、常宁话、宿松话、厦门话、广州话等，表明代词回指处置句在这些方言中相当活跃，能产性强。有的方言则只容认其中的两种甚至一种，如浚县话、公安话、益阳话等，表明这些方言里代词回指处置句受限较多，使用不那么自由。更多的方言中该句式是容认其中的三种动词结构，不过，具体是哪三种动词结构能进入代词回指处置句，各方言还是差异明显。比如罗山话、武汉话、九江话的代词回指处置句动词部分可以是"光杆动词、后加连带成分、后加结果补语",却不能是"动词后加趋向补语和动词重叠";汨罗话、连城客家话都容认动词部分为后加连带成分、结果补语和趋向补语,却不容认该句式动词部分为光杆动词和动词重叠;而上海话、苏州话、杭州话容认动词后加连带成分、结果补语和动词重叠,却不容认动词部分为光杆动词和带有趋向补语。

这些差异在方言类型上大致表现为:官话区的多数方言里,代词回指处置句动词部分可以是光杆动词,而吴语、湘语、赣语、闽语、客家话和粤语则都不允许。反过来,南方诸方言如赣语、闽语,客家话和粤语基本都容认动词部分带趋向补语或为重叠形式(包括 V 一下),而官话方言几乎都不行。这两点表现出官话与南方诸方言类型上的显著差异。

至于为什么"动+趋向补语"较"动+了/啊等"和"动+结果补语"难以进入代词回指处置句,笔者认为可以解释如下:代词回指处置句的回指代词,实际上是占据的宾语位置,"动+了/啊等"和"动+结果补语"结构本身都是可以直接后加宾语的,如"吃了饭、吃完饭";而"动+趋向补语"后面则比较难直接后加宾语,如一般不说"收起来东西",而说"东西收起来"。虽然有些趋向补语也是可以后加宾语的,如"买回来一本书""递过来一张纸"等,但这些宾语都必须是不定指的,也就是说,不能说"买回来这本书、递过来那张纸"。而处置句的受事宾语恰恰要求是定指的,这个回指代词也是回指前面的有定宾语,因此就难以进入趋向补语后面了。

2. 语序差异

第二类无处置标记的代词回指独用句,还表现出语序上的极大差异。也就是存在两种完全相反的语序,即受事宾语前置句和一般动宾语序句。前者如罗山话、平邑话、武汉话、常德话、孝感话、九江话、上海话、杭州话、苏州话、益阳话、连城客家话等。大多数方言里代词回指独用句都是采用的这种语序。而采用一般动宾语序,又在句末用回指代词的,如前所述只有湘语汨罗话和粤语广州话、香港话,是相对的少数。

还应该注意的是,广州话和汨罗话具体情况还有不同。实际上这两种方言代词回指处置句既可以采取受事宾语前置的语序，也可以采用通常的"SVO"语序。但两种语序究竟谁为常态，两种方言表现并不一样。在李新魁、黄家教、施其生、麦耘、陈定方（1995：571—572）和饶秉才、欧阳觉亚、周无忌（1981：112）的研究里，都只提到广州话里"动词+受事宾语+回指代词"句式，只有麦耘（2003）提到广州话里也有受事宾语前置的句末代词复指句。可见广州话里应该是一般动宾语序更为常见。① 而在汨罗话里，如果谓语部分为连动式时，可以用受事宾语前置式，却不能用一般动宾语序式。如可以说"衣脱下来浸哒他把衣服脱下来泡着"；却不能说"＊脱下来浸哒衣他"。也就是说一般动宾语序式"所受句法限制更严，很多句法条件下不用"（陈山青、施其生 2011）。可见在汨罗话里，受事宾语前置是这种句式的常态，一般动宾语序的代词回指句受限要多一些。

  从以上分析来看，受事宾语前置还是代词回指处置句的主要形式，这也能顺利地解释该句式产生的原因：受事宾语的前移留下一个空位，于是用一个代词来回指。这也是目前研究者们对这一问题最为普遍的解释（易亚新 2003、王东、罗明月 2007、石毓智、刘春卉 2008、殷何辉 2010、黄晓雪 2011）②。但是，这种"填补空位说"对像粤语广州话那样采用一般动宾语序的代词回指处置式却没有解释力。因为一般动宾句并不存在这样的"空位"。汨罗话中的情况尚可用"类推"来解释，因为汨罗话里受事宾语前置句是更为普遍的形式，因此有可能是从这种情况下的代词回指用法类推，而产生一般动宾语序的用法的。但是，粤语广州话里一般动宾语序的代词回指句是常态句式，类推也不可能。

  袁毓林、徐烈炯（2004）曾对广州话这种语序的代词回指处置句

---

  ① 参见李新魁、黄家教、施其生、麦耘、陈定方《广州方言研究》，广东人民出版社 1995 年版，第 571—572 页；饶秉才、欧阳觉亚、周无忌《广州话方言词典》，香港商务印书馆 1981 年版，第 112 页；麦耘《广州话以"佢"回指受事者的句式》，载《第八届国际粤方言研讨会论文集》，中国社会科学出版社 2003 年版，第 515—524 页。

  ② 参见易亚新《常德方言语法研究》，学苑出版社 2007 年版；王东、罗明月《河南罗山方言"把+O+V+他"式处置式》，《信阳师范学院学报》2007 年第 6 期；石毓智、刘春卉《汉语方言处置式的代词回指现象及其历史探源》，《语文研究》2008 年第 2 期；殷何辉《孝感方言中带句尾成分"它"的主观意愿句》，《汉语学报》2010 年第 3 期；黄晓雪《宿松方言中句末带"佢"的祈使句》，《语言研究》2011 年第 2 期。

的形成做过如下解释①：这里的回指代词指代一个动词性话题，通过复制话题，进而删除谓语核心的述宾结构而保留话题中的述语动词，从而形成这种句式。但是如果按这种解释，这一句式里的句末"佢"是绝不能去掉的，如果去掉就成了只有话题没有述题（comment）的不合格结构了。但是，根据李新魁、黄家教、施其生、麦耘、陈定方（1995）、麦耘（2003），广州话里这种处置句的回指成分"佢"是可以去掉的。因此笔者认为这一解释也还是不能解决问题。粤语里的这种句式可能另有来源，尚需做进一步研究。

3. 回指代词的功能差异

最后，代词回指处置句中代词的功能在各方言中也表现迥异。由于以往的方言研究资料谈到这一问题的并不多，因此本章只能做一个简单地归纳。陈山青、施其生（2011）认为，"复指可以强调处置对象，从而也就加强了动作对对象进行处置的意义"②，并将"用一个代词复指被处置对象"作为与"使用处置介词"对等的一种表处置的手段。可见湘语汨罗话里的"他"还有比较实在的回指功能，这种回指强调了受事宾语从而成为表达处置的一种手段。而广州话"以上大多数例子中的回指成分'佢'可以去掉，句子的基本意思不变，只是有'佢'处置义较强，没有'佢'则处置义较弱"（麦耘 2003）。李新魁、黄家教、施其生、麦耘、陈定方（1995：571—572）也认为，加"佢"有很强的处置义，不加就没有。所以在广州话里"佢"也跟处置义的表达有直接关系。

但是在上海话里，有没有"伊"不影响整个句子的基本语义，只是有"伊"语气显得柔和，而没有的时候语气生硬，有命令的感觉（笔者调查）。武汉方言的回指代词"他"在不同结构中功能不同，至少具有完句作用和舒缓语气功能（参见本章第二节）。常德方言跟武汉话有类似的一面，即光杆动词时"他"隐含结果同时表示完结，具有重要的成句作用（易亚新 2007：289）。但是易亚新（2007）并没有提到语气功能。而在"在 V 后有补语的情况下，主要强调结果的实现和

---

① 袁毓林、徐烈炯：《再议处置性代词句》，《中国语言学论丛》第 3 辑，北京语言大学出版社 2004 年版，第 46—62 页。

② 陈山青、施其生（2011）文章里使用的是"复指"一词，就是本章所说的"回指"。

完结。……可以省略,但省略后完结义消失"(易亚新 2007:289)这一点上,又与武汉话不同,武汉话的"他"没有这种功能。

由于现有方言资料对此问题研究不多,本次的跨方言比较也只能点到为止。但仅就以上几种方言情况来看,代词回指处置句中的回指代词至少表现出回指、帮助表达处置、成句、表示完结、舒缓语气这些功能。它们应该是由回指代词在这种句式中所占的句法位置导致一系列语法化而产生的结果。

三 代词回指处置句的来源

汉语方言中的这种代词回指处置句可以直接在在古代、近代汉语里找到源头。从早期表处置的"将""把"字句里的"之"、到元曲和明清白话小说里的"他"都是如此。如①:

(62)就将符依法命焚之。(冯翊《桂苑丛谈》)

(63)船者乃将此蟾以油熬之。(陆勋《志怪》)

(64)汝将此人要徐杀之勿损皮肉。(《佛说长阿含经》7,后秦)

(65)还把身心细识之。(敦煌文书《维摩诘经讲经文》)

(66)把这个妇人恰待要勒死他。(《元曲选货郎旦/第二折》)

(67)你就先把折椅子院子死和尚给我背开他。(《儿女英雄传》)

(68)我如今趁天师不在,我去把个海来煎干了他,致使他的宝船不能回去。(罗懋登《三宝太监西洋记》41 回)

(69)待我把个窠儿拆了他的,看是何如。(同上第 52 回)

(70)我如今便和你去,看我把这厮和大虎一般结果他。

(施耐庵《水浒传》第 28 回)

(71)不如我将恶淫贼方子华引出去倒好,用调虎离山计,把他调出来拿他。(张杰鑫《三剑侠》第 2 回)

但是有意思的是,以上这些例句大多是表达说话人将要或打算对某物进行某种处理,而不是用作祈使。以《三宝太监西洋记》为例,据

---

① 以下例句(62)—(65)引自袁毓林、徐烈炯《再议处置性代词句》,《中国语言学论丛》第 3 辑,北京语言大学出版社 2004 年版,第 46—62 页。例句(66)、(67)引自占升平《湖南省常宁市方言处置句式研究》,硕士学位论文,湖南师范大学,2005 年,第 36 页。其他例句来自北京大学 CCL 语料库中的明清语料。

王瑞梅（2010）的研究①，该书中共出现1548条把字句，其中代词回指处置句有8条。笔者查看了所有这8条例句，均为表示说话人自己将要或打算对某物做某种处理，没有一例是表祈使的②。但现代汉语方言中的这种句式如前所述主要用来表达祈使。这种用法的转变其实倒不难解释。首先从句法上来看，表达说话人自己意愿的这种处置句如果不出现主语，就有可能被解释为祈使句。比如例（71），如果脱离前文"不如我将恶淫贼方子华引出去倒好"，只单独看后面一个无主句"用调虎离山计，把他调出来拿他"的话，是完全可以理解为要求别人去做的祈使句的。所以从句法条件上来说，这种处置句转为祈使用法是可能的。

再从语义来看，正如刘丹青所指出的那样，"愿望和祈使都是说话人希望出现的情况，区别只在是否一定要求听者行动。"而且"祈使和愿望在更高层面上都是非现实状态"（刘丹青编著2017：488）③，这也和这种代词回指处置句在很多方言中都只用于表未完成的特征相吻合（徐烈炯、邵敬敏1998：84；易亚新2007：286；殷何辉2010；小嶋2010）④。如易亚新（2007：286）描述的常德方言"早晨起来把地扫他（未扫）。"可以用"他"字句，而如果"已经扫了"就只能说成"早晨起来把地扫哒"了。可见这种代词回指处置句不论在语义还是在句法上都具备了转为表达祈使的条件，所以在现在各方言中主要用来表达祈使也不足为怪了。

本节依据现有方言研究成果和笔者调查，详细考察了代词回指处置句在汉语方言中的类型和差异。研究表明官话（包括中原官话、冀鲁官话、西南官话、江淮官话）、吴语、湘语、赣语、粤语、客家话这七大

---

① 参见王瑞梅《〈西洋记〉把字句句法结构分析》，《湖北第二师范学院学报》2010年第27卷第6期。

② 这8个代词回指处置句除了正文中已引两例外，其余6句如下：长老道："你与我把前面的无名鬼退了他。"（28回）/三宝老爷道："死之一字，再不消疑。只说这个单头鬼，把怎么处他？"（31回）/你今日既不肯去，我把天下的山都收了他，看你睡在那里。（44回）/左右头目说道："这四个躯壳，把怎么处他？"（61回）/请教天师，把这个鹿皮怎么处治他？（71回）/叫刀斧手过来，一概都砍了他的头，把这满城番子都血洗了他。（第84回）

③ 刘丹青：《语法调查研究手册（第二版）》，上海教育出版社2017年版，第488页。

④ 参见徐烈炯、邵敬敏《上海方言语法研究》，华东师范大学出版社1998年版，第84页。小嶋美由紀「上海語と粤語における再述代名詞と非現実ムード」，『言語情報科学』2010年第8卷。

方言区里都有此类句式，且从形式上来说主要有两大类——与处置标记共现型和代词回指独用型。

代词回指处置句在汉语诸方言中表现出以下三点共性：1. 用来回指的代词一般跟该方言中第三人称单数形式同形且多居于句末。但回指的宾语并不限于第三人称，所回指的受事宾语也不一定是单数。2. 动词部分最为普遍的形式是"动词＋连带成分（啊、了等）或结果补语"，南北皆然。3. 从语义上来说，这种句式主要用来表达祈使。

该句式在汉语诸方言中表现出的差异为：1. 各方言对该句式动词部分的要求不同。部分官话方言容认该句式的动词部分为光杆动词，而吴语、湘语、赣语、粤语和客家话等南方方言则都不允许。但是对"动词＋趋向补语"和"动词重叠（或V一下）"的容认度南方方言比官话方言高。2. 独用型代词回指处置句存在两种完全相反的语序：受事宾语前置句和一般动宾语序句。但以第一种居多，采用一般动宾语序又用代词回指的目前只收集到粤语广州话、香港话和湘语汨罗话的例子。3. 用来回指的代词在不同方言里作用不同，至少表现出回指、帮助表达处置、成句、表示完结、舒缓语气这些功能。

这种代词回指处置句可以在古代、近代汉语中找到源头，但目前的"填补空位说"无法解释像粤语广州话那样采用一般语序的代词回指处置句产生的原因。

〈例句出处〉※以音序排列

沧州话：魏兆惠 2011　　长阳话：覃金玉 2008　　常德话：易亚新 2007：282—285　　常宁话：常 1（占升平 2005：32）、常 2（占升平 2005：31）

曹县话：黄 4（黄伯荣主编 1996：656）　　潮州话：袁家骅 1983：279

鄂东话：汪化云 2004：220　　鄂南话：黄 3（黄伯荣主编 1996：662）

福州话：陈泽平 1997　　公安话：朱冠明 2005

广州话：广 1（李新魁、黄家教等 1995：571）、广 2（麦耘 2003）、广 3（饶秉才、欧阳觉亚、周无忌 1981：112）

海南话：袁家骅 1983：279　　杭州话：钱乃荣 1992：112

荆沙话：王群生 1994：268　　九江话：干敏 2011

连城话：项梦冰 1997：421—442　　罗山话：王东、罗明月 2007

梅县话：魏兆慧 2011　　汨罗话：陈山青、施其生 2011

牟平话：黄 1（黄伯荣主编 1996：440）　　泉州话：李如龙 1997

确山话：石毓智、刘春卉 2008　　汕头话：施其生 1997

上海话：上 1（徐烈炯、邵敬敏 1998：82）、上 2（许宝华、汤珍珠 1998：482）、上 3（黄伯荣主编 1996：656）

泗洪话：周琴 2008　　苏州话：刘丹青 1997　　宿松话：黄晓雪 2009

温州话：潘悟云 1997　　厦门话：周长楫 1993：249　　香港话：张双庆 1997

孝感话：孝 1（殷何辉 2010）、孝 2（左林霞 2001）浚县话：辛永芬 2011

益阳话：徐慧 2001：287　　英山话：黄 2（黄伯荣主编 1996：659）

〈笔者调查〉调查合作人（方言点：调查合作人姓氏、性别、调查时年龄）

沧州：①苑男 80、②魏女 25　　长阳：陈男 59　　曹县：翟男 60 多；

黄冈：黄男 45　　通城：胡男 58　　通山：焦男 23　　福州：王男 20；

公安：杨女 22　　广州：廖女 22　　杭州：①徐女 33、②贾女 25；

荆沙（荆州）：①万男 47、②胡女 21　　九江：曹男 40；

连城：项男 50　　梅县：①肖男 35、②李女 30 多　　汨罗：陈男 20 多；

牟平：①刘男 80 多、②罗男 54、③刘女 30 多、④王女 31；

平邑：孟男 50 多　　泉州：陈女 21　　确山：谭男 60　　汕头：陈女 25；

上海：王女 32　　苏州：石男 66　　厦门：林男 22　　香港：李男 26；

孝感：王男 44　　浚县：贾男 40 多　　益阳：徐女 58　　英山：王男 28。

附录五　汉语方言代词回指处置句追加调查问卷

一、调查问卷 1（用于官话区）

下面的句子在您的方言里是否能说。能说请在句后画上"○"，如果不能说，请说出（写出）您方言的说法。

(1) 把酒喝他。

(2) 酒喝他。

(3) 把这些菜都吃完他。

(4) 这些菜都吃完他。

(5) 把衣服洗了他。

(6) 衣服洗了他。

(7) 把衣服洗洗他。/把衣服洗（一）下他。

(8) 衣服洗洗他。/衣服洗（一）下他。

(9) 把酱油递过来他。

(10) 酱油递过来他。

(11) 把盘子收起来他。

(12) 盘子收起来他。

(13) 把这些菜都吃完。

(14) 把菜热热。或者：把菜热（一）下。

(15) 把衣服洗洗。或者：把衣服洗（一）下。

(16) 你把酒喝了。

(17) 把酱油递过来。

二、调查问卷 2（用于闽语、客家话和粤语区）

下面这样的情况，用您的方言怎么说。

(1) 请别人把门打开。
(2) 要朋友把这杯酒喝了。
(3) 对别人说：把这件衣服洗洗。
(4) 妈妈让你：把房间收拾收拾。
(5) 妈妈对你说：把这些菜都吃完，别剩下。
(6) 请别人把酱油递过来。
(7) 妈妈让你：把垃圾都扔出去。

第四节　武汉方言的被动句

被动句是指表示被动意义的句子。汉语中的被动句一般有广狭之分。广义的被动句既包括带被动标记的被动句，也包括不用被动标记的被动句。狭义的则指使用了各种被动标记的句子。本节讨论武汉方言的被动句，使用广义被动句的概念，既描写有标记的被动句，也讨论没有标记的被动句。

一　受事+把/把得/把倒+施事+动词

在动词前用"把、把得、把倒"引进施事，而主语又是动词的受事，这一格式是武汉方言中表达被动的基本形式。例：

(72) 凳子把他踩垮了。
(73) 包包把倒别个划了，还好冇偷倒么事。
(74) 莫把他看倒了。
(75) 他们说的都把得我听倒了，莫以为我还不晓得。
(76) 钥匙把我锁倒屋里了，正咱进不去。

这里的"把"和"把倒""把得"可以自由替换，意思不会发生变化。如例（72）也可以说成"凳子把倒他踩垮了。""凳子把得他踩垮了。""把倒"和"把得"只是音转而已，没有什么不同。而"把"呢，笔者认为应该是早于"把倒"和"把得"的被动标记。因为它同时又在武汉话里作为处置标记使用（关于"把"作为处置、被动标记的来源问题，将在第五节做专门讨论），所以为了避免歧义，才会在后面附上"倒"或"得"，强调后面引入的是动作施事，慢慢就形成"把倒"和"把得"的说法。这也是语言系统自身的内部调节机能。

除了"把"、"把倒"和"把得"这三个被动标记，朱建颂（2009：36—37）认为"叫"也是武汉方言的被动标记之一，能和"把得"互换使用①。但根据笔者本次的调查和掌握的语料来看，"叫"在武汉方言里还是表使役的用法居多，大概相当于"让"。如：

（77）爸爸叫我来告诉你，他今天不回来吃饭了。

（78）他们叫众人一帮一帮的，坐倒草地上。

（79）不要叫人晓得这事。

例（77）和（78）表示使役，这是毋庸置疑的。因为这两个句子的主语"爸爸、他们"都是施事。而例（79）就比较模糊，既可以理解为使役，也可以理解为被动，因为这个句子省略了主语。如果将主语理解为施事，就成了"你不要叫人晓得这事"，那就是个使役句。而如果将主语理解为受事，那就是"不要被人晓得这事"，那就是个被动句。这样省略主语的"叫"字句进一步发展，就有可能产生下面这样的句子：

（80）也不晓得是叫么虫子咬了，又红又肿，蛮痒。

这就已经是被动句了。因为前面的主语只能补充为受事，而不可能是施事，理由是谁也不能指挥虫子去咬人。

不过武汉方言里，这种"叫"的用法并不多，这样的时候，一般用"把""把倒"或"把得"，说成"也不晓得是把么虫子咬了"等。所以笔者认为武汉方言里的"叫"还不能算是被动标记。

二 关于"被"字句

武汉方言口语中没有"被"字句，但是书面语的话，也不能说就不用。笔者调查了两个文本，一个是以日本人为对象的武汉方言教材《汉口语自佐》中的对话部分，另一个是《马可福音》的武汉方言译本，结果发现，在《汉口语自佐》对话部分大约9000多字的语料里，没有一例被字句。表示被动在该书中一般用无标记的意合被动句。在《马可福音》16个章节、21000多字的语料里，也只有如下19个"被"

---

① 朱建颂：《武汉方言概要》，华中师范大学出版社2009年版，第36—37页。

字句：

(81) 在会堂有一个人，被污鬼附着。(CH. 1)

(82) 有人带着一切害病的，和被鬼附的，来到耶稣跟前。(CH. 1)

(83) 他是被别西卜附着的。(CH. 3)

(84) 这话是因为他们说，他是被污鬼附着的。(CH. 3)

(85) 耶稣一下船，就有一个被污鬼附着的人，从坟茔里出来迎着他。(CH. 5)

(86) 铁链竟被他挣断了，脚镣也被他弄碎了。(CH. 5)

(87) 看见那被鬼附着的人，就是从前被群鬼所附的，坐着。(CH. 5)

(88) 大凡先知，除了本地亲属本家以外，没有不被人尊敬的。(CH. 6)

(89) 当下有一个妇人，她的小女儿被污鬼附着。(CH. 7)

(90) 他要受很多的苦，被人轻慢呢。(CH. 9)

(91) 我带了我的儿子到你这里来，他被哑巴鬼附着。(CH. 9)

(92) 人子将要被交在人手里，……被杀以后，过三天他要复活。(CH. 9)

(93) 强如有两只眼被丢在地狱里。(CH. 9)

(94) 人子将要被交给祭司长和文士。(CH. 10)

(95) 有被他们打的，有被他们杀的。(CH. 12)

(96) 将来在这里没有一块石头留在石头上，不被拆毁了。(CH. 13)

(97) 这就应了经上的话说，他被列在罪犯之中。(CH. 15)

(98) 他们听见耶稣活了，被玛利亚看见，却是不信。(CH. 16)

(99) 不信的必被定罪。(CH. 16)

这些用"被"的句子显然非常书面语。而且 19 个句子中，有 8 个都是"被鬼附着"这一说法，占了将近一半，说明"被"的用法还是很不普遍的。

不过，本次研究所考察的这两本书的语料，都是 20 世纪初期的武汉方言。现在受汉语共同语的影响，年轻人的口语中也出现了使用被字句的情况，因此只能说，地道的武汉方言口语里一般是不用被字句的。

三 意合被动句

意合被动句，就是没有被动标记，但表示被动意义的句子。如：

（100）我们在湖南办的货，都搁在路上不能来。

（101）脸晒红了。

（102）所以他们吓怕了，再不敢来了。

（103）她当然不动弹了咧，太婆她早熏过去了。

（104）那个老几那个人唱糊涂了。

例（100）是说"货被耽搁在路上"；例（101）当然是"脸被晒红了"的意思；例（102）和（103）也都是表示"被吓怕了"和"被（煤气）熏过去了"的意思。例（104）如果没有前后文可能比较难理解，原文前后的内容是这样的：有个人对别人说话都用唱歌的方式，有一天家里来了个修水管的工人，他也用唱歌的方式说话，结果"那个人被他唱糊涂了"这样的意思。可见，无标记的被动句，有时缺乏语境就很难理解。但是，在武汉方言里，这种表达却并不少，也就是说，武汉方言口语中，意合被动句也是很常见的。

以上详细描写了武汉方言被动的表达系统。武汉方言有三个被动标记"把""把倒"和"把得"，他们可以互换使用，在语义及用法上没有什么区别。地道的武汉方言口语一般不用被字句，现在受汉语共同语的影响，年轻人也开始使用。无标记的意合被动句在武汉方言口语中也是很常见的。

第五节 处置、被动共用同一标记现象

本章前几节对武汉方言处置和被动表达系统进行了详细的描写和分析，从前面的描写中我们也可以看到一个现象，那就是武汉方言的"把"既可以用来引介受事表处置，也可以用来引介施事表被动，这是一个很有意思的语言现象。本节将专门讨论这一问题，并将这一现象放在汉语史、汉语方言及其他语言这样历时和共时两个平面上来考察。

关于普通话表处置义的介词"把"的来源，已经有相当多的研究，

目前比较一致的看法是上古汉语表"持拿"义的动词"把"由于也出现在连动式首动词位置，经由重新分析在隋唐已经出现介词用法，常被引用的例子"莫把杭州刺史欺"，就是由动词语法化为介词的过渡阶段。蒋绍愚（2003）又通过对古代汉语"给、教"类给予动词语法化的考察，论证了给予动词经过使役化进而由使役发展到表被动的过程。洪波、赵茗（2005）还进一步指出这种语法化的动因是认知上的前景凸显因素导致原结构的重新分析而发生的。就此普通话处置标记"把"、被动标记"被"的语法化轨迹已经比较清晰。在普通话里，这两类句式的语法标记来源互不交叉，与人类语言施事标记和受事标记的来源相互对立的普遍规律相符（石毓智、王统尚2009）①。

但是，一旦把视线转向汉语方言，情况就复杂多了。朱德熙（1982：179）早就注意到北京话中的"给"既可引出施事，又可引出受事。②徐丹（1992）进一步指出"给"的这种身兼二职的用法，在北京话的口语中尤为常见。并且开始注意到南方方言也有类似的例子。③Wu Yunji（1999）考察了湖南境内107种方言发现，在湘南双语区的益阳话、双牌话、郴州话、蓝山话、江永话、嘉禾话、宜章话、宁远话、临武话、常宁话、冷水江话、汝城话12种方言中，都存在处置标记和被动标记同形的现象。④石毓智、王统尚（2009）更指出汉语方言中处置式和被动式共标记现象地域分布广泛，也不限于某一大方言区。比如鄂东话、涟源话、宿松话、长沙话、休宁话、交城话、新绛话、郯城话等，包括了山西、河南、山东、湖北、湖南、江西、安徽、江苏等地区，方言类型包括了官话方言、湘方言、赣方言、晋语等。但是，到目前为止，并没有文章具体研究某一种方言里这种处置式和被动式同一标

---

① 具体参见蒋绍愚《"给"字句、"教"字句表被动的来源——兼谈语法化、类推和功能扩展》，载吴福祥、洪波主编《语法化与语法研究（一）》，商务印书馆2003年版，第202—223页。洪波、赵茗《汉语给与动词的使役化及使役动词的被动介词化》，载沈家煊、吴福祥、马贝加主编《语法化与语法研究（二）》，商务印书馆2005年版，第36—52页。石毓智、王统尚《方言中处置式和被动式拥有共同标记的原因》，《汉语学报》2009年第2期。

② 朱德熙：《语法讲义》，商务印书馆1982年版，第179页。

③ 徐丹：《北京话中的语法标记词"给"》，《方言》1992年第1期。

④ Wu Yunji, "An Etymological Study of Disposal and Passive Markers in Hunan Dialects", *Journal of Chinese Linguistics* Vol. 27, No. 2, 1999, pp. 90–123.

记形成的语法化过程,因此这一现象究竟是如何产生的并不清楚。

武汉方言"把"的用法很多,既可以表处置,又可以表使役和被动,且还存在动词的用法。所以正是分析这一处置、被动标记同形现象的很好语料。远藤雅裕(2004)、曹茜蕾(2007)都将武汉方言处置标记"把"的来源划定在给予义动词类,但笔者通过对武汉方言"把"各种用法的全面考察发现,实际上武汉方言"把"的语法化存在两条路径,处置标记的"把"并不来自给予义动词,而是源自持拿义动词。表被动的"把"才是源自给予义动词。本节将从语言事实出发,通过对武汉方言"把"的各种用法的梳理,详细论证武汉方言"把"的两条语法化路径,从而为汉语方言中广泛存在的处置式和被动式标记同形现象的来源提供一个可能的解释。

一 武汉方言"把"的共时分布

下面先把武汉方言"把"的共时分布情况归纳如下。

(一) 简单动宾句

"把"为"给予"义。例:

(105) 我正准备把钱后闪人。

(106) 少把点盐,免得又咸了。

(107) 这是哪个谁把你的啊?

"把"后的宾语可以是人(例107),也可以是物(例105、106)。是人时表示动作给予的对象,也可以说是给予动作的终点。是物时为动词"把"的受事。

(二) 把 + N_1(物) + N_2(人)

双宾语句。跟普通话不同,武汉方言双宾语句的宾语顺序是直接宾语在前,间接宾语在后。例:

(108) 你来一哈,我把本书你。

(109) 才将刚才我把了10块钱你,你还有找钱我咧。

在间接宾语后面还可以再出现一个动词。例:

(110) 快,快,把杯水我喝,干渴死我了。

(111) 来,叫姨,叫了把糖糖你吃。

N_2是"把"的间接宾语,同时又是后一个动词的施事。"把"既可以解释为"拿"义，也可以解释为"给"义。

(三) 把 + N + V + 他

表处置。动词后必有复指代词"他"，复指"把"后面的受事宾语。例：

(112) 快把门口的雪铲他。

(113) 你快点把渣滓倒了他。

(114) 把水倒他，再重新泡。

例（112）"把"后的宾语"门口的雪"是动词"铲"的受事，而"铲"后出现的代词"他"又来复制前面的"雪"。后面几例皆同。这一句式在武汉方言里主要用来表达祈使。

(四) 把 + N + V

这一形式"把"后宾语功能不同，语义也完全不同。具体来说有以下 3 类：

1. 连动式。"把"后宾语是后一动作、行为凭借的工具。例：

(115) 把干净袱子毛巾揩手。

(116) 把筷子拈，莫把手抓。

(117) 莫把锅铲尽搅。

这里的"把"既可以解释为"拿"，也可以解释为"用"，但不管怎样，"把"后面的宾语部分是后一个动词的工具。比如"把干净袱子揩手"，"干净袱子"是"擦手"的工具；"把手抓"手是抓的工具；"把锅铲尽搅"锅铲也是搅的工具。因此在这个连动式里"把"已经明显不是句子的中心动词了，而是类似于一个工具格。

2. 把 + N（给予对象/V 的施事）+ V。使役句。"把"后宾语既是"把"给予动作的终点，又是后面动作的施事。表达容许、听任等语义。例：

(118) 我们两个人说话，凭么事要把你听清白咧？

(119) 这个洋东西把我用，我也不会用。

(120) 这瓶酒莫把老王喝光了。

(121) 把我说，你们这些点子哈是治标不治本的。

3. 把 + N（V 的施事）+ VP。被动句。与上一结构基本同形，但施事进入"把"后面的宾语位置，且句子表示不如意、意外语义。例：

(122) 蛮好的东西都把他糟蹋了。

(123) 钥匙把我锁倒屋里了，正咱进不了门。

(124) 都怪我不小心说岔了，把他晓得了。

(125) 她们说的都把我听倒了。

（五）把 + N_1 + V + N_2

"把"后 N_1 是后面动词的受事，但这里的动词并不具动作性，表现的只是对"把"的宾语的认识或意愿。例：

(126) 武汉人把吃零食叫打杂。

(127) 他这样叫_{称呼}，是把你当拐子_{哥哥}，自己人吵。

（六）把 + N + V + 补语

这一结构中，V 后出现各种补语形式，是典型的处置句。例：

(128) 你们把他遣起走_{赶走}。

(129) 老爹们把这一笔差事下了地做完，再来跟你算总账。

(130) 这两天出门真是把我扳烦死了。

(131) 把自己打扮得蛮是那回事。

这一结构的动词后部分，除了以上这些补语以外，还可以是一些表示程度高的固定表达。例：

(132) 冇得几大个事，你莫把他不得了。

(133) 把他德罗_{得意、自满的样子}得！

(134) 他这样一说，把我喜得了_{高兴坏了}。

这些例子里的"不得了、德罗得、喜得了"分别表示"非常在意、异常得意、高兴极了"等语义，都是武汉方言里的一些固定俗语词，表达程度高、极端。

（七）V + 把

"把"用在动词后，介引动作的对象。例：

(135) 那一半你卖把哪一家了？

(136) 你这里的事情交把哪一个呢？

(137) 别个送把我的，我也不用，你拿去用去。

"卖把哪一家了"的"哪一家"就是"卖"的对象；"交把哪一个"的"哪一个"也正是"交"的对象。例（137）也是如此。

二 "把"成为处置标记的语法化途径

从以上武汉方言"把"的共时分布可知,"把"既是处置标记,同时也可以表示使役和被动。① 下面文章对这些用法进行梳理,从中找到"把"同时兼表处置和被动的语法化轨迹。

把,最初是"持拿"义动词,这是毋庸置疑的。《说文》释"把"为"握也。从手巴声"。可见"把"最早就是做动词用的。武汉方言里"把"也还有"拿"的意思,在结构"把+N_1(物)+N_2(人)"里"把"就还有"拿"的意思。如"把杯水我喝"也就是"拿杯水我喝"。而在连动式"把干净袄子揩手、把筷子拈"这样的例子里,"把"虽然仍有"拿"的意思,但明显动词性减弱,"把"结构也不再是句子的中心成分,而成为表工具、手段的边缘成分,这为"把"语法化为介词提供了可能。

"把+N+V+他"虽然在结构上与连动式基本一样,但这时的"把"后名词宾语已经不是工具格,而是后一动词的受事,如"把雪铲他、把水倒他","把"后的宾语"雪、水"分别是动词"铲、倒"的受事。当受事进入"把+N+V+他"结构的 N 位置,处置义就产生了。只是这一结构的最后还有一个复指受事宾语的"他"。远藤雅裕(2004)认为这个句尾的复指宾语起强调处置的作用。但如果复指宾语是起强调作用,那也就是说如果不需要强调的话,是可以去除的。但武汉方言的这一结构中"他"是不能去掉的,去掉后整个处置句无法成立。② 因此笔者认为,这实际上是"把+N+V+他"成为处置句式后,对动词部分的要求,也就是说在处置句中,动词不能是光杆动词。因此需要这个句尾复指代词才能成句。武汉方言中还有不用"把",而以"受事宾语+动词+他"格式来表示处置义的形式。这一构式里的句尾复指代词"他"也是起完句作用的(具体参见本章第二节第二点),可以算是一个旁证。

然后,当各种补语进入这一动词后的复指宾语位置时,"把+N+

---

① 这里说武汉方言的"把"可以表处置、使役和被动,但并不是说武汉方言表达处置、使役、被动就一定要用"把"。具体参见本章第二、三节。

② 关于处置句里代词复指是否表强调,不同方言情况不同。本章第三节已有详细讨论。

V+补语"、"把+N₁+V+N₂"那样典型的处置句就产生了,"把"就被重新分析为处置标记。就此,"把"作为处置标记的语法化过程就完成了。

三 "把"成为被动标记的语法化途径

再来看另一条线。在双宾语结构"把 + N₁（物）+ N₂（人）"里,"把"可以解释为"拿",但已经出现了"给予"义。如"把本书你"可以解释成"拿本书你",但也可以解释为"给本书你"。"把杯水我喝"可以解释为"拿杯水我喝",也可以解释为"给杯水我喝"。可见,在这样的双宾结构中,"把"的"持拿"义和"给予"义是纠结的,也就是说在同一结构中是可以两解的。这在语义上不难理解,拥有者往往就是给予者,所以从拥有发展出给予义也是自然的。加上这时的"把"处于一个双宾语结构,后面同时出现给予物和给予对象,因此也帮助了"把"向"给予"义的转化。

黄晓雪、李崇兴（2004）在考察近代汉语的"把"时发现,明清时"把"已经有了比较明确的"给予"义。如①：

（138）那有白使人不把银子之理！（《绿牡丹》21回）

（139）你可有盘缠？把些儿我去。（《西游记》76回）

（140）况他又心慈,见那些穷亲戚,自己吃不成也要把人吃,穿不成的也要把人穿。（《儒林外史》5回）

这些"把"字后面可以跟直接宾语,如例（138）；可以跟间接宾语,如例（140）。黄还进一步指出如果是双宾句的话,一定是直接宾语在前,间接宾语在后,如例（139）。间接宾语前,直接宾语后的例子没有发现。这种情况跟武汉方言完全一样,因此,我们有理由认为武汉方言的"把"也是通过这种途径衍生出"给予"义的。

在简单动宾句里,例（105）—（107）都是"把"做"给予"动词的例子。而且,"把"的给予义产生后,"把+给予对象"共现的机会增多,他甚至可以出现在另一个动词后,如例（135）—（137）。出

---

① 例句（138）—（140）转引自黄晓雪、李崇兴《方言中"把"的给予义的来源》,《语言研究》2004年第4期。

现在动词后这一位置，为"把"进一步语法化提供了条件。动词后的"把"已经不再是动词，成为介引给予对象的介词。

当这个给予对象，又是后一个动词的施事，也就是出现在结构"把+N（给予对象/V的施事）+V"中时，就成了使役用法。如"这个洋东西把我用，我也不会用"等。"我"是"给予"的对象，又是"用"的施事。蒋绍愚（2003）在研究古代汉语给予动词语法化为使役标记时曾经指出，给予义动词能出现在"N_1（施事）+V_1（给予义动词）+N_2（给予对象/V_2的施事）+V_2"的结构中，且必须出现在这种结构中，给予动词才能发生使役化。武汉方言里的"把"正好就是出现在这种结构中，所以得以使役化。

再看例（120）：这瓶酒莫把老王喝光了。这个使役句里的主语"这瓶酒"是动作"喝"的受事，而"把"后又出现的是动作的施事"老王"，这就给武汉话"把"向结构"把+N（V的施事）+VP"表被动的转化提供了条件。因为汉语施受同形，当主语位置出现受事，而"把"后宾语又是后面动词的施事的时候，"受事+把+N（V的施事）+VP"这样的被动句式就产生了。经过重新分析，"把"也就成为被动标记。

而且，武汉话的"把"使役句，都不是表达使役强度高的命令型和致使型[①]，而是使役程度弱的容让型。如例（118）—（121）等都是听任、容许语义。据洪波、赵茗（2005）对古代汉语使役动词的被动化研究表明，只有容让型使役动词才能被动介词化。武汉方言的"把"也很符合这一条件，因此武汉话的"把"最终也成为被动标记。

四　处置和被动共用同一标记现象的讨论

关于处置式和被动式同标记现象产生的原因，徐丹（1992）、Wu Yunji（1999）、石毓智、王统尚（2009）都曾进行过探讨，归纳起来理由主要有以下3点：A."给予"类动词矢量特征是中性的，因此有朝"授受"两个相反方向发展的可能；B."给予"类动词能用在双宾语结

---

① 洪波、赵茗（2005）认为使役范畴的使役强度连续统大体可分为3个等级，命令型——高强度使役、致使型——中强度使役和容让型——弱强度使役。另参见冯春田《近代汉语语法研究》，山东教育出版社2000年版。

构中，然后通过省略或前移间接宾语或直接宾语，就产生了处置式和被动式。C. 汉语处置式和被动式本来就是很近似的结构。

但是，笔者通过这次对武汉方言"把"语法化过程的具体考察发现，虽然在最后的结果上"把"同时成为处置标记和被动标记，但其实他们的来源并不相同。处置标记直接来源于持拿义动词，经由连动重新分析而来；而被动标记的"把"直接来自使役标记，跟处置标记无关。这跟张敏（2010）得到的"语义地图模型"结果一致（图8-1转引自张敏2010）①：

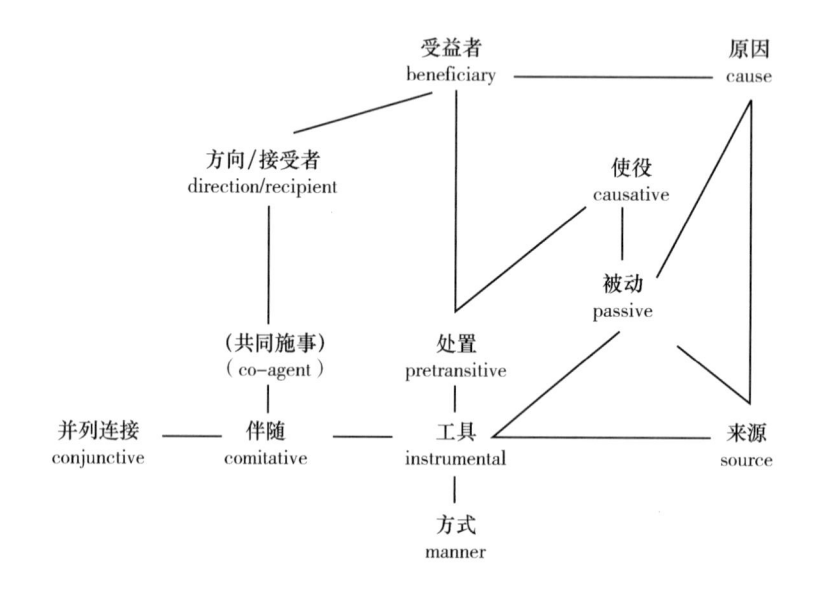

图8-1 张敏（2010）的语义地图模型

处置标记分别在两个不同方向与工具语标记和受益者标记直接相邻，而与被动标记等无法直接联系（张敏，2011）②。武汉方言的处置标记"把"在连动句里恰恰就是作工具格（例句115—117）。另外，武汉方言的"把"字被动句，后面都不能省略施事，也就是说，比如例

---

① 张敏：《语义地图模型：原理、操作及在汉语多功能语法形式研究中的应用》，《语言学论丛》2010年总42期。
② 张敏：《汉语方言双及物结构南北差异的成因：类型学研究引发的新问题》，《中国语言学集刊》2011年第4卷第2期。

句（122）"蛮好的东西都把他糟蹋了"不能说成"*蛮好的东西都把糟蹋了"。这正是因为这儿的被动标记"把"来自使役的原因。凡是从使役发展而来的被动标记都不能省去施事，比如现代汉语共同语的"叫、让"也是这样。①

武汉方言"把"从持拿义动词发展成被动标记的过程，还可以在近代汉语中得到印证。黄晓雪（2010）在研究近代汉语被动式时，找到了完全相同的语法化轨迹。例句如下②：

（141）你不把俺一分钱财，我也无伴米儿公房。（《元刊杂剧三十种·散家财天赐老生儿》三折）

（142）这明明是天赐我两个横财，不取了他的，倒把别人取了去？（《杀狗劝夫》二折）

（143）你是男子汉大丈夫，把人骂了乌龟王八，看你如何做人？（明无名氏《欢喜冤家》1回）

例（141）是元代用例，"把"为"给予"动词；例（142）是元明用例，"把"表使役；例（143）是明代用例，"把"已经成为被动标记。吴福祥（2011）在研究了侗台语被动式的来源及层次后，最后将汉语及侗台语被动标记的语义演变路径归纳为四种，其中的第三种"给予"型被动标记的演化路径，也跟武汉方言完全一致。因此，我们有足够的理由认为武汉方言"把"的语法化是经历了两条路径，而不是被动、处置一条线发展而来。而且这一语法化轨迹也有历时和共时的证明。

当然，上面提到的那些处置、被动标记同形现象的语言和方言类型都不同，很难说产生这种现象的原因会一样。因此深入语言内部进行详细的考察和分析是必要的，笔者希望提供了一个这样的研究个案。

---

① 现代汉语共同语的被动标记"被"不一样。"被"来自"suffer（遭受）"义动词，其语法化轨迹参见吴福祥《侗台语被动式的层次和渊源》（提纲），第六届汉语语法化问题国际学术研讨会论文，西安，2011年8月。另外，从"suffer（遭受）"义发展为被动标记有相当的语言共性，Heine &Kuteva, *World Lexicon of Grammaticalization*, Cambridge: Cambridge University Press, 2002, p.333 也记有这一演变路径。

② 例句（141）—（143）转引自黄晓雪《"持拿"义动词的演变模式及认知解释》，《语文研究》2010年第3期。

五　小结

通过以上考察笔者认为，武汉方言"把"作处置标记的来源是持拿义动词"把"。而做被动标记的来源是："把"由持拿义转生出给予义，然后由给予义经使役化最后成为被动标记。这两条语法化路径可以具体概括如图8-2所示。

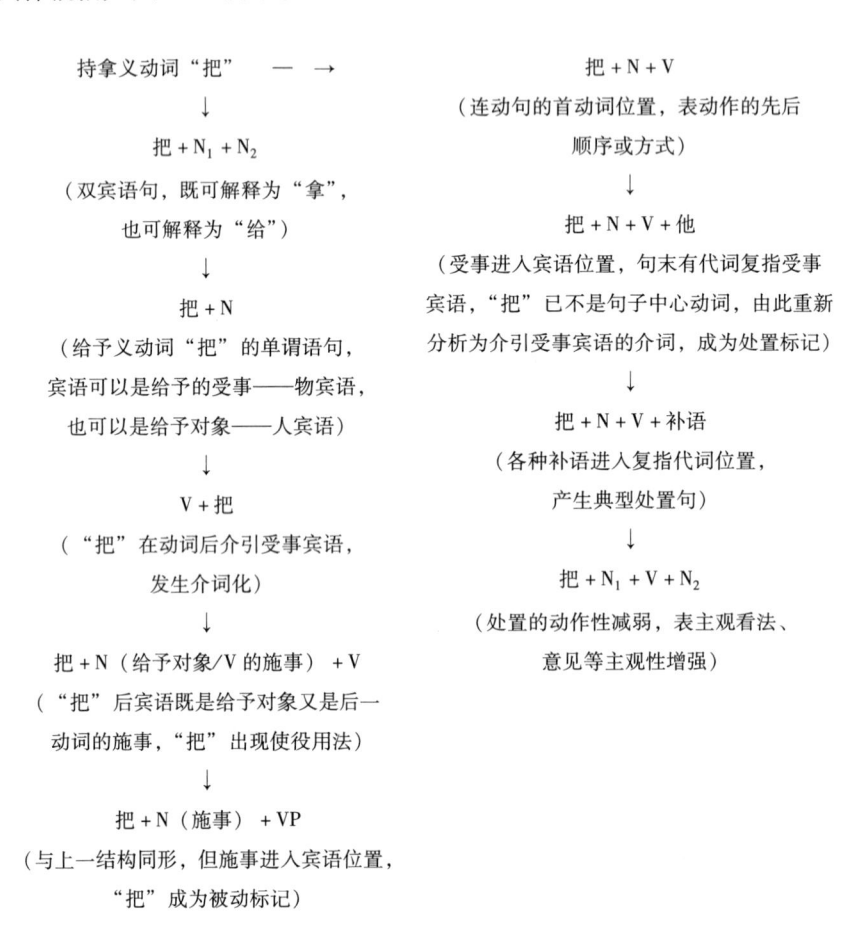

持拿义动词"把" ——→
↓
把 + N_1 + N_2
（双宾语句，既可解释为"拿"，
也可解释为"给"）
↓
把 + N
（给予义动词"把"的单谓语句，
宾语可以是给予的受事——物宾语，
也可以是给予对象——人宾语）
↓
V + 把
（"把"在动词后介引受事宾语，
发生介词化）
↓
把 + N（给予对象/V 的施事）+ V
（"把"后宾语既是给予对象又是后一
动词的施事，"把"出现使役用法）
↓
把 + N（施事）+ VP
（与上一结构同形，但施事进入宾语位置，
"把"成为被动标记）

把 + N + V
（连动句的首动词位置，表动作的先后
顺序或方式）
↓
把 + N + V + 他
（受事进入宾语位置，句末有代词复指受事
宾语，"把"已不是句子中心动词，由此重新
分析为介引受事宾语的介词，成为处置标记）
↓
把 + N + V + 补语
（各种补语进入复指代词位置，
产生典型处置句）
↓
把 + N_1 + V + N_2
（处置的动作性减弱，表主观看法、
意见等主观性增强）

图8-2　武汉方言"把"的语法化路径

由持拿义动词语法化为处置标记，具有相当的普遍性。除了武汉方言和汉语普通话，南方一些方言如粤语、闽语的"将"（李如龙、张双庆主编 2000：239、151；黄伯荣主编 1996：662）；客家话、吴语、赣

语（江西省内）的"拿"等（李如龙、张双庆主编2000：223；黄伯荣主编1996：659、662）都是这种表现。吴福祥（2009a）还观察到南方19种民族语言如黎语、傣语、布依语、侗语、壮语、苗语等也有同样的语法化过程。①

至于"给予＞使役＞被动"的语法化链，目前还没有广泛的研究报告。Heine &Kuteva（2002）考察了世界上差不多500种语言，列举了400多个语法化链，但是这里只有"给予＞使役"语法化过程（Heine &Kuteva 2002：152），而没有"使役＞被动"的语法化过程。不过，Haspelmath（1990）、Chappell &Peyraube（2006）提到了由使役标记变为被动标记的语法化过程（passives from causatives），只不过Haspelmath（1990）指出这中间需要经过一个"反身性使役"（reflexive-causative）的中间阶段。② 这个我们在汉语中目前还没有观察到。张丽丽（2006）、吴福祥（2011）都指出通古斯语族（阿尔泰语系满语族）表示被动的词缀"–bu–"也是从使役用法发展出来的。③ 洪波、赵茗（2005）的研究还显示除了汉语普通话以外，闽方言、客家方言、粤语、吴语以及汉语以外的泰语、南部壮语等有这一语法化链。可见"给予＞使役＞被动"这一语法化链虽然未被广泛认可，但"给予＞使役"、"使役＞被动"的语法化链还是有多种研究证明的。

处置式和被动式同一标记现象，虽然在汉语方言，特别是南方方言中大量存在，但在世界语言中还是特别的。张惠英（2002）考察了15种中国南方少数民族语言和方言后发现，只有龙州话、傣雅语和广东连

---

① 参见李如龙、张双庆主编《介词》，暨南大学出版社2000年版。黄伯荣主编《汉语方言语法类编》，青岛出版社1996年版。吴福祥《南方民族语言里若干接触引发的语法化过程》，载吴福祥、崔希亮主编《语法化与语法研究（四）》，商务印书馆2009年版，第389—444页等。

② 参见Haspelmath, Martin, "The grammaticization of passive morphology". *Studies in Language* Vol. 14, 1991. 和 Chappell &Peyraube, "The diachronic syntax of causative structures in Early Modern Southern Min", Dah-an Ho, H, Samuel Cheung, Wuyun Pan &Fuxiang Wu（eds.）*Linguistic studies in Chinese and neighboring language*, Taipei：Academia Sinica, 2006, pp. 973–1011.

③ 张丽丽：《汉语使役句表被动的语义发展》，*LANGUAGE AND LINGUISTICS* Vol. 7, No. 1, 2006. 吴福祥：《侗台语被动式的层次和渊源》（提纲），第六届汉语语法化问题国际学术研讨会论文，西安，2011年8月。

南八排瑶语有这种现象。① 而根据 Bernd Heine & Tania Kuteva（2002：327、334），人类语言的普遍规律是施事标记与受事标记来源于意义相反的词。施事标记多来源于"ablative（夺格）"②，而受事标记多来源于"dative（与格）"。因此汉语方言这种处置、被动同一标记现象还有待于更加深入细致的研究。

  本节通过对武汉方言"把"的以上考察，笔者认为汉语方言中处置、被动共用同一标记可能是两条语法化路径演化而来的结果，处置标记与被动标记本身并没有直接的关联。这种处置、被动同标记现象虽然不具语言类型普遍性，但其实内部两条语法化路径还是有一定的语言类型普遍性的。

---

① 张惠英：《汉藏系语言和汉语方言比较研究》，民族出版社2002年版。
② 此处 ablative 的汉译采用石毓智、王统尚《方言中处置式和被动式拥有共同标记的原因》，《汉语学报》2009 年第 2 期里的翻译。也译作离格（陆谷孙：《英汉大词典》第 2 版，上海译文出版社2007年版）。

第九章　武汉方言的多功能情态词"得"

第一节　情态及情态研究概述

一　情态研究概貌

情态（modality）在语言研究中总是与时（tense）、体（aspect）相提并论，Dahl（1985：1）甚至将三者合称为 TMA 范畴[①]，是语言研究中无可或缺的重要部分。汉语学界传统的情态研究主要是针对情态动词、情态副词的语义描写或辨析，以及讨论其在句法功能上的特点等。20 世纪 80 年代廖秋忠（1989）将 F. R. Palmer 的《语气与情态》（Moodand Modality）介绍到国内，自此多角度、有意识地将情态作为一个语言范畴的研究日益增多。既有历时角度的考察，如李明（2017）、朱冠明（2003、2005b）对汉语情态助动词的历史演变研究；雷冬平（2008）、刘云（2010）对情态副词语法化的研究；也有共时层面上对情态范畴整体系统性的探讨，如彭利贞（2007）对汉语情态动词表达的情态系统及范畴的勾勒、徐晶凝（2008）关于话语情态的研究等。另外，从语言类型学视角、运用语义地图工具研究汉语情态也取得了一些不错的成果，如吴福祥（2009b）对获得义动词语法化为情态标记的

[①] 虽然在 Dahl（1985）里他用的是 moods（tenses, moods and aspects）这个词，但是正如高艳明、何鸣（2019）所指出的那样，mood 和 modality 在西方情态研究中常被混用，且本来两者的语义内涵都有交叉。本章采用 20 世纪后期以来情态研究更常用的 modality 一词，且使用比较宽泛的概念，因此此处引用 Dahl（1985）的说法不会带来问题。

研究、张敏（2010）基于汉语语料对 van der Auwera（1998）基于西方语言绘制的情态语义图的修正研究等。除此之外，蔡维天（2010）运用制图理论（Cartographic Approach）通过考察情态动词、情态助动词、情态副词各自句法分布的共性规律，提出了它们各自在形式语法树形图的相对层级，从而为如"要""会"等词从表意愿、能力到义务、需求进而成为表事件的未然性这样一个语法化规律，提供了句法上的解释。① 这种形式语言学和认知语言学相结合的思路非常有意思，引人瞩目。

汉语方言学界关于情态的研究，90 年代前也主要是各个方言点情态助动词和一些情态副词的描写，如《汉语方言语法类编》（黄伯荣主编 1996：294—301）在动词目录下设有"助动词"一项，其中收入了关于江苏淮阴话助动词"不得"、山东潍坊话助动词"待"、上海话助动词"肯、会、好、夠"、湖南长沙话助动词"起、得"、闽南话助动词"会"、福州话助动词"着"、广东阳江话助动词"委、得、该、抵、愿"的用法描写。情态副词（同上书：427—428）部分收入的研究成果很少，仅有 6 条，均为先释义，然后列出一两个例句。《汉语方言地图集》（曹志耘主编，2008）关于情态方面仅涉可能补语，包括吃得/不得类、吃得饱/吃不饱类、打得/不过他类宾语位置问题，说明在方言研究里对情态范畴的研究尚很不成熟。

近年来随着语义地图和语法化理论在国内研究的深入，汉语丰富的方言现象引起了研究者们的注意，在情态方面，除了上文提到的吴福祥（2009b）、张敏（2010）以外，范晓蕾（2011、2012、2015）的一系列研究也是这方面的代表。② 范文主要考察了现代汉语方言的能性情态和

---

① 参见李明《汉语助动词的历史演变研究》，商务印书馆 2017 年版。朱冠明《汉语单音情态动词语义发展的机制》，《解放军外国语学院学报》2003 年第 6 期；《情态动词"必须"的形成》，《语言科学》2005 年第 3 期。雷冬平《近代汉语常用双音虚词演变研究及认知分析》，中国社会科学出版社 2008 年版。刘云《现代汉语认识情态副词研究》，博士学位论文，北京大学，2010 年。蔡维天《论汉语模态词的分布与诠释之对应关系》，《中国语文》2010 年第 3 期等。

② 范晓蕾：《以汉语方言为本的能性情态语义地图》，《语言学论丛》（第四十三辑），商务印书馆 2011 年版，第 55—100 页。《基于汉语方言的认识情态语义地图》，《语法研究和探索（十六）》，商务印书馆 2012 年版，第 46—72 页。《"汉语方言的能性情态语义地图"之补论》，载李小凡、张敏、郭锐编《汉语多功能语法形式的语义地图研究》，商务印书馆 2015 年版，第 482—499 页。

认识情态，构建了汉语方言能性、认识情态语义图，并对现有的语义图（van der Auwera1998）提出了修正意见。这些研究成果展现了汉语方言情态研究的新方向，但相对丰富的方言现象来说还是远远不够的。

本章考察武汉方言的情态问题，但并不是要立刻建构一个武汉方言情态系统，因为现阶段的研究成果还太少，体系构建条件尚不成熟。本章主要以语义演变、语法化理论为背景，考察武汉方言里多功能情态表达形式"得"的基本用法、跨情态语义表现以及其语法化轨迹。较之上文提到的吴福祥（2009b）、张敏（2010）、范晓蕾（2011、2012、2015）等方言情态研究成果，本章的研究更侧重某一定点方言内部情态词的各种表达功能的细致描写及历时演变的考察，希望以一个方言点的深入研究窥探到多功能情态演变的一些规律。

二 "得"的情态研究回顾

国外现有关于情态词语法化问题的研究里，涉及"得"的并不多。Traugott and Dasher（2002）在研究情态动词（包括助动词）发展变化的时候，提到了汉语情态助词"得"的语法化路径：获得义动词（obtain）＞参与者内部可能"能力"（participant-internal possibility 'ability'）＞参与者外部可能、义务可能"允许"/参与者外部需要（participant-external possibility, deontic poss. 'permission'/participant-external necessity）＞知识性可能（epistemic poss.）（Traugott and Dasher 2002：144－147）[①]。但是这一研究既没有区分参与者外部可能与需要，每一个发展阶段也没有足够的例子，特别最后关于"知识性可能"例句的解读更存在明显的错误[②]，因此结论难言可信。Li（2004）较为详尽地描写了现代汉语"得 dé/de/děi"的一系列情态用法，并结合古代汉语，给出了"得"的两条语法化路径：a. 得 dé/de 的语法化路径：获得义

[①] 原文是一个图形，笔者为了书写方便，改写成了现在这样简单的表示法。汉语为笔者所译。

[②] Traugott and Dasher（2002）所举"得"最有可能解读为知识性可能用法的例子是"国欲治可得乎？"显然这个句子的"得"虽然翻译成英语确实可以是"is it possible"，但这里的"得"就是表示动作的实现，甚至还带有很强的动词色彩。"possible"义来自前面的"可"，因此笔者认为此例的"得"完全无法解读成表"可能"。

动词＞参与者外部非义务情态＞义务/知识情态＞参与者内部可能；b. 得 děi 的语法化路径：获得义动词＞参与者外部非义务情态＞义务情态＞知识情态/参与者内部需要。① 但是 Narrog（2012）对此却有不同看法，他认为汉语的"得 dé/děi"至今也没有表达参与者内部可能和参与者内部需要的用法，也不能表达知识性情态，他提出的"得 dé/děi"的语法化路径如图 9-1 所示②：

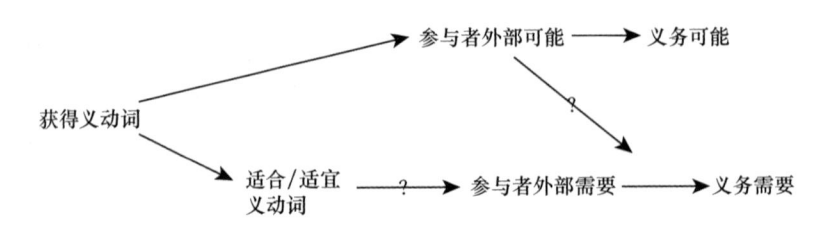

图 9-1　Narrog（2012）所示汉语"得"的情态演变路径

带问号的两条线表示这种发展关系只是一种可能，并不确定。Narrog（2012：219）认为汉语里"得"表达参与者外部需要的用法基本处于一种独立地位，它有可能来源于"适合/适宜义动词"，也有可能来源于参与者外部可能，或者也有可能是两者的共同影响。以上这些研究成果除了对"得"的词汇性来源，即来自"获得"义动词这一点有共同的认识外，其余都是各持己见。可见这一问题还有探讨的必要。

相比之下，国内关于"得"的研究成果要丰富得多，特别李明（2017）关于汉语助动词的历史演变研究、吴福祥（2002b、2009）关于汉语及东南亚语言"得"义动词语法化的研究、范晓蕾（2011、2015）以语义地图模型理论对汉语方言中能性情态的考察等，都涉及了"得"历时、共时多方面的问题，对本章解析武汉方言中"得"的情态发展提供了重要参考。但是，现有研究也还是有些问题没有解决，比如必要义助动词"得"的来源问题、方言中"得"的多项语义间的联系

---

① Li, Renzhi, *Modality in English And Chinese: A Typological Perspective*. Dissertation. com, Boca Raton, Florida, USA. 2004.

② 据 Narrog Heiko, *Modality, subjectivity, and semantic change: a cross-linguistic perspective*. Oxford: Oxford University Press, 2012, p. 219. 的图简化而成。

及具体演变过程、"得"的句法分布与情态功能的关联性等问题，都还不甚明了。

本章将在对武汉方言"得"的细致考察中，一一展示对以上这些问题的一种可能性回答。第二节根据句法位置分类描写"得"的各种情态用法，第三节梳理各种用法之间的演变关系及语法化过程，特别探讨一直面目不清的必要义和知识性情态助动词"得"的来源，并研究"得"在动词前及动词后情态功能的差异问题。第四节做总结，并对现代汉语普通话中表义务情态"得［tei^{214}］"的语音形式做简单说明。

武汉方言缺乏有文字记载的历史文献资料，这是进行历时研究无法回避的难题。但好在武汉方言的源头还是古代、近代汉语，因此对古代汉语、近代汉语语料的考察是一个有效而重要的途径，同时本章还参照世界其他语言情态词语法化的研究成果，历时、共时两方面互为补充，以使结论更加可靠。

三 相关概念说明

自 Plank（1984）将英语情态的发展作为一个语法化典型案例进行研究以来，关于情态的语法化研究备受瞩目，取得了众多成果。Ziegeler（2011）甚至说，在谈语法化问题时不能不提到情态范畴。① 但是，研究成果的丰富也带来了诸如概念太多，使用混乱的问题，以下首先交代本章将要使用的若干概念。

本章参考 van der Auwera and Plungian（1998）、Palmer（2001）及范晓蕾（2011），首先将情态分为知识性情态（epistemic modality）和非知识性情态（non-epistemic modality）两大类。② 知识性情态主要指说话人的判断，是根据说话人判断而产生的可能性和确定性，典型的例子如"他可能已经走了""看样子会下雨"。在知识性情态里，本章将用

---

① Plank, Frans, "The modals story retold", *Studies in Language* Vol. 8, No. 3, 1984, pp. 305–64. Ziegeler Debra, "The Grammaticalization of modality", in Heiko Narrog and Bernd Heine, eds. *The Oxford handbook of grammaticalization*, Oxford: Oxford University Press, 2011, pp. 595–604.

② van der Auwera, Johan and Vladimir A. Plungian, "Modality's Semantic Map", *Linguistic Typology* Vol. 2, No. 1, 1998, pp. 79–124. Palmer, F. R., *Mood and modality*, Cambridge: Cambridge University Press. Second edition 2001.

到"认识可能"这一概念，表示由说话人推测或判断产生的可能性。

非知识性情态里本章将使用到以下四个概念：

能力可能：由参与者的内在因素，比如自身能力、心智条件等导致的可能。典型的例子如：大蒜能杀菌。

条件可能：指由外在于参与者的外部环境、事态等导致的可能。典型的例子如：葡萄熟了，可以吃了。

条件必要：指由于客观条件、外部因素导致必须做某事，或由此产生某种需要。典型的例子如"我得走了，不然来不及了。"

义务必要：主要指基于说话人或社会伦理等产生的需要或者强制要求。典型的例子如"应该爱护公共财物"。

"能力可能"和"条件可能"属于一般所说的"动力情态（dynamic modality）"，两者的对立在于导致可能的因素来自参与者内部还是外界。"条件必要"和"义务必要"属于"义务情态（deontic modality）"，两者的不同在于导致"必要"的原因一个是客观物质条件，一个是相对主观的社会规范、伦理道德等。"认识可能"则属于一般所说的"认识情态（epistemic modality）"。

以下用这些概念来描写武汉方言"得"的各种情态用法，进而讨论多功能情态在方言里的演变轨迹。[①]

第二节 武汉方言"得"的情态用法

"得"在武汉方言里用法很多，此处我们只描写其作为情态助词的各种用法。作为情态助词的"得"在武汉方言里有两种句法位置：动词前和动词后，这一点跟现代汉语普通话一样。但是普通话中动词前"得"读做"děi"，动词后又有"dé"和"de"两种念法。可是在武汉方言里，"得"只有一种读音，即[tɤ²¹³]，不论其是在动词前或动词后。也就是说，"得"在武汉方言里语音还未发生分化，这应该是比普通话更早一些的"得"的存在形式。下面按照"得"所处句法位置的

---

① 本章并非要构建完整的情态体系，因此只对本次研究所需概念进行界定。其他问题暂不涉及。

不同,分成动词前和动词后两类进行描写。

一　动词前"得"的情态用法

作为助动词的"得"在武汉方言里可以表达以下三种情态。

(一)条件必要

即表示由于客观环境、外部因素导致必须做某事,或由此产生某种需要。如:

(1) 快5点了,我得去接伢了。

(2) 明天有个会,得早点去准备下子。

(3) A:我把衣服放倒你这里洗,得要几天啊?

　　 B:最近活多,恐怕得要一个星期。

例(1)、(2)的"得"是表示"必须做某事",而"必须去接伢""必须早点去"的原因呢,都是外在于参与者的外部因素,即"快5点了""有个会"等。例(3)则是表达一种必需,而产生这种需要的原因也是参与者外部的客观因素,比如"最近活多"等。

(二)义务必要

这是指根据社会伦理或规则等必须做某事。如:

(4) 弄坏了东西就得赔。

(5) 得有身份证才能开户。

(6) 你说话得算数啊。

都是表示根据社会规则或道义的必须。这种义务必要实际上也是一种参与者外部因素导致的需要,只是外部因素主要是一些人为规约,因此主观性较条件必要强一些。

(三)认识可能

武汉方言动词前"得"还可以表示说话人的某些判断或推测,如:

(7) A:今天得不得下雨啊?

　　 B:我听了天气预报的,不得下雨的。

(8) 她不得同意的。

(9) 她明天得不得来啊?

这些例子都是说话人根据自己的经验或某些事由对可能性做出的一种判断或推测。不过"得"的这种用法,一般都是在否定句或正反问句中，比如上面的例（7）—（9）就是如此。而如果表示肯定时，就不能再用"得"而要用"会"了。比如回答例（9）的问题，如果是肯定的话，一般要说"她明天会来"，而不能说"她明天得来"。可见武汉方言"得"的认识可能用法只存在于否定句和正反问句中。

二 动词后"得"的情态用法

武汉方言动词后的"得"可以表达两种情态：能力可能和条件可能。下面分别讨论。

（一）能力可能

即由参与者自身具备某种能力而产生的可能。有"V 得"和"V 得 C"两种形式。

1. V 得

"V 得"表能力可能的例子如下：

（10）我吃得睡得，随么事都做得。

（11）那个人蛮嚼得<small>很能说</small>，一说起来就冇得个完。

（12）他你家啊，才睡得咧，正咱还冇起来<small>他啊，真能睡啊，现在还没起床</small>。

这里的"吃得、睡得、做得"表示参与者自身具备能力吃、睡、做（任何事）；"蛮嚼得"就是"很能说"；"才睡得咧"就是"真能睡"的意思。这种"V 得"结构在武汉话里常和表程度高的副词，如"蛮、才、几"等连用①，帮助表达"非常、很"具有某种能力，往往带有些夸张语气。比如例（11）和（12）就是，分别用了表程度高的副词"蛮"和"才"。

武汉方言中常用的此类说法还有：喝得<small>能喝酒</small>、玩得<small>会玩儿/能玩儿</small>、吹得<small>会吹牛</small>、打得<small>能打架</small>、揣得<small>能承受恶劣的外部环境</small>、写得<small>能写（文章）</small>等。

"V 得"的否定形式是"V 不得"。如：

（13）我以前是喝得，现在喝不得了<small>我以前确实很能喝酒，现在不行了</small>。

（14）他吃不得辣的，今天的菜莫放辣椒。

（15）你这完全听不得批评么行咧<small>你完全不能听别人的批评，这怎么行呢?</small>

---

① 关于武汉方言程度副词，参见本书第四章第二节。

这儿的"喝不得、吃不得、听不得"都是表示由于参与者自身原因导致的不能。这种"V得""V不得"后面还可以跟宾语，比如例（14）、（15）。

2. V 得 C

另一种能力可能的格式是"V 得 C"，即"得"在动词后带一个补语的述补结构。其补语 C 部分可以是动词、形容词、方位词等。如：

（16）我年轻的时候一餐吃得下三碗饭。

（17）A. 你看不看得清楚那个牌子高头的字啊？

　　　B. 看得清楚啊，你咧？

（18）泰山你爬得上去的话，这个山也冇得问题。

这些例子里的"吃得下、看得清楚、爬得上去"都是表示参与者本身能力所导致的可能性。

"V 得 C"的否定形式是"V 不 C"，比如例（17）的问题"你看不看得清楚那个牌子高头的字啊？"，否定回答的话就是"看不清楚"。

（二）条件可能

条件可能即表示由外部环境、条件导致实现某种可能，是一种基于外部条件的可能性。这也有"V 得"和"V 得 C"两种表达式。

1. "V 得"条件可能的例子：

（19）肉熟了，吃得了。

（20）你去得我也去得。

（21）隔夜茶喝不得。

（22）正咱的伢啊，打也打不得，骂也骂不得，真是冇得法。

（23）这种昧良心的事做不得啊。

例（19）里"吃得"也是"能吃"的意思，但是这种"能吃"与例（10）不一样，不是参与者的主观能力，而是客观条件"肉熟了"，所以"能吃"了。下面的"喝不得"也是如此。比较前面的例（13），例（13）的"喝不得"是由于参与者自身因素，比如身体、健康状态等导致的"不能喝"。而这里例（21）的"喝不得"是由于"茶是隔夜的"这一客观因素。

表条件可能的"V 得"否定式也是"V 不得"，后面也可带宾语。如：

（24）油还吃得两回_{油还能吃两次}。
（25）这伢今天有点发烧，打不得预防针。
（26）我最看不得他那个鬼相_{鬼样子}。

这几个例子里，"V得"后分别带了数量宾语"两回"和名词宾语"预防针、他那个鬼相_{鬼样子}"。

2. "V得C"表条件可能，例子如下：

（27）这次出差有点远，下个星期二才回得来。
（28）点这多菜，哪里吃得完咧_{怎么吃得完呢}。
（29）那个票蛮俏_{畅销}，早点去才买得倒。

这些例子里的"V得C"都是表达由于外部环境、条件等导致的可能或不可能，比如"由于出差地点远"，所以"下个星期二才回得来"等。

动词后"得"的两种形式"V得"和"V得C"都既可以表能力可能，又可以表条件可能。但"V得/V不得"是表示动作实现的可能，而"V得C/V不C"是表示动作产生某种结果或状态的可能。如上面例（10）、（19）的"吃得"分别表示由于说话人主观能力或客观具备某种条件而导致"吃"这一动作可能实现；例（16）、（28）的"吃得下""吃得完"则表示主客观条件导致"吃"这一动作产生"吃下、吃完"这种结果的可能。可见动词后"得"的两种句法形式还是具有不同功能的。

三 小结

将以上武汉方言情态词"得"的各种用法简单归纳一下，可得到表9-1。表中"+"表示有此种情态用法，空白表示没有。

表9-1　　　　　武汉方言"得"的情态用法

	知识性情态（认识可能）	非知识性情态			
		能力可能	条件可能	条件必要	义务必要
动词前	+			+	+
V得（动作实现）		+	+		
V得C（结果/状态实现）		+	+		

表9-1显示，武汉方言"得"可以表达认识可能、能力可能、条件可能、条件必要和义务必要这五种情态。并且"得"的句法位置，即位于动词前与位于动词后表达的情态呈现出整齐对立。动词前的"得"主要表达必要/需要、判断或推测，动词后"得"则只表达可能性。也就是说动词前的"得"表达认识情态和义务情态，动词后的"得"表达动力情态，界限分明，各司其职。动词后"得"又有两种形式："V得"和"V得C"，它们虽然都可以表达能力和条件可能，但前者是表达动作实现的可能性，后者是表达动作产生某种结果或状态的可能性。

第三节 武汉方言"得"的情态功能演变

上一节梳理了"得"在武汉方言里的各种情态用法，下面讨论"得"的这些情态功能彼此的关系及在方言里的演变轨迹。

一 动词前"得"的情态演变

"得"在早期甲骨文里写作"手"和"贝"（古代货币），《说文解字》释为"行有所得也"。因此这个字本义是动词"得到、获得"的意思。如①：

（30）求之不得，寤寐思服。（《诗经·周南·关雎》）

（31）上得民心，以殖义方，是以作无不济，求无不获，然则能乐。（《国语·周语下》）

武汉方言里"得"现在也有动词用法，如：

（32）这次考试你得了几多分啊？

（33）她弹钢琴得了好几个奖了。

（34）你得了他的么好处啊，这帮他说话？

这些例子里"得"都还是"得到"的意思。

先秦时期动词"得"后面出现了谓语词性宾语，即"得VP"结构，表示VP得以实现。这种结构用在否定、疑问句里时，都可以理解

---

① 以下古代、近代汉语用例没有特别注明转引的，均来自北京大学CCL语料库。

为表达可能性（杜轶 2007）。如：

（35）夫国家文质礼变，设若相承至於十世，世数既远，可得知其礼乎？（《论语·为政》）

（36）曰："象不得有为于其国，天子使吏治其国而纳其贡税焉，故谓之放。岂得暴彼民哉？……"（《孟子·万章上》）

（37）公子重耳出见使者，曰："君惠吊亡臣，又重有命。重耳身亡，父死不得与于哭泣之位，又何敢有他志以辱君义？"（《国语·晋语二》）

（38）蔡、许之君，一失其位，不得列於诸侯，况其下乎！（《左传·成公二年》）

（39）子产相郑伯以如晋，叔向问郑国之政焉。对曰："吾得见与否，在此岁也。"（《左传》，引自李明 2017：28）

这些句子里的"得+VP"结构，虽然还可以从字面上解释为表示后面"VP"得以实现，但是理解为表达可能性也完全没有问题了。所以一般学者认为，"得"在先秦就是表可能的助动词了（王力 1990：341、刘利 2000：157—159、李明 2017：28）。就算是不认为"得"已经是助动词的学者（杨平 2001、刘承慧 2002：75、杜轶 2007），也不否认"认为'得'字表示能性，在理解上古汉语中'得+VP'时，不会遇到太大的问题"①。但是这种动词前"得"表可能的用法，在武汉方言里并没有留存下来。不过，这一用法却是武汉方言动词前"得"情态用法的源头。具体解释如下：

（一）条件可能＞条件/义务必要

上古汉语里"得+VP"表可能，都是条件可能，即由于外部条件或客观原因造成的可能，例（35）—（39）均如此。这种条件可能的"得+VP"结构主要用于否定或疑问句里，有杜轶统计《孟子》《韩非

---

① 参见王力《汉语语法史》，载《王力文集·第十一卷》，山东教育出版社 1990 年版，第 341 页。刘利《先秦汉语助动词研究》，北京师范大学出版社 2000 年版，第 157—159 页。李明《汉语助动词的历史演变研究》，商务印书馆 2017 年版，第 27 页。杨平《助词"得"的产生和发展》，《语言学论丛》（第二十三辑），商务印书馆 2001 年版，第 122—144 页。刘承慧《汉语动补结构历史发展》，台北：翰芦图书出版有限公司 2002 年版，第 75 页。杜轶《"得+VP"结构在魏晋南北朝的发展——兼谈"V得C"结构的来源问题》，载沈家煊、吴福祥、李宗江主编《语法化与语法研究（三）》，商务印书馆 2007 年版，第 1—35 页。

子》《战国策》得到的数据为证：

表9-2　　上古汉语"得 VP"使用情况表（转引自杜轶 2007）

文献范围	"得 + VP" 总数	用于肯定句	用于否定句和疑问句
《孟子》	63	11（17%）	52（83%）
《韩非子》	181	45（25%）	136（75%）
《战国策》	173	72（41%）	101（59%）

而对可能的外部否定，不可能 P（记作 ¬◇P），在语义逻辑上，跟需要/必要的内部否定，需要/必要不 P（记作 □¬P）是一样的，即 ¬◇P = □¬P（van der Auwera 2001：31），也就是"不可能做什么就是需要/必要不做什么"①。举个简单的例子，如果说"去机场不可能坐25 路车"，那么也就是说"去机场需要/必要不坐 25 路车"。正是这种语义逻辑上的一致性，提供了表可能的"得"衍生出需要/必要情态用法的逻辑基础。

具体的演变过程可以在古代汉语里找到轨迹。几乎在先秦"不得 VP"表可能用法出现的同时，双重否定"不得不（不得无/无得不/弗得不）"的用法也出现了（李明 2017：31），如（例 40、41 引自李明 2017：31）：

（40）人臣之于其君，非有骨肉之亲也，缚于势而不得不事也。（《韩非子·备内》）

（41）释父兄与子弟，非疏之也；任庖人钓者与仇人仆虏，非阿之也。持社稷立功名之道，不得不然也。（《吕氏春秋·知度》）

（42）战胜，秦且收齐而封之，使无多割，而听天下之战；不胜，国大伤，不得不听秦。（《战国策·东周策》）

（43）臣闻明主莅正，有功者不得不赏，有能者不得不官；劳大者其禄厚，功多者其爵尊，能治众者其官大。（《战国策·秦策》）

---

① 这一逻辑式里的两种情态，英语原文为"possibility"和"necessity"，笔者译为"可能"和"需要/必要"。

这些例句中，"不得不"的"得"可以理解为表可能的意思，比如例（41）的"不得不然也"就是"不可能不这样"。但是在语义上也可以理解为"由于外部条件而需要/必要 VP"，如例（40）可以解读为"由于'缚于势'而需要/必要'事'"；例（41）可以解读为"由于'持社稷立功名之道'而需要/必要这样"。理解为表达可能时整个结构应该分析为"不得 + 不 VP"，也就是说"得"以否定形式"不得 VP"出现，而正好后面的 VP 呢，又是一个否定形式。而在理解为必要用法时，原来的句法结构就有可能被重新分析为"不得不 + VP"了，即整个"不得不"凝聚在一起独立于动词，表示需要/必要义。

这样的双重否定"不得不 VP"结构据李明（2017）研究，在两汉已经出现了表义务必要（deontic necessity）的用法，如（例句引自李明 2017：52）：

（44）比干曰："为人臣者，不得不以死争。"（《史记·殷本纪》）

（45）三人非负太守，乃负王法，不得不治。（《汉书·何并传》）

（46）须菩提当报恩，不得不报恩，何以故？（《道行般若经》）

例（44）是"由于'为人臣'，所以需要'以死争'"；例（45）是"因为'负王法'所以需要'治'"等。这些句子里的"不得不"已经明显倾向组合在一起，成为"不得不 + VP"，表明重新分析已经完成。

由于双重否定在语义上即为肯定，也就是"不得不 VP = 得 VP"。所以原本是"不得不 + 以死争""不得不 + 治""不得不 + 报恩"的"不得不 + VP"结构，就有可能演变为同义的"得 + VP"，"得 + 以死争""得 + 治"、"得 + 报恩"。这样一来，"得"就能独立成为一个表条件/义务必要用法的助动词了。

实际上，在两汉文献里已经有几个这样"得"表必要用法的例子（例 48、49 来自太田辰夫 1988：42）[①]：

（47）是女子不好，烦大巫妪为入报河伯，得更求好女，後日送之。（《史记·滑稽列传》）

（48）沛公曰："君为我呼入，我得兄事之。"（《史记·项羽本

---

① 太田辰夫：『中國語史通考』，東京：白帝社 1988 年版，第 42 頁。

纪》）

（49）祇域神乃如是，我促得报其恩。（《柰女祇域因缘经》，大正新修大藏经第 14 卷）

特别是例（47）的"得"，已经完全可以理解为条件必要了，即"因为'是女子不好'，所以需要'更求好女'"。不过这种用法在宋以前都不太多，到宋时才广泛使用开来。

这样"得"从"条件可能＞条件/义务必要"的语法化过程可以简单归纳如下：不得＋不 VP＞不得不＋VP＞得 VP。其中第一步的语法化机制是重新分析，第二步的演变则是同义替换。

（二）条件可能＞认识可能

上古汉语里表可能的"得＋VP"在宋元以后使用明显减少，其表能性的用法逐渐被魏晋南北朝时期出现的"V 得（O）"结构替代（杜轶 2007）。不过，其否定形式的"不得 VP"在明清时代出现了新的用法。在一些句子里，"不得 VP"具有歧义，既可以解读成表条件可能，也可以解读成说话者的一种主观判断，如：

（50）姐姐，这话不是我女孩子家不顾羞耻，事到其间，不说是断断不得明白的了。（《儿女英雄传》第 10 回）

"断断不得明白"既可以理解为"断断不能够明白"（因为"不说"的客观原因），又可以理解为"断断不会明白"（说话人的看法或推测）。作第一种理解的话是条件可能，做第二种理解就是认识可能了。下面两个同样来自《儿女英雄传》的例子就更能说明问题了：

（51）他说家里的事情摘不开，不得来，请你老亲自去，今儿就在他家住，他在家老等。（《儿女英雄传》第 5 回）

（52）便是你请的那褚家夫妇，我也晓得些消息，大约也绝不得来，你不必妄等。（《儿女英雄传》第 5 回）

两个句子的"不得来"从句法法结构上来说完全一样，但根据两个句子的不同语境，显然例（51）是表达的条件可能（由于家里的事情所以不能来）；而例（52）则再也没有歧义，很清楚就是认识可能了（说话人认为褚家夫妇不会来）。在明清语料里，这种例子还有不少：

（53）文聘曰："只怕崇君侯不得来。"飞虎曰："将军何以知之？"

文聘曰："崇君侯操演人马，要进陈塘关，至孟津会天下诸侯，恐误了事，决不得来。"（《封神演义》第69回）

（54）他这船儿虽是无底，却稳；纵有风浪，也不得翻。（《西游记》第98回）

（55）姐姐的深心，除了妹子体贴的到，不但爹妈不得明白，大约安公子也不得明白。（《儿女英雄传》第10回）

（56）等你下到要紧地方儿，我只说句亚谜儿，你依了我的话走，再不得输了。（《儿女英雄传》第33回）

（57）贾政道："薜荔藤萝不得如此异香。"（《红楼梦》第17回）

（58）袭人道："老爷怎么得知道的？"（《红楼梦》第33回）

（59）你但凡听我一句话，也不得到这步地位。（《红楼梦》第34回）

以上这些例子都有认识可能的用法。而且这些句子除了例（58）是疑问句以外，都是否定形"不得VP"，这跟武汉方言"得"表知识性情态只用于否定句一致。所以笔者认为，武汉方言"得"的认识可能用法就是由此而来的。

其实，表条件可能的"得"用于反问句时，就有可能产生出表推测的知识性情态用法。这一点李明（2017）也已经注意到，如下面的几个句子（例句引自李明2017：185）：

（60）根生，叶安得不茂？源发，流安得不广？（《论衡·异虚》）

（61）（搭旦云:）兀那厮，甚么官人、娘子！我是夫人，他是我的伴当。（关胜云:）休斗我要，那得个伴当和娘子一坨儿坐着吃酒？（《元曲选·争报恩》）

（62）这样旷野地方，那得有如此丽人，必是神仙下界了。（《红楼梦》第116回）

例（60）"根生"虽然是"叶茂"的条件，但此句并不是陈述事实，而是表达推理，所以在这种语境里，"叶安得不茂"就完全可以理解为说话人的主观推测；而后两例则都是说话人根据已有经验所作出的推理："伴当不会和娘子坐在一起喝酒""旷野不会有如此丽人"。可见在这些反问句里，"得"都不再表示条件可能，而是知识性情态用法了。不过，有学者认为这些用法还都是"附着于反诘语气之上"的，不宜独立出来（李明 2017：185），但这至少显示出"得"条件可能用法与认识可能用法之间密切的逻辑关联性。这应该就是"条件可能 > 认识可能"演变的逻辑语义基础。

综上所述，武汉方言动词前"得"的情态用法语法化过程如图 9-2 所示：

获得义动词"得" > （得+VP表可能）→常用为否定形"不得VP"

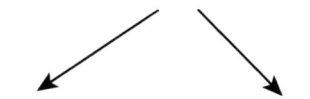

双重否定"不得不VP" > 得VP[需要/必要]　　　认识可能

图 9-2　武汉方言动词前"得"情态用法的语法化过程

这里"（ ）"内部分表示在现在的武汉方言中并没有此种用法。但是现有的义务情态和知识性情态用法，都是从该用法的否定形发展而来的。古汉语语料显示知识性情态用法在时间上晚于义务情态用法，但笔者认为两者间并没有衍生关系，而是都来源于上古汉语表可能的"得VP"结构。这是本章提出的一个重要观点，跟现有 Traugott and Dasher (2002)、Li (2004) 和 Narrog (2012) 的结论完全不同。

二　动词后"得"的情态演变

（一）"V 得"的来源

先秦两汉文献里，"获得"义动词"得"还可以用在另一动词后，形成连动结构"V 得 O"，义为"V 而得 O"。如：

（63）明一者皇，察道者帝，通德者王，谋得兵胜者霸。(《管子》)

（64）其先曰李信，秦时为将，逐得燕太子丹者也。(《史记·李将军列传》)

（65）民采得日重五铢之金。(《论衡·验符》)

这里"谋得、攻得、采得"都可以理解为连动结构，即"谋而得"、"攻而得"、"采而得"。"得"也还有一定的实词"获得"义。但它开始用于动词后，就会导致其丧失作为主要动词的地位，这也就为"得"进一步语法化提供了可能。

在下面这样一些句子里，"得"原本的"获得"义虚化，开始表示前一动词的动作达到某种结果。如：

(66) 陇有道，出鹦鹉，教得分明解人语。(《敦煌变文集新书·百鸟名君臣仪仗》)

(67) 汉王曰："放卿入楚救其慈母，救得已否？"(《敦煌变文集新书·汉将王陵变》)

例(66)"教"是主要动词，"得"已经没有多少"获得"义，而是表示"教"达成了"分明解人语"这一结果；例(67)"得"就更加虚化，几乎没有独立的实词义，只是表示前面动词"救"的实现，而且"救得"后面也没有宾语，从句法形式上来说，已经是"V得"结构了。

这种表示动作实现的"V得(O)"形式，如果出现在未然语境里，就会被解读为表示动作实现的可能性。如（例69—72引自吴福祥2002b）①：

(68) 猕猴尚教得，人何不愤发。前车既落坑，后车需改辙。(《寒山诗集·拾得诗》)

(69) 若有诵得，若有忘者，当为开示。(《师子月佛本生经》，《大正新修大藏经》第3卷)

(70) 蝴蝶被裹其中，万计无由出得。(《敦煌变文集》)

(71) 道士奏曰："其酒已劣，贯（實）饮不得！"(《敦煌变文集》)

(72) 一日近暮，风雪暴至。学童悉归家不得。(《因话录》)

(73) 思量言讫，遂乃前来启言将军：但擒虎三杖在身，拜跪不得，乞将军不怪。(《敦煌变文集新书·韩擒虎话本》)

(74) 扫地风吹扫不得，添瓶瓶到不知休。(《敦煌变文集新书·难陀出家缘起》)

这些例子里的"V得""V不得"都是表达的可能情态。而且既有条件可能，如"饮不得"是因为"酒已劣"（例71）、"归家不得"是因为"风雪暴至"（例72）这样的外部客观条件；也有能力可能，如例

---

① 吴福祥：《汉语能性述补结构"V得/不C"的语法化》，《中国语文》2002年第1期。

(68)、(69)、(70)。

"V得"的可能情态用法就是这样产生的。其语义演变过程为：获得＞达成＞可能。句法条件则是"得"充当连动结构的第二动词，被重新分析为表动作实现或达成，继而在未然语境里产生可能情态的用法。至于为什么表动作实现的"V得"在未然语境里会产生可能情态用法，笔者尝试解释如下：一个动作实现了，那么也就意味着这个动作有实现的可能性。它用在未然语境时，实现义无法解读，于是"可能性"的解读被凸显出来，整个结构就会转而表达可能情态。这种从客观"实现"到主观"可能"的演变，也是一种主观化（subjectivisation）的过程，是语法化过程中的普遍规律。

"V得""V不得"的可能情态用法在唐以前产生（吴福祥2002b），元明时期使用频率较高，但到了清代前期逐渐衰退，被"V得/不C"占去上风（王衍军2013）。不过这一用法在武汉方言里保留了下来，前文第二节第二点的（一）和（二）所描写的"V得"和"V不得"的用法就是如此。可见武汉方言动词后表可能的"V得"应该就是直承古代汉语而来。

（二）V 得 C 的来源

关于动词后另一种"得"字述补结构"V 得 C"的语法化问题，吕叔湘（1984a）、李晓琪（1985）、杨平（1990）、赵长才（2002）、吴福祥（2002b）、刘子瑜（2003）、蒋绍愚（2005）、沈家煊（2005）等都做过详细的研究①，本节借鉴这些研究成果，主要以吴福祥（2002b）对"V 得 C"表达能性范畴的语法化研究为依据，将"V 得 C"可能情态的用法来源简单整理如下：

"V 得"结构里的"得"在唐代进一步虚化，成为一种表动作实现或完成的动相补语（Phase complement），如（以下用例均引自吴福祥

---

① 参见吕叔湘《与动词后得与不有关之词序问题》，《汉语语法论文集》（增订本），商务印书馆1984年版，第127—138页。李晓琪《关于能性补语式中的语素"得"》，《语文研究》1985年第4期。杨平《带"得"的述补结构的产生和发展》，《古汉语研究》1990年第1期。赵长才《结构助词"得"的来源与"V 得 C"述补结构的形成》，《中国语文》2002年第2期。蒋绍愚《近代汉语研究概要》，北京大学出版社2005年版。沈家煊《也谈能性述补结构"V 得 C"和"V 不 C"的不对称》，载沈家煊、吴福祥、马加贝主编《语法化与语法研究》（二），商务印书馆2005年版，第185—207页。等等。

2002b)：

（75）医得眼前疮，剜却心头肉。（聂夷中《咏田家》，《全唐诗》）

（76）两瓶篓下新开得，一曲霓裳初教成。（白居易《湖上招客送春泛舟》，《全唐诗》）

如果在这样的"V得"后出现谓词性成分，整个结构就成了述补结构，如：

（77）已应春得细，颇觉寄来迟。（杜甫《佐还山后寄三首》，《全唐诗》）

（78）深水有鱼衔得出，看来却是鸬鹚饥。（杜荀鹤《鸬鹚》，《全唐诗》）

这里的"春得细""衔得出"意思就是"春细""衔出"，也就是表示前面动作"春"和"衔"的结果。这样一来，后面的谓词性成分充当了前面动词的结果补语，因此原来用做动词补语的"得"就渐渐失去了补语的作用，而被重新分析为一个引导后面补语的结构助词了。

同样，这种表示某种结果实现的"V得C"如果用于未然语境里，也就会被解读为具有实现某种结果的可能性，"V得C"的可能情态用法就产生了。如：

（79）师曰："见即见，若不见，纵说得出，也不得见。"（《祖堂集》）

（80）若有人弹得破，莫来；若无人弹得破，却还老僧。（《祖堂集》）

（81）被那旧习缠绕，如何便摆脱得去。（《朱子语类辑略》）

这里要说明的是，"V得"和"V得C"的否定形"V不得"和"V不C"，从历史来源来看都早于其肯定式，这一点前贤已有定论，不再赘述。

以上以古代汉语语料为依据，借鉴现有研究成果，讨论了"V得"及"V得C"可能情态用法的来源。就此动词后"得"的语法化过程可以概括为：获得义动词"得" > V得 > V得C。

(三)"V得"和"V得C"的情态义演变

如前所述，武汉方言里的"V得"和"V得C"都可以表达能力可能和条件可能两种情态，那么这两种情态用法之间又是如何发展的呢？

下面讨论这一问题。

从"获得"义动词发展出表可能的用法，在类型学研究中已经有很多佐证。Van der Auwera、Kehayov and Vittrant（2009）考察了北欧 15 种语言后发现，这些语言里的 14 种都有来源于"get"义动词的情态词表示可能情态的用法。① 其中 8 种语言既有参与者外部可能用法（participant-external possibility），也有参与者内部可能用法（participant-internal possibility）；6 种语言只有参与者外部可能用法；但是没有一种语言只有参与者内部可能的用法。另外 Narrog（2012：203）又提供了东南亚语言的例子。② 东南亚语言里也普遍存在来源于"get"义的情态词表可能的用法，在 15 种东南亚语言里，有 11 种同时具有参与者内部可能与参与者外部可能用法，3 种语言只有参与者外部可能用法，但是也没有一种语言只有参与者内部可能的用法。这说明，源于"get"义动词的情态词表可能情态具有相当的普遍性。而且，如果一个情态词有表参与者内部可能用法的话，那它一般也同时有表参与者外部可能的用法。反之则不行。这就是说，参与者外部可能是更基本的用法，大多数语言由此还会产生参与者内部可能的情态用法，但也不一定所有的语言都如此。这两篇文章所说的参与者内部可能大致相当于本节的能力可能，参与者外部可能则大致相当于条件可能。因此，Van der Auwera、Kehayov and Vittrant（2009）和 Narrog（2012：203）的研究成果说明条件可能是更基本的用法，有些语言还会发展出能力可能的用法，但不一定都会如此。

汉语的情况也证明了这一点。据刘利（2000：157）研究，在先秦汉语中，"得"可以表示"客观条件的许可"和"事理上的许可"，但不表示"行事者自身能力"。胡玉华（2001）考察《世说新语》里"得"发现，表示客观条件许可和事理许可的"得"占绝大多数，但也出现了少量表示主观能力的用例。张泽宁（2004）则通过统计发现，

---

① van der Auwera, J.; Kehayov, P.; Vittrant, A., "Acquisitive modals", in Hogeweg, L.; de Hoop, H.; Malchukov, A., eds. *Cross-linguistic Semantics of Tense, Aspect and Modality*. Amsterdam-Philadelphia: John Benjamins. 2009, pp. 271–302.

② Narrog, Heiko, *Modality, subjectivity, and semantic change: a cross-linguistic perspective*, Oxford: Oxford University Press, 2012, p. 203.

《六祖坛经》里"得"表自身能力的用法已经由《世说新语》里的3.9%上升为22.2%。段业辉（2002：33）也指出"得"表示"自身能力"的用法在中古才出现。①

最后从语义虚化角度来看，条件可能是一种客观的可能性，能力可能则增加了很多主观因素，是比条件可能更虚化的情态，因此"条件可能＞能力可能"的语法化路径也体现了语法化往往伴随有主观化这一规律。

由此武汉方言动词后"得"的语义演变过程应该是：获得义动词＞条件可能＞能力可能。武汉方言"V 得"和"V 得 C"既有条件可能用法又有能力可能用法的情况与现有研究所得到的语言共性完全吻合。

第四节　小结及余论

武汉方言"得"是一个多功能情态词，具有动词前和动词后两种句法位置。动词前"得"可以表达三种情态：条件必要、义务必要和知识性情态，动词后"得"只表达可能性（包括条件可能和能力可能）。动词后"得"又有两种句法形式"V 得"和"V 得 C"，两种结构均既可表条件可能，又可表能力可能。但"V 得"表达动作实现的可能性，"V 得 C"表动作产生某种结果或状态的可能。

利用古代、近代汉语语料，并参照其他语言情态助词的语法化研究成果，我们将武汉方言"得"多功能情态用法的语法化路径构拟如图9-3所示。

---

① 参见刘利《先秦汉语助动词研究》，北京师范大学出版社2000年版，第157页。胡玉华《〈世说新语〉助动词研究》，硕士学位论文，陕西师范大学，2001年。张泽宁《〈六祖坛经〉中助动词得、须、可、敢、能的使用法》，《广东广播电视大学学报》2004年第13卷。段业辉《中古汉语助动词研究》，南京师范大学出版社2002年版，第33页。

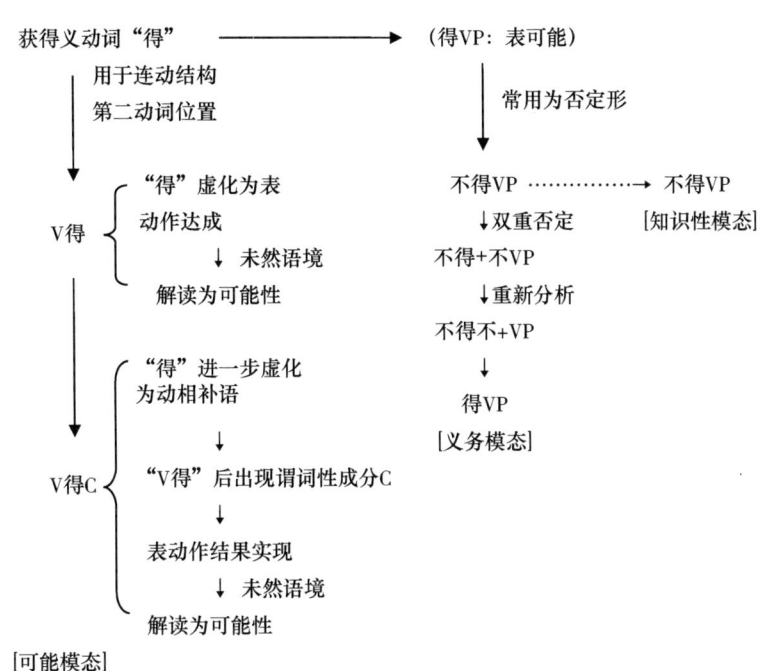

```
获得义动词"得" ────────────→ (得VP：表可能)
       │用于连动结构                    │常用为否定形
       │第二动词位置                    │
       ↓                              ↓
     ┌ "得"虚化为表              不得VP ·············→ 不得VP
     │ 动作达成                    ↓双重否定        [知识性模态]
 V得 ┤      ↓未然语境           不得+不VP
     │ 解读为可能性                 ↓重新分析
     └                          不得不+VP
       │                            ↓
       │                          得VP
       ↓                        [义务模态]
     ┌ "得"进一步虚化
     │ 为动相补语
     │      ↓
     │ "V得"后出现谓词性成分C
V得C ┤      ↓
     │ 表动作结果实现
     │      ↓未然语境
     │ 解读为可能性
     └
[可能模态]
```

* ( ) 表示其中的用法现在武汉方言中不存在。……→表示句法形式并未改变，但模态用法不同。

图 9-3　武汉方言多功能情态词"得"的语法化路径

在"得"的情态功能演变轨迹明晰之后，综合第三节对动词后"得"条件可能与能力可能的语义演变问题的讨论，可将"得"的情态义演变关系概括如下：

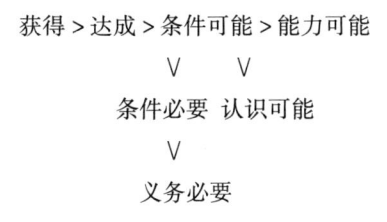

```
          获得 > 达成 > 条件可能 > 能力可能
                        ∨         ∨
                      条件必要  认识可能
                        ∨
                      义务必要
```

图 9-4　武汉方言"得"的情态义演变路径

至此武汉方言"得"的情态演变轨迹及情态义发展已经明了，与现有情态研究成果相比，我们能看到的武汉方言多功能情态词"得"

的一些特点：

一、从"获得 get"义动词发展出可能情态用法（包括条件可能和能力可能）在很多语言里都有，这一点第三节提到的 Van der Auwera、Kehayov and Vittrant（2009）和 Narrog（2012：203）的研究已经证明。虽然在有名的 van der Auwera and Plungian（1998：98，100）情态语义图里没有来源于"get"的词汇义，但在 Heine & Kuteva（2002）的研究成果里却可以看到"get > ability""ability > possibility"的语法化链，所以可见这一语法化路径还是语言类型中的常见现象。武汉方言动词后"得"的语法化轨迹与之契合。

二、武汉方言"得"现有的义务情态和知识情态用法之间并没有衍生关系，而是都来源于条件可能。本章的这一结论跟现有研究 Traugott and Dasher（2002）、Li（2004）和 Narrog（2012）完全不同。

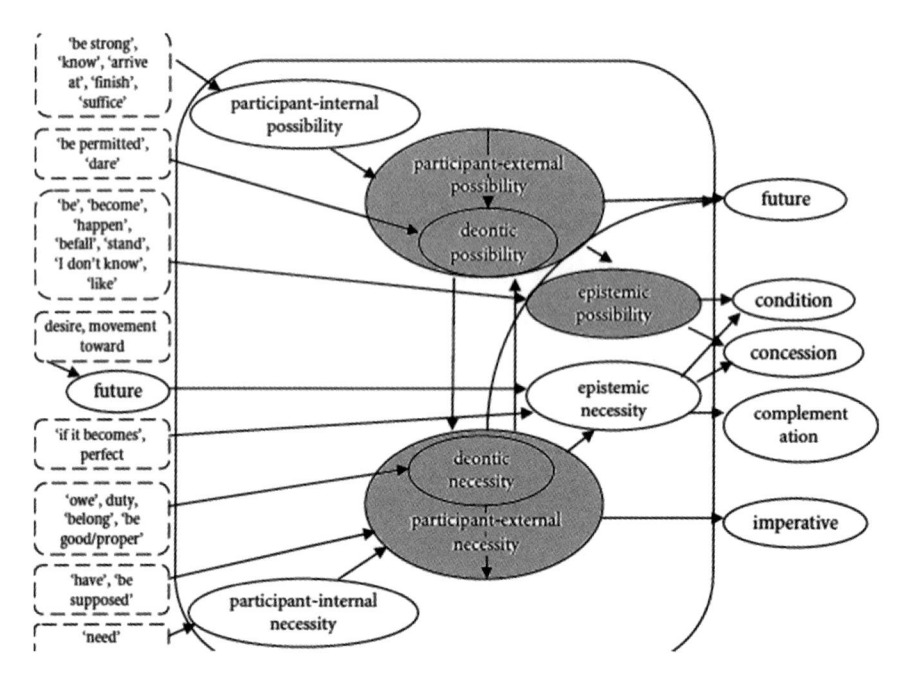

图 9-5 "条件可能 > 条件/义务必要"和
"条件可能 > 认识可能"的语法化路径

三、"条件可能 > 条件/义务必要"、"条件可能 > 认识可能"的语法化路径，在 van der Auwera and Plungian（1998：98，100）的情态语义图里可以看到，就是图 9-5 中笔者打了阴影的那一部分。但是在该图中 Participant-external possibility（参与者外部可能，大致相当于本章的条件可能）却包含有 deontic possibility（义务可能），这在本次武汉方言"得"的情态考察中没有观察到，是与西方语言的不同之处。

四、"条件可能＞认识可能"的情态演变，在汉语其他方言及古汉语助动词演变过程中也可以观察到。比如北京话的"能"、绍兴话的"好"、香港话的"有得"（范晓蕾 2011）。而根据李明（2017：185—186）的研究，"肯"在汉代、六朝可表条件可能，到唐五代有了认识情态"会"的意思；"解"在唐五代由表能力的动词发展为助动词，表条件可能，在宋代有了"会"的意思等。可见这一情态演变路径在古今汉语都有相当的普遍性。

最后提及一个语音问题。因为由武汉方言动词前表义务情态的"得"，很自然会联想到现代汉语共同语里表达义务情态的"得 děi"的读音问题。正如本章第二节所指出的那样，"得"在武汉方言里动词前后均读 [tɤ²¹³] 是更早的未分化形式，因为"得"《广韵》记作"多则切，曾开一入德端"，武汉方言直承中古音，入声归阳平，所以读作 [tɤ²¹³]。现代汉语普通话里的"得 děi"音是后起的，这一点毋庸置疑，但是源于何时目前尚未见明确说法。此处我们提供两个 19 世纪汉语教材资料，从中能看到一些线索。

在英国外交家、汉学家 Thomas Francis Wade（威妥玛）所著《语言自迩集》（1867 年初版）第 2 卷 "Key to the Tzǔerh chi：colloquial series" 的 22 页①，第 5 个词是"得 dei³"，同页的汉语句子为"这个事情得你各自各儿去"，是明显的表必要义的助动词用法，且发音已经记作"děi"。同样，在 1880 年由日本庆应义塾出版部出版的《清语阶梯语言自迩集》第 2 卷（KEY to the Tzu ERH CHI：22）里②，也收有"5. 得 tei³"，注音完全一样。由此可知，至少在 19 世纪中期，表必要义的"得"已经发生了音变，出现了"得 děi"的读音。

---

① 所用版本为日本国立教育政策研究所教育研究情报中心教育图书馆（东京）藏本。
② 所用版本为日本大东文化大学图书馆（东京）藏本。

汉语的"得"是一个具有多种情态用法，且句法形式也多样的词，因此在情态范畴研究中备受关注。而方言中"得"的用法更加多样，本章对武汉方言"得"动力、义务、知识性情态用法及其情态演变过程的探讨，提供了汉语方言一个具体详细的研究个案，对现有"得"的情态研究有补充和修正作用。"得"在汉语方言中的多功能现象十分普通，更多方言关于其情态，甚至后情态用法（postmodal meaning）的研究将为情态范畴的语法化及类型学研究提供丰富资料，值得期待。

第十章　武汉方言的语篇

第一节　相关篇章研究回顾

汉语方言研究，从记录音系、调查词汇到对语法现象的考察，已经基本有一套比较公认的程序。虽然方言语法研究还存在很多问题有待深入，但近年来的研究动向表明，方言语法研究已经引起了研究者们的极大兴趣及关注，成为方言研究的热点，比如对汉语方言差比句的研究、对介词及语序类型的研究、对方言中体貌问题的研究等等，都取得了不错的成果。不过，现阶段的方言语法研究还是止于句内语法，对于一些超句成分，比如语篇之间的衔接、话题的延续、新旧信息表达的形式差异，还基本没有涉及。一本方言研究专著，内容一般止于整理语音系统、描写特殊词汇和一些特殊的语法现象，对于方言语篇，基本没有任何说明。虽然有的在书末附有几篇方言语篇材料，比如民间故事等，但进一步的篇章分析却完全没有。

其实，以语言运用为导向的篇章语言学研究，特别关注自然语料，强调根据录音机整理"正在说"的话语。而方言是活在人们口中的最活生生的口语语料，应该是篇章语言学研究的理想对象。同时，一种方言作为一个独立的语言本体，在对其进行研究描写时，语篇也应该是不可或缺的一部分。

因此，最后本书从篇章语言学的角度，以武汉话口语为研究对象，考察武汉话口语的篇章连接问题，试图在方言篇章研究方面做一个尝试。

一　相关篇章研究回顾

篇章语言学（text linguistics）作为一门学科是20世纪50年代以后发展起来的，而国内对现代汉语的篇章研究，一般认为始于20世纪80年代。这一时期，诸多汉语研究者开始引进西方现代篇章语言学理论，兴起了关于汉语篇章衔接、连贯、照应、回指、话题等方面的研究，比如廖秋忠（1986）、陈平（1987）和徐纠纠（1990）等。[①] 其中廖秋忠（1986）首次全面描写了"现代汉语篇章中的连接成分，并按它们所表达的连接关系加以归类"。此研究至今仍是后来研究者们的重要参考资料。

进入21世纪以来，随着对语言主观性研究的深入，研究者们开始更关注自然口语的研究，并发现在自然口语中会出现很多跟书面语篇章语法很不一样的地方。比如方梅（2004）发现在口语中常见的后置关系从句，并指出这种组句方式体现了"行进中的语法"，在书面语里很难见到。陶红印（2003）发现"知道"在谈话中逐步走向固定化，并常有特殊的语用意义。刘丽艳（2006）更明确指出在汉语口语交际中"你知道"已经是话语标记（discourse marker），并详细考察了"你知道"的三种使用模式及功能。[②]

在口语篇章连接研究方面，方梅（2000）研究了自然口语中弱化连词的话语标记功能，指出在实际口语中，一些传统上被认为表达小句或句子之间时间或逻辑语义关系的连词意义逐步虚化，成了"非真值语义表达"，并进而讨论了这些连词的话语功能及认知基础。金晓艳（2006）则考察了时间连接成分中的后时连接"后来"类、"随即"类、"不久"类在篇章中连用与合用的不同类别和方式，以及由此表现出的

[①] 廖秋忠：《汉语篇章中的连接成分》，《中国语文》1986年第6期。陈平：《汉语零形回指的话语分析》，《中国语文》1987年第5期。徐纠纠：《叙述文中"他"的话语分析》，《中国语文》1990年第5期。

[②] 方梅：《汉语口语后置关系从句研究》，载《庆祝〈中国语文〉创刊五十周年学术论文集》，商务印书馆2004年版。陶红印：《从语言、语法和话语特征看"知道"格式在谈话中的演化》，《中国语文》2003年第4期。刘丽艳：《话语标记"你知道"》，《中国语文》2006年第5期。

不同语义效果和连接功能。①

近年来，对话语标记的研究更成为篇章研究的主流。如乐耀（2010）对北京话中"你像"的话语功能及相关问题进行了分析；董秀芳（2010）考察了来源于完整小句的话语标记"我告诉你"；张先亮（2011）对"可不是"的语篇功能及其词汇化进行了探讨；胡德明（2011）还对话语标记"谁知"进行了共时和历时的考察。②

不过，以上这些研究都是对现代汉语标准语或北京话的考察，其他汉语方言方面目前就笔者视线所及，只有项梦冰（1997：271—308）描写了连城客家话中的话题语标记"时"，并分析比较了话题句和常态句的对立。③ 因此可以说，方言语篇研究方面还有很多工作要做。

二 本章研究范围和语料

根据功能语法，把篇章中结构互不相关，但语义上互相依赖的各个成分联成一体的功能就是衔接。衔接的手段主要有五种：照应（reference）、省略（ellipsis）、替代（substitution）、连接（conjunction）和词汇衔接（lexical cohesion）④。本章研究其中的篇章连接问题。据 Halliday and Hasan（1976），按连接语义区分的范畴，篇章连接可以分为四个大类：添加、转折、因果和时间。本章采用这一分类，以武汉话口语语料为研究对象，考察武汉方言口语语料的篇章连接问题，主要描写这四类篇章连接在武汉话口语里的各种表现形式及语义功能。

还要说明的是，篇章连接成分中有一部分与句子的连接成分重叠，比如"可是""所以"等，这不在本次研究的讨论范围之内。本章考察的篇章连接成分专指只用于连接对象在不同句子或段落里的那些连接

---

① 方梅：《自然口语中弱化连词的话语标记功能》，《中国语文》2000 年第 5 期。金晓艳：《后时连接成分的连用与合用》，《汉语学习》2006 年第 2 期。

② 乐耀：《北京话中"你像"的话语功能及相关问题探析》，《中国语文》2010 年第 2 期。董秀芳：《来源于完整小句的话语标记"我告诉你"》，《语言科学》2010 年第 3 期。张先亮：《"可不是"的语篇功能及词汇化》，《世界汉语教学》2011 年第 2 期。胡德明：《话语标记"谁知"的共时与历时考察》，《语言教学与研究》2011 年第 3 期。

③ 详细参见项梦冰《连城客家话语法研究》，语文出版社 1997 年版，第 271—308 页。

④ 参见胡壮麟、朱永生、张德录《系统功能语法概论》，湖南教育出版社 1989 年版，第 150—151 页。

成分。

本章研究因为涉及语篇问题，而且特别强调以现代武汉人正在使用的口语为研究对象，所以在语料选择上，采用了相对有较强故事性、连贯成篇的封闭语料。这包括两个部分，一是音像材料《田克兢系列小品之一、二》（武汉音像出版社，2004）、《岔巴子田克兢专辑》（湖北音像艺术出版社，2005）。这一部分所有的音像语料经笔者本人转写。二是《楚天都市报》（2006年8—12月）的"茶馆专刊"，这一部分语料都是现今武汉人用武汉话讲述的生活小事或故事。

第二节　武汉方言口语篇章的添加连接

添加，简单地说，就是指说话人在完成一个陈述后，觉得不够，又补充一些新信息。连接那些已述信息和追补信息的语言成分，就是我们所说的添加连接。根据连接成分前后信息之间的关系，添加连接可以再分为以下3种：

一　添加具体解释

连接对前面话语的具体解释、举例。武汉话口语篇章中常用的这类表达形式有：您家莫不信、您家说、您家想哟。例①：

（1）10月16号一条新闻说，一个人坐倒屋里一个月赚了万把块钱。您家莫不信，这绝对是真的。那个人叫何苗……

（2）"服务员，你们菜单高头的相片怎么跟端上来的东西都不一样啊？"我有点烦了。

"哦，菜单高头的那是菜的艺术照。您家说，人的艺术照跟真人会不会一样咧？呵呵。"服务员还蛮幽默，解释得我无话可说。

（3）首先，出一个歇后语大家猜：玻璃胯子——打一个名词。对了，名角！您家想哟，用玻璃做的胯子，那两个脚还不是明晃晃亮闪闪的？

（4）但是不晓得为么事，"大麻元"虽然出了名，我还是更喜

---

① 因为篇章引文较长，故本章所有例句中的连接成分均用下划线标注，以便阅读。

"欢喜坨"那个老名字。土是土了点，但您家想吵，欢欢喜喜的甜坨坨，哪个听了不喜欢咧？

例（1）"您家莫不信"连接的是对前面"坐倒屋里赚了万把块钱"这一陈述所举出的具体例子；例（2）"您家说"后面的添加是在解释前面的"菜的艺术照"当然跟实物不一样的道理；例（3）、（4）"您家想吵"后面的叙述分别是对前面的"歇后语"和"欢喜坨"的具体解释。

二　添加主观评价

连接说话人对前面叙述的主观评价，或者是引导听话人对说话人的意见给予赞同。武汉话口语篇章中常用的这类表达形式有：您家们看、您家说。例如：

（5）牟伦海以为老婆是假装的，冇耳她，后来听她越叫越狠，脸色卡白，他才晓得出了鬼。把老婆送到医院一查，你吓我！肋骨断了。您家们看，这太不应该了吧。

（6）……结果是，法院准许两个人离婚，但是，至于这两万块钱，法院说不符合《婚姻法》。您家说，这事霉不霉？

（7）12月6号一条新闻，主人公是河北一个25岁的儿子伢。……人造了两坨胸大肌，就像健美运动员那样。哪晓得弄巧成拙，他的假胸硬是把女朋友吓跑了！您家说，这是不是疯倒扳？

例（5）—（7）中"您家们看/您家说"前面是说话人对一个完整事件的叙述[①]，后面是说话人对这些事件的看法，但是说话人明显希望听话人也同意自己的意见，所以后面的叙述一般都采用了征求意见似的语气，比如用"吧"、用"反复问句"。而用连接成分"您家们看""您家说"，一来说话人可以用它来标志长篇的叙述结束了，提醒听话人注意自己后面要表达的看法；二来也拉近了和听话人的距离，以有利于听话人同意自己的看法。

这里"您家们看""您家说"的使用，充分反映了言语活动的交互

[①] 限于篇幅，本处对完整事件的叙述没有全部引用。文中用例一般都只引用离连接成分较近的部分，以下皆同。

主观性（inter-subjectivity）。也就是说，说话人用明确的言语形式表达对听话人的关注，这种关注体现在认识意义上，即关注听话人对命题内容的态度。即使上面的几个用例的语境都是非互动交际，但说话人还是尽可能地用明确的语言形式表达对听话人的关注。

三 引出新信息

连接成分用来引出新信息，该信息是说话人所要陈述的主要内容（焦点信息）。在说话人的推测中，这一信息对听话人来说是未知的，甚至可能是意料之外的。常用的表达形式有：你不晓得呀、我就说唦、您家看。例如：

(8) 下午，老公颠颠颠回来了，我高兴流了地跟他去开门……"么回事唦？你有买新的？"老公笑得像欢喜坨："<u>你不晓得呀</u>，我先去卖这个坏显示器，正好碰到一个懂行的老板，他说可以跟我修。……"

(9) 语境：A、B在商场碰到了，都是来陪老婆逛商店的。

A：何老师，我说您家就莫上去了，商场停了电，那八楼几难爬呃。就叫那个扁担自己上去就行了唦。

B：<u>你不晓得呀</u>，那个东西吧，扁担可以挑咧，我那个老婆咧，还得要人背唦。

(10) 往年的中秋节都在国庆节前头，今年因为过了两个七月，一下子把中秋节推倒国庆节后头了。<u>您家看</u>，前天才过了国庆节，大后天又要过中秋，晓得几热闹呃！

(11) 这时候，老爸又在旁边咕了一句："<u>我就说唦</u>，喊么事不好，非要喊么事'瘸子'，这下好咧，照出这个'要哭不得嘴瘪'的苦瓜样！"

例（8）中"我去卖旧显示器的时候，老板帮我修好了"、例（9）中"我得上楼去背老婆下来"，都是说话人认为听话人绝对不知道的信息；例（10）中"前天才过了国庆节，大后天又要过中秋"是说话人要强调的信息；例（11）"我就说唦"后面的内容是说话人此次话语的焦点，他要解释"虽然他不情愿，但确实喊了'瘸子'"。可见，这几个连接成分的语义都是指向后面，引出的叙述一般都是焦点信息。

这一节考察了武汉方言口语篇章中的添加连接。添加连接所连接的后面添加部分，有的是对前面叙述的具体解释；有的是说话人对前面叙述的主观评价，或者是引导听话人对说话人的意见给予赞同；还有的是引出说话人认为听话人所不知道的意外信息或焦点信息。所用的连接形式主要有：您家莫不信、您家说、您家想吵、您家（们）看、你不晓得呀、我就说吵等。他们并不是一一对应关系，具体请见表10-1。

表10-1　　　　　　武汉方言口语篇章的添加连接形式

	具体说明	主观态度或引导听话人赞同	意外信息或焦点信息
您家莫不信	+		
您家说	+	+	
您家想吵	+		
您家（们）看		+	+
你不晓得呀			+
我就说吵			+

由表10-1可见，"您家说"既可以连接具体解释的添加，也可以连接表示说话人主观态度的添加；"您家（们）看"也同时具有连接主观态度和引进意外信息或焦点信息的功能。而且，这里的"说"和"看"也不再具有那么实在的言说义和观察义，比如例（7）的"您家说，这是不是疯倒扳？"里的"说"，并没有要听话人说什么话；而例（5）里"您家们看，这太不应该了吧。"的"看"也没有要听话人看什么东西，只是作为叙述的一个环节，说话人用以引起听话人的注意，进而引进后面的叙述。可见，这两个连接成分已经具有了话语标记的特征，可以看作一种话语标记了。而其他的几个连接形式都还有本身比较实在的语义，"您家莫不信""您家想吵"要解释为什么"莫不信"和"想什么"，所以后面能引进表示具体说明的叙述。"你不晓得呀"既然是听话人不知道的，那后面当然就是意外信息了。"我就说吵"因为有了表示强调的副词"就"，所以能连接、引进后面说话人要强调的焦点信息。可见，由于这些连接成分本身所具有的语义及其虚化程度的不同，它们所具有的连接功能也不一样。

第三节 武汉方言口语篇章的转折连接

转折连接是连接前后叙述的事件发展不一致，或者在本质上有差异。具体来说，还可以分为：一般转折、意外转折、实情转折和让步转折。武汉话口语篇章中常见的转折连接表达形式有：也是出鬼、哪晓得、说实话、话说转来。

一 一般转折连接

在语篇中表达一般转折连接，武汉方言可以用"也是出鬼"。例如：

（12）前天，我正在外头办事，突然一个报社的编辑打电话来，找我写个稿子，而且像催命样的……我急得瞎转，到处找网吧。<u>也是出鬼</u>，越是找么事就越是找不倒，得亏我灵光，想起来有一个"梗朋友"就住在那块，他屋里就有电脑吵。

（13）这个伢吧，随哪个的话都不听，我们也有得法管他。<u>也是出鬼</u>，那个强强说个么事，他吭都不吭一声就照办……。

这里的两例"也是出鬼"都可以用"不过，可是"来替换，只是替换后比较文气，在武汉话口语中不常用。但是反过来，不能说能用"不过、可是"的地方都能用"也是出鬼"，这个连接成分只用于篇章连接，在句中是不能用的。

二 意外转折连接

意外转折连接，也就是后面的事件没有按前面事件的常理发展，或者是出现了与说话人"预期"相反的情况。武汉方言口语篇章中用"哪晓得"来表达。例如：

（14）儿子迷恋上网，一天到晚泡在网吧里，爸爸恨伤了心，去网吧捉儿子。<u>哪晓得</u>儿子看倒爸爸就跑，爸爸追不上，急中生智，于是上演了"捉小偷"一幕。

（15）儿子吃惯了老婆弄的饭，嘴巴不晓得几刁。……冇得法，我只有把他送到老亲娘屋里，让他家家照顾他的一日三餐。……

哪晓得只过了一天,老亲娘的电话就来了:"我弄的饭好像不合欢欢的口味,每回他硬像吃闹药样的。"我只好……

例(14)"爸爸去网吧捉儿子"事件的正常发展应该是"捉到了儿子",但下面出现了"儿子见到爸爸就跑,爸爸追不上"的情况;例(15)"只过了一天老亲娘就来了电话"是说话人没有预料到的事情,所以都用了"那晓得"来连接,表达说话人比较强烈的意外的语义。

三 实情转折和让步转折

实情转折是指说话人觉得前面的叙述不太正确或不太好,后面才是事实或说话人的真实想法。让步转折是指说话人在确认前面叙述的前提下,后面表述还需要承认有另一方面的事实。武汉方言口语篇章中连接实情转折可以用"说老实话";连接让步转折可以用"话说转来"。例如:

(16)呵呵,想出来了冇?我把"标准答案"告诉您家算了——蜈蚣用一只脚捂倒鼻子在,因为牛屎巴巴太臭了唦。

<u>说老实话</u>,同事告诉我这个答案的时候,我并不是蛮服啄服气,虽然这个答案蛮有道理,但是还冇得我想的那几个答案好玩……。

<u>话说转来</u>,这种问题其实本身就冇得一个唯一的答案。所以,要是您家高兴,想出了更过瘾更好玩的答案来,那我就冇白忙。

(17)语境:几个亲友在谈论第一次见面的丽丽的男朋友。

A:这个儿子伢看倒蛮灵光,还是蛮会做事的样子。

B:就是学历不太高,还冇得我屋里丽丽高。

A:是唦,就是这个缺一点。

B:<u>话说转来</u>,他那个工作还是蛮稳定,学历低是低点。现在的事难说,就是个研究生毕业,也不见得有个么蛮好的工作,是不是咧?

例(16)中"说老实话"后面引出的是说话人自己真实的想法"她并不服气";例(17)的"话说转来"显然是先承认了"学历不高"的缺点,然后再肯定"工作稳定"这一优势也是事实。

这一节讨论了武汉方言口语中的转折连接,主要连接形式有"也是出鬼、哪晓得、说实话、话说转来"4种。其中"也是出鬼"用于一般的转折关系连接;"哪晓得"连接意外转折;"说老实话"连接实情转折;"话说转来"则连接让步转折。这些连接形式所连接的后继叙述都跟他们本身所具有的实在语义密切相关,比如"哪晓得"本身就有表示意外的语义,所以它能用来引进后面的意外转折等。

第四节　武汉方言口语篇章的因果连接

因果连接是指连接原因和结果的语言形式。在对武汉话口语篇章的考察中,笔者发现这类连接形式是最少的,这和廖秋忠(1986)对普通话的研究结果非常一致。正如廖文指出的那样,"并非所有的语义联系都有相应的语言表达式,有许多语义联系是隐性的(implicitness)"①。这里所说的"隐性的",就是零形式,也就是无标(unmarked)形式。认知语言学的诸多研究表明,当语言是常态的时候,一般是无标的,只有当语言是异态的时候,才是有标的(marked)。

Tai(1985)指出,汉语语序结构中最普遍的原则是时间顺序原则,语言结构顺序直接反映了像似的时间结构顺序。② 反映在篇章中,小句的排列顺序一般与自然事件的发生顺序一致,就因果关系而言,就是一般都是先叙述原因,再叙述结果。因此在这样的叙述因果关系的常态篇章中,语言往往是无标记的。只有当叙述顺序与事件顺序不一致时,语言才采用标记形式。笔者发现的武汉话口语篇章中的唯一一个因果连接成分,恰好就是表示倒置因果连接的"我是说"。

"我是说",其中"是"往往发音拖长,成为"我是-说"(-表示语音延长,以下皆同)。使用模式为"我是-说 A,(搞半天)B"。语义功能是表达倒置的因果关系,说话人对出现的事实(结果)A 感到疑惑,现在知道了是原因 B。例如:

(18)<u>我是-说</u>以前那些经常上门的推销员这些时么越来越少了咧?搞半天,他们一来,就成了老娘的"陪聊员",他们被吓怕了,再不敢来了。

(19)<u>我是-说</u>么样等这半天都冇得个人咧,搞个半天他们改了时

---

① 廖秋忠:《汉语篇章中的连接成分》,《中国语文》1986 年第 6 期。
② 此处转引自方梅《自然口语中弱化连词的话语标记功能》,《中国语文》2000 年第 5 期。

间有告诉我。

例（18）"经常上门的推销员现在越来越少"的原因是"他们一来就成了妈妈的陪聊"；例（19）"我等了半天都没人来"的原因是"改了时间没告诉我"。小句排列都是前果后因，所以用了"我是说"这个连接成分来标记。

北京话里也有形式相同的篇章连接成分"我是说"，但"是"的后面不能延长发音，而"说"的后面发音可以延长，成为"我是说－"，使用模式和意义功能都与武汉话不一样。北京话的"我是说－"使用模式是"……，我是说－……"，意义功能为对前面的话语进行解说或纠正。例如①：

（20）阿眉现在对我不太尊重，总是动手动脚，<u>我是说</u>，总是揍我。

（21）你老实说，这就是你希望的——<u>我是说</u>你婚前想象的梦想的那种……生活？

（22）还记得那年到过咱们舰的那个女孩吗？就是她。她长大了，我和她搞上了。<u>我是说</u>谈上了。

例（20）"我是说"后面的"总是揍我"是对前面话语"对我不尊重，总是动手动脚"的具体解释；例（21）"我是说"后面的话语是在试图详细说明"你希望的（生活）"指的是什么；例（22）则是对前面话语进行纠正，或者说是换了一个说法。

武汉话的"我是说"重音放在"是"上，用来强调确认事实，就好像"我是说过那些话"里面的"是"一样，有"确实、真的"的意思；北京话的"我是说"重音在"说"上，它的作用是引导出"说"后面的话语，让后面的话语成为听话人注意的信息。

这里提到北京话的"我是说"并不是想要简单地和武汉话作个对比，而是想指出，在研究方言篇章问题时，也许还会有很多这样的同形异质现象，它们之间有无联系，有无共同的来源，是怎么发展来的，都是值得进一步关注的问题。

这一节通过考察武汉方言口语篇章中的因果连接发现，只有在表达

---

① 北京话用例均来自"北京大学汉语语言学研究中心"的网上语料库（王朔小说）。

倒置因果时，武汉方言才用"我是－说"这一形式来进行篇章连接，而一般情况下，表达因果连接都采用零形式，也就是无标记形式，这符合语言的时间顺序原则。

第五节　武汉方言口语篇章的时间连接

任何一个有意义的语篇一般都要完整地反映一个事件的发展过程，这就必然涉及过程发展的先后顺序。连接一个事件的某些阶段或者是连接两个或两个以上事件的发展过程的语言形式，就是时间连接。按照事件的开始、发展和结果，时间连接也可以分为起始时间连接、中间时间连接和完结时间连接。

一　起始时间连接

表示一个事件的某个阶段或者几个事件中的一个是最早发生的。武汉话口语篇章中常用的起始时间连接形式有：一驾［ka^{35}］式开始。例如：

（23）拐子开了一个玩具加工厂，<u>一驾［ka^{35}］式</u>，拐子不晓得么样管，工厂就像菜园门，在工作时间里，员工们进进出出打打闹闹是常有的事。拐子发现苗头以后，气死了……他宣布从那天起，员工上班必须坚守岗位，严守纪律。

（24）今年，老婆觉得伢长大了，应该培养一下她的独立性了，就想和伢分床，让她一个人到她自己房里去睡。<u>一驾［ka^{35}］式</u>，姑娘要死要活不肯依，老婆白泡子说成黑泡子，这个鬼家伙才点头，但是她也提了一个条件……

很清楚，"拐子不晓得么样管"、"姑娘要死要活不肯依"的情况都是整个事件中最先发生的。

二　中间时间连接

连接一个事件开始后的某些阶段或者几个事件的依次发生。中间时间连接形式比较丰富，还可以再分为两类：一是表示阶段或事件的相继发生，间隔时间不长。常用的连接形式有：过了一哈、冇过两天、冇得

两天、冇得（几大）一哈、冇得一分钟等。例如：

（25）"你等一哈！"康康冲进了路边小店子。<u>过了一哈</u>，他出来把一个热水袋递倒我，"快抱倒，我刚买的，专门叫店老板灌了开水！"

（26）这神？我回复了一下。<u>冇得一哈</u>，我又收到一条短信……。嘿嘿！还蛮是那回事的咧！我当然是掌握今生，我想都冇想，按了2号键回复。<u>又冇得一哈</u>，短信又来了：……。

（27）我们学校的女生宿舍楼为了不让男生进入，值班室的王阿姨蛮负责，专门在楼门口竖了一块小黑板，高头用粉笔写倒：女生宿舍，男生请勿进。<u>冇得两天</u>，我们发现"勿"字被人擦了，变成了：女生宿舍，男生请进。

（28）早上，我到车站准备坐公交车到市郊办点事。……我只好在旁边的摊位高头买了一份报，一边看一边等。<u>冇得几大一哈</u>，一个扎马尾辫的小姑娘伢蛮亲热地过来跟我说："叔叔，我有凳子，你坐倒等咧。"

例（25）—（28）都是表示后面的事件紧接着前面的事件发生。有时候，发生的事件不止一个，这时，中间时间连接形式还可以重复使用，比如例（26），连用了"冇得一哈……又冇得一哈……"。

还有一类是表示从一个事件发生以后开始，出现另外的事件或状态，后一个事件或状态是持续的，可能一直持续到篇章中的说话时间。常用的连接形式有：从那咱起、从那满咱起、从正咱起、从那后。例如：

（29）一天，我骑车子下班，路过一个巷子口，突然发现旁边的墙高头贴出了一张大海报，咦！是个女明星的海报，这个女明星好漂亮啊！……我看倒看倒走神了，跟迎面的另一个男将擂到了一起。……<u>从那起</u>，每天路过这巷子口，我都蛮小心，尽量做到心无杂念，非礼勿视。但我发现了一个现象，有蛮多骑车子的人都在这里出事。

（30）老婆在一家外企应聘上了保洁员，去上班的第一天，她就发现公司所有人都有个外国名字……。她买了一张电视报，报纸高头有蛮多外国名字……最后圈定了一个蛮有点国色天香的洋名字——海伦。<u>从那后</u>，老婆只要一上班就跟她的同事吹："<u>从正咱起</u>，你们就叫我海伦·吴！"

例（29）中"每天路过这巷子口都很小心"的情况发生在前面叙述的事件"我和另一个男人骑车撞到了一起"以后，而且这种情况一直持续着，可能到说话人叙述时还是这样。例（30）"你们叫我海伦·吴"也是如此。

三 完结时间连接

表示一个事件的最后阶段或者表示某个事件是最后发生的。常用的连接形式有：最后。例如：

（31）周末，我们一家人到汤逊湖度假。看到景色蛮不错，我拿出照相机。我和妈妈、妹妹照了蛮多，只有老爸蛮怪，回回喊他，他都说："你们照你们照，我不喜欢照相。"<u>最后</u>，还是老妈做了他半天的思想工作，他才被扯过来。

（32）他一低头，看到钱包，连忙向四周瞅了一圈，<u>最后</u>，他想了一想，踢了一脚钱包，冷笑一声……

显然，例（31）中"爸爸被扯过来"照相、例（32）中"踢了一脚钱包，冷笑一声"都是事件最后发生的。

以上这三种时间连接形式分别用来连接事件发展的不同阶段，在很多情况下，它们还可以互相搭配使用，形成对一个事件过程的完整叙述。例如：

（33）<u>一驾</u>［ka³⁵］<u>式</u>，他每天早上去马路边上跑步，结果<u>有得两天</u>，不跑了，我笑他新开的茅厕三天香，他还不服哟："你懂么事吵……"

（34）试就试！我跌务把钱包丢到地上……

<u>有得一分钟</u>，一个儿子伢就过来了，他一低头，看到钱包……

<u>又过了一哈</u>，一个挂拐棍的老头子过来了……

<u>最后</u>我烦了，自己走过去把它捡起来。

例（33）用了起始时间连接形式和中间时间连接形式，形成一个开放的事件叙述。例（34）用了两个中间时间连接形式和完结时间连接形式，形成一个封闭的事件叙述，不过在这里，起始时间连接是无标的。

本节考察了武汉方言口语篇章中的时间连接问题，现归纳为表10-2。

表 10-2　　　　　武汉方言口语篇章的时间连接形式

起始时间连接	中间时间连接	完结时间连接
一驾式 开始	过了一哈、冇过两天、冇得两天、冇得（几大）一哈、冇得一分钟、从那（正咱）起、从那后	最后

表 10-2 清楚地显示，武汉方言口语篇章中表达时间连接的形式是不平衡的。表达起始时间和完结时间的连接形式不多，比较简单，而表达中间时间连接的形式则比较丰富。这也是因为在语言中，如果叙述顺序和事件自然顺序一致的时候，起始和完结的时间是很清楚的，所以多是无标记的。而中间相对来说是一个很大的范围，从起始到完结的中间阶段都是中间，当事件的发生过程比较复杂的时候，就必须用一个个的有标形式来明确事件发展的依次顺序。因此，中间时间连接形式相对来说就会比较多。

第六节　小结及余论

本章的最后简单讨论一下与此次研究有关的两个语言形式。笔者在考察武汉方言口语篇章的过程中，发现两个比较特别的连接形式"（你）个杂"和"你吓我"。这两个语言成分使用非常频繁，但本来的意思已经虚化，主要是引导出说话人吃惊或感叹的情绪，后面出现的句子一定是说话人希望听话人给予充分注意的新信息。Schiffrin（1987）曾把话语标记界定为：功能上具有连接性；语义上具有非真值条件性，即话语标记的有无不影响语句命题的真值条件；句法上具有非强制性，即话语标记的有无不影响语句的句法合法性；语法分布上具有独立性，经常出现在句首，不与相邻成分构成任何语法单位；语音上具有可识别性，可以通过停顿、调值高低等来识别①。根据 Schiffrin（1987）对话语标记的这些界定，笔者现在倾向于认为这两种连接形式具有话语标记的功能。例如：

---

① Schiffrin D., *Discourse Markers*, Cambridge: Cambridge University Press, 1987.

(35) 14号下午，一个女将一边抽烟一边逛街，这个山羊硬是跟在后头像跟屁虫。女将只好坐下来把烟喷到山羊脸上，山羊蛮享受，摇头晃脑地吸呀吸。<u>个杂</u>！它还蛮会韵泡子的！

(36) 那天我在"托爹所"又发表那个我的演说，我说，啊，<u>你个杂</u>，太不像话了！我们这些做老公的，不能让老婆这样逛商场啊，我们要对她们进行调教，要紧她们的螺丝。

(37) "我熬了鱼汤，你们么还不来啊？"老婆一听，张倒个大嘴巴，苕了："老娘让我们去喝鱼汤。"我也哭笑不得，<u>个杂</u>，原来，吴小姐就是我快七十岁的老亲娘哪！

(38) ……"相片给你"，表妹从包包里头抠出一张相片，我连忙抢过来，一看，天啦！相片高头一个小伢光倒屁股，旁边写倒：珍珍百日纪念。<u>你吓我</u>！搞半天是我小时候的那张裸照！

(39) 武汉一个男将花400多块钱买了一双名牌皮鞋，哪晓得才穿了4个月，鞋跟子就从2厘米磨得只剩半厘米了。<u>你吓我</u>！这也太不经磨了吧，未必鞋跟子是纸糊的？

(40) "我急需S报女性天地栏目的邮箱，谢谢了！"发完帖子，我有事上街去了，晚上回来打开网站一看。我那个帖子有人回了。

"二楼"说：……

"三楼"说：……

……　……

<u>你吓我</u>，他们七扯八拉，越扯越远。我连忙跟贴提示："各位拐子大哥，我要的是邮箱，你看你们扯到哪里去了？"

"个杂"是现在武汉人口语中常用的一个词，不过关于其来源目前还没有明确可信的研究成果①；"你吓我"的本来意思是表示某人或者某事"真让我吃了一惊"或"吓了我一跳"。但在上面各例中，显然，

---

① "个杂"一词据梅国庆先生考证（《楚天都市报·汉味茶馆》2006/10/5）是"好一个杂烩"的紧缩语形式。旧时对码头工人、人力车夫等体力劳动者来说，能吃上一顿有些肉的杂烩是很过瘾的，所以难免发出"好一个杂烩"这样的感叹。慢慢地这个词用法扩大，可以表示更多的感叹情绪，同时词形紧缩，成为现在的"个杂"。但仅从字面上看，也可能是从"你个杂种"这样的骂人话紧缩而来。不过不管其来源如何，笔者关注的是此表达形式原义已经虚化，在口语篇章中承担了一些连接功能。

这种本来的语义已经虚化，如果删去"（你）个杂"或"你吓我"，各语段的语义真值不变，但话语之间总觉得缺点什么，连贯不起来。不过比起前面提到的各种连接成分，"个杂"和"你吓我"独立性更强，接近于话语标志，但这还需要作更进一步地考察，所以此处暂且将这一现象罗列出来，期待今后有更多的研究。

以上本章从逻辑连接角度，按照篇章连接的具体语义分类，比较详细地描写了武汉方言口语篇章中添加连接、转折连接、因果连接和时间连接的各种表现形式及意义功能。篇章连接除了具有逻辑真值的连接功能外，还往往承载着一定的语用功能，比如"您家看""你不晓得呀"等，既连接了前后话语，表明了前后话语在语义上的添加关系，又同时具有唤起听话人注意的语用功能。这是篇章连接跟小句内连接非常显著的不同之处。另外，通过对武汉话口语篇章连接的考察，我们还可以看到语言的主观性（subjectivity）、象似性（iconicity）对自然语言篇章组织手段等方面也有显著影响，比如上面提到的说话人为了引起听话人注意使用的"您家看""你不晓得呀"等；顺序因果连接常常可以省略连接成分，而倒置因果连接则往往是有标的等等。

最后应该指出的是，本章研究的武汉话口语语料以叙述性语料居多，如果对更多的会话语料进行考察，可能会发现更多的关于话语连接手段的新问题，这也是今后可以继续研究的课题之一。

第十一章 结语

本书是一部研究武汉方言语法的专著。关于方言语法研究专著的研究模式，鲍厚星（2003）曾指出主要有三种：1. 基本采用一个参照系，如项梦冰《连城客家话语法研究》（1997）。该书基本以朱德熙《语法讲义》为框架，对连城客家话的主要语法项目逐一进行详细描写。2. 着意构建本方言的语法系统，如李小凡的《苏州方言语法研究》（1998）。作者强调"不能用普通话的语法系统去认同方言的语法现象"，因此在比如体貌、语气词、疑问系统方面都构建了自己的体系。3. 着眼于本方言特殊语法现象的研究，如汪国胜的《大冶方言语法研究》（1994），主要考察大冶方言中特殊的语法现象。① 不过，本书研究武汉方言语法，却并没有采用以上三种模式的任何一种。理由如下：

首先，笔者认为只描写方言语法中的特殊现象远远不够，因为首先何为"特殊"就是一个尚需讨论的问题。现在方言研究中所谓的"特殊"，往往是与现代汉语共同语或北京话比较得出的结论。而随着方言语法类型研究的日益开展，"特点式的研究路子所得的材料往往不能为类型研究所用，因为对类型研究来说，方言语法无论跟官话同还是不同，都是'特点'，都有意义。譬如，以 A 为设定的语法项目，则两个方言之间的同异表现为 3 种情况：①相同；②不同；③不相关，即其中一个方言根本不存在这个项目。我们正是要根据这种种情况以划定其类

---

① 参见鲍厚星《方言语法研究与田野调查》，载戴昭铭主编《汉语方言语法研究和探索——首届国际汉语方言语法学术研讨会论文集》，黑龙江人民出版社 2003 年版，第 31—36 页。

型，探讨其关系"（项梦冰、曹晖 1992）①。可见，在类型学视野下的汉语方言语法研究，需要对某一方言语法现象做全面、系统的考察。

其次，采用一个参照系，比如朱德熙的《语法讲义》，也会有些问题。因为《语法讲义》是现代汉语共同语的研究框架，用这个研究框架去套某一个方言，就跟用西方语言学理论去套汉语事实一样，一定也会出现问题。一个最典型的例子就是关于处置式的问题。本来处置式就是用来指称现代汉语共同语中的"把"字句的，但是在很多汉语方言，特别是东南沿海方言中，不用处置标记的语法形式更多更为常用，那么这样的语法形式是否该称为"处置句"就是一个很大问题。现在方言学界虽然采用了广义处置句和狭义处置句的概念来讨论问题，但这并不是解决的办法。因为何谓广义处置句是很难界定的，一般的动词谓语句多少都会表达一些对事物的处置，比如"打扫一下房间"，但当然不能把这个也称为处置句，不然处置句的概念太过宽泛，也就没有意义了。另外，方言中一些帮助表达处置的形式，比如用在句末复指受事宾语的第三人称代词到底算不算处置标记等问题也很难一概而论，这样以有无处置标记来划分广义处置句和狭义处置句在实际操作中其实非常困难。"名不正则言不顺"，用已有的一套共同语研究框架去考察方言语法，常常会出现诸如此类的问题。

最后，如果能如第二种研究模式那样，创建自己方言的语法系统，那当然是最好的。可是，就武汉方言研究现状来看，这一点目前还无法做到。武汉方言在语法方面的研究现在还非常薄弱，可以说是刚刚起步，空白点太多，在还没有完全弄清语言事实的情况下，创建语法系统框架无疑是不可能的。

因此基于以上考虑，本书采用了专题研究的方法。以意义范畴为纲，从意义出发寻找表达各种意义范畴的语言形式进行全面、细致的描写，并参照历时、共时的研究成果，努力寻求对各种语言现象的解释。具体来说，本书研究了武汉方言的数量、程度、体貌、否定、疑问、处置、被动、情态等 8 个意义范畴，最后还涉及了口语语篇中的连接问

---

① 项梦冰、曹晖：《大陆的汉语方言语法研究》，《云南师范大学哲学社会科学学报》1992 年第 24 卷第 6 期。

题，是在方言语法研究中引进篇章问题的一个尝试。

在首先对武汉及武汉方言归属、语音基本情况等做了简介之后，本书研究了两份20世纪初期汉口话的文献记录：一是《马可福音》的汉口话译本；二是为在汉口的日本人编写的汉口话教材《汉口语自佐》。《马可福音》用王照注音字母记录，可以还原20世纪初的汉口音；《汉口语自佐》记录了当时活生生的口语，对口耳相传、书面文献资料不足的方言研究来说都非常难得。在研究汉口语音时，还参照了两份19世纪中期关于汉口话语音及词汇的记录（Parker 1875，1878）[1]。这些研究从历时角度展示了武汉方言，使方言概貌有了纵深感，更加丰富。

第三章数量范畴研究了武汉方言的物量、动量、时间量、空间量、约量和主观量等几个方面的问题。主要讨论了量词的单用和重叠；动作增量、减量的表达形式以及动词重叠与量的关系。还特别关注了约量和主观量的表达形式。数字连用、约数词语、"C把"及其三种变体形式"C把C、C把两C、C把来C"都是武汉方言里用来表达约量的形式。通过对主观大量和主观小量的考察发现，武汉方言里主观大量的语言表现形式要多于主观小量的语言表达形式，体现了语言主观表达的不平衡性。

第四章从词汇和句法两个方面，详细考察了武汉方言程度表达的各种语言形式。武汉方言里形容词生动形式不丰富，前缀也不多，在词汇手段方面，主要依靠后缀表达程度。与此相反，表达程度的句法手段很多，并且表现出由低程度到高程度的层级性特点。通过与普通话及其他方言和语言的比较，本书还指出，在语言中表达高程度的语言形式往往多于表达低程度的语言形式，且这种现象具有一定的普遍性。

第五章将武汉方言体貌系统整理为：完成体、经历体、短时体、进行体、持续体、起始体、继续体和先行体。完成体体貌标记是"了"。经历体体貌标记是"过"。短时体主要用"V一哈、V哈、V（一）哈子"来表达，还可以用"V（一）哈哈"这种变体形式来强调事件的短时。进行体用置于动词前的副词、介词结构"正、正在、在那里"

---

[1] Parker, Edward H., "The Hankow Dialect", *China Review*. Vol. 3, No. 5, 1875, pp. 308-312. Parker, Edward H., "The Comparative Study of Chinese Dialects." *Journal of the North China Branch of the Royal Asiatic Society*, new series. No. 12, 1878, pp. 19-50.

及由体貌标记"在"构成的三种格式表达。持续体的体貌标记是"倒",具体有由"倒"构成的三种形式。句尾"在"既能表达进行,又能表达持续。武汉方言还有表示两个事件时间先后或条件的先行体,其体貌标记为"咗"。

第六章从否定词及否定结构两个方面,研究了武汉方言的否定范畴。武汉方言表达存在否定和一般动词、形容词否定具有不同的语言形式。存在否定用［m－］系的"冇得、没［mei⁵⁵／mɔ⁵⁵］得"。一般否定有未然和已然的对立,否定未然用［p－］系的"不";否定已然用［m－］系的"冇、□［miou⁴²］"。存在否定和一般否定（已然）有两套来自不同层次的否定词,"冇"类直接来源于古代汉语,"□［miou⁴²］"则是语言接触的产物。

第七章考察了武汉方言的疑问范畴。武汉方言里是非问句不发达,只能表达疑问度低的求证性疑问。反复问句是行使疑问功能的重要和主要手段,其基本形式是"V－neg－VP",有 4 类 17 种变体格式。特指问有一套跟现代汉语共同语完全不同的疑问词系统,它们是直承中古、近代汉语口语中的疑问词而来。选择问有 3 种形式,基本格式是"是 X,还是 Y?",这也是用得最多的一种选择问形式。

第八章研究了武汉方言的处置式和被动式。武汉方言表达处置主要用有标记的"把"字句和句末代词回指句,同时也存在处置标记"把"与句末代词回指共用的杂糅形式。不过句末代词回指句在句法条件上更加受限,这主要表现在对动词和补语的要求上。武汉方言的被动标记有"把"、"把倒"和"把得"3 个,但无标记的意合被动句也很常见。本章还特别讨论了处置、被动共标记的现象,指出武汉方言"把"兼作处置和被动标记其实经历了两条不同的语法化路径:处置标记的来源是持拿义动词"把";被动标记的来源则是"把"由持拿义转生出给予义,然后由给予义经使役化最后成为被动标记。这两条语法化路径具有一定的语言共性。另外,本章还考察了汉语方言中代词回指处置句的类型、共性和差异,并对这一句式的来源也做了一些探讨。

第九章以武汉方言多功能情态词"得"为切入口,探讨了方言中多功能情态发展演变的问题。"得"在武汉方言里作为情态助词,具有动词前和动词后两种句法位置。动词前"得"可以表达三种情态:条件必要、义务必要和知识性情态，动词后"得"只表达可能性（包括条件可能和能力可能）。动词后"得"又有两种句法形式"V 得"和"V 得 C"，两种结构均既可表条件可能，又可表能力可能。但"V 得"表达动作实现的可能性，"V 得 C"表动作产生某种结果或状态的可能。本章还指出了获得义动词 > 条件可能 > 认识可能/义务情态、条件可能 > 能力可能等情态义发展方向，并详细构拟了其语法化路径。

第十章尝试性地研究了武汉方言口语篇章中的连接问题。从逻辑连接角度，按照篇章连接的具体语义分类，讨论了武汉方言口语篇章中添加连接、转折连接、因果连接和时间连接的各种表现形式及意义功能。口语篇章连接的研究表明，语言的主观性（subjectivity）、象似性（iconicity）对自然语言篇章组织手段等方面有显著影响。

本书在整个研究过程中，特别注重系统研究的思想。这首先表现在力求穷尽描写一个语义范畴在武汉方言中所具有的种种语言表达形式，并将此放在一个系统中考察各种形式之间的关系。其次，在进行比较研究时，也不是与共同语或其他方言进行简单比较，而是注意一个语言形式在各自不同的语言系统中的位置和作用。笔者认为，语言现象只有在自身的系统内才能正确、充分地说明其价值。比如武汉方言的反复问句，如果只是简单地跟共同语进行对比，在形式上几乎看不出有什么不同，因为武汉方言反复问的基本形式也采用"V – neg – VP"式。但是，如果将这一问句形式放到武汉方言整个问句系统中去考察，就会发现，反复问在方言疑问系统中所有的地位跟共同语中的反复问完全不同。因为武汉方言里没有共同语中的"吗"类是非问句形式，所以反复问承担了表达一般疑问的几乎所有功能。这一强大的功能又反过来影响到了进入"V – neg – VP"格式里的词类的扩大，比如副词也可以进入这一格式的反复问句，甚至还会导致新的反复问形式的产生等（参见第七章第三节）。可见同样是反复问，它在武汉方言疑问系统里的作用是共同语里的反复问无法比拟的，简单的比较是无法看到这一点的。

作为一本方言语法研究专著，本书尚有不少不足之处。从研究范围上来看，虽然考察了数量、程度、体貌、否定、疑问、处置、被动、情态以及篇章连接等诸多方面的问题，但还不能说充分和完善。比如，比较范畴本书就未涉及。而且有的范畴，比如情态，研究还不充分，因此无法构建系统等。另外，由于本次研究采用的是从意义到形式的研究方法，所以一些传统语法学中应该涉及的诸如代词、介词等问题未能涉及。比如在介词方面，有些问题还是很值得讨论的。如武汉方言的"跟"，既可以作并列连词，也是伴随介词，而作为介词时，它还可以引进动作对象，并且还能作受益者标记。这是很有意思的语言现象，值得关注和研究。但这次因体例关系没有涉及，是一种缺憾。这些方面的内容都是今后应该继续研究的课题。

参考文献

一 中文著作

白涤洲:《关中方音调查报告》,喻世长整理,中国科学院,1954年。

鲍厚星:《方言语法研究与田野调查》,《汉语方言语法研究和探索——首届国际汉语方言语法学术研讨会论文集》,黑龙江人民出版社2003年版。

薄冰、何政安:《英语语法》,开明出版社2006年版。

曹广顺:《近代汉语助词》,语文出版社1995年版。

曹茜蕾:《汉语方言的处置标记的类型》,《语言学论丛》第三十六辑,商务印书馆2007年版。

曹志耘、秋谷裕幸、太田斋、赵日新:《吴语处衢方言研究》,好文出版2000年版。

曹志耘:《严州方言研究》,好文出版1996年版。

曹志耘主编:《汉语方言地图集》(语法卷),商务印书馆2008年版。

陈前瑞:《汉语体貌研究的类型学视野》,商务印书馆2008年版。

陈淑梅:《鄂东方言语法研究》,江苏教育出版社2001年版。

陈泽平:《福州话的动词谓语句》,《动词谓语句》,暨南大学出版社1997年版。

陈章太、李行健:《普通话基础方言基本词汇集》,语文出版社1996年版。

大西博子:《萧山方言研究》,好文出版1999年版。

戴耀晶:《汉语的时体系统和完成体"了"的语义分析》,《汉语时体系统国际研讨会论文集》,百家出版社 2004 年版。

戴耀晶:《现代汉语时体系统研究》,浙江出版社 1997 年版。

戴昭铭:《天台方言研究》,中国社会科学出版社 2003 年版。

戴昭铭主编:《汉语方言语法研究和探索——首届国际汉语方言语法学术研讨会论文集》,黑龙江人民出版社 2003 年版。

邓思颖:《汉语方言语法的参数理论》,北京大学出版社 2003 年版。

丁家勇:《湘方言动词句式的配价研究——以隆回方言为例》,湖南师范大学出版社 2006 年版。

丁声树等:《现代汉语语法讲话》,商务印书馆 1961 年版。

杜轶:《"得+VP"结构在魏晋南北朝的发展——兼谈"V 得 C"结构的来源问题》,载沈家煊、吴福祥、李宗江主编《语法化与语法研究（三）》,商务印书馆 2007 年版。

段业辉:《中古汉语助动词研究》,南京师范大学出版社 2002 年版。

范锴:《汉口丛谈》,早稻田大学图书馆藏 1822 年版（http://www.wul.waseda.ac.jp/kotenseki/html/ru05/ru05_01307/index.html 2020.11.12）

范晓蕾:《"汉语方言的能性情态语义地图"之补论》,《汉语多功能语法形式的语义地图研究》,商务印书馆 2015 年版。

范晓蕾:《基于汉语方言的认识情态语义地图》,《语法研究和探索（十六）》,商务印书馆 2012 年版。

范晓蕾:《以汉语方言为本的能性情态语义地图》,《语言学论丛》（第四十三辑）,商务印书馆 2011 年版。

方梅:《汉语口语后置关系从句研究》,《庆祝〈中国语文〉创刊五十周年学术论文集》,商务印书馆 2004 年版。

方小燕:《广州方言句末语气助词》,暨南大学出版社 2003 年版。

冯春田:《近代汉语语法研究》,山东教育出版社 2000 年版。

冯胜利:《汉语的韵律、词法和句法》,北京大学出版社 1997 年版。

[德] 弗雷格:《否定》,王路译,载《弗雷格哲学论著选辑》,商务印书馆 1994 年版。

高名凯:《汉语语法论》,商务印书馆 2011 年版。

河北省昌黎县县志编纂委员会、中国社会科学院语言研究所:《昌黎方言志》，科学出版社 1960 年版。

洪波、赵茗：《汉语给与动词的使役化及使役动词的被动介词化》，《语法化与语法研究（二）》，商务印书馆 2005 年版。

胡明扬主编：《汉语方言体貌论文集》，江苏教育出版社 1996 年版。

胡明扬：《"着"、"在那里"和汉语方言的进行态》，《汉语方言语法研究和探索——首届国际汉语方言语法学术研讨会论文集》，黑龙江人民出版社 2003 年版。

胡裕树：《现代汉语》（增订本），上海教育出版社 1981 年版。

胡壮麟：《语篇的衔接与连贯》，上海外语教育出版社 1994 年版。

胡壮麟、朱永生、张德录：《系统功能语法概论》，湖南教育出版社 1989 年版。

黄伯荣主编：《汉语方言语法类编》，青岛出版社 1996 年版。

黄群建：《湖北方言文献疏证》，湖北教育出版社 1999 年版。

江矜夫：《汉口语自佐》，汉口日日新闻社 1921 年版。

江蓝生：《近代汉语探源》，商务印书馆 2000 年版。

蒋绍愚：《"给"字句、"教"字句表被动的来源——兼谈语法化、类推和功能扩展》，《语法化与语法研究（一）》，商务印书馆 2003 年版。

蒋绍愚：《近代汉语研究概要》，北京大学出版社 2005 年版。

［英］克里斯特尔·戴维编：《现代语言学词典》，沈家煊译，商务印书馆 2000 年版。

雷冬平：《近代汉语常用双音虚词演变研究及认知分析》，中国社会科学出版社 2008 年版。

黎锦熙：《新著国语文法》（1924），商务印书馆 1992 年版。

李明：《汉语助动词的历史演变研究》，商务印书馆 2017 年版。

李讷、汤普森：《汉语语法》，黄宣范译，台湾文鹤出版有限公司 1983 年版。

李如龙：《泉州方言的动词谓语句》，《动词谓语句》，暨南大学出版社 1997 年版。

李如龙、张双庆主编：《介词》，暨南大学出版社 2000 年版。

李小凡：《苏州方言的指示代词》，《语言学论丛》第十三辑，商务印书馆 1984 年版。

李小凡：《苏州方言语法研究》，北京大学出版社 1998 年版。

李新魁、黄家教、施其生、麦耘、陈定方：《广州方言研究》，广东人民出版社 1995 年版。

李宇明：《汉语量范畴研究》，华中师范大学出版社 2000 年版。

梁银峰：《〈祖堂集〉助动词研究》，《上海市社会科学界第六届学术年会文集·哲学历史文学学科卷》2008 年。

刘承慧：《汉语动补结构历史发展》，翰芦图书出版有限公司 2002 年版。

刘丹青：《苏州方言的动词谓语句》，《动词谓语句》，暨南大学出版社 1997 年版。

刘丹青：《语法调查研究手册》（第二版），上海教育出版社 2017 年版。

刘丹青：《语序类型学与介词理论》，商务印书馆 2003 年版。

刘丹青：《重新分析的无标化解释》，《语法化与语法研究（四）》，商务印书馆 2009 年版。

刘利：《先秦汉语助动词研究》，北京师范大学出版社 2000 年版。

刘俐李：《回民乌鲁木齐语言志》，新疆大学出版社 1989 年版。

刘叔新：《现代汉语被动句的范围和类别问题》，《刘叔新自选集》，河南教育出版社 1993 年版。

刘兴策、赵葵欣：《武汉方言音档》，上海教育出版社 1997 年版。

刘一之：《北京话中的"着"字新探》，北京大学出版社 2001 年版。

龙国富：《汉语中"VP – neg"疑问句式再探》，《语言论集》第 6 辑，中国社会科学出版社 2009 年版。

卢小群：《老北京土话语法研究》，中国社会科学出版社 2017 年版。

陆谷孙：《英汉大词典·第 2 版》，上海译文出版社 2007 年版。

陆俭明：《汉语时体系统国际研讨会论文集·代前言》，《汉语时体系统国际研讨会论文集》，百家出版社 2003 年版。

吕叔湘：《近代汉语指代词》，学林出版社 1985 年版。

吕叔湘：《吕叔湘文集·第二卷·汉语语法论文集》，商务印书馆

1990 年版。

吕叔湘：《释〈景德传灯录〉中在、著二助词》，《汉语语法论文集》（增订本），商务印书馆 1984 年版。

吕叔湘：《与动词后得与不有关之词序问题》，《汉语语法论文集》（增订本），商务印书馆 1984 年版。

吕叔湘：《中国文法要略》，商务印书馆 1942 年版。

吕叔湘主编：《现代汉语八百词》，商务印书馆 1981 年版。

吕文华：《被字句和无标志被动句的变换关系》，《句型和动词》，语文出版社 1987 年版。

罗常培：《临川音系》，科学出版社 1958 年版。

罗自群：《现代汉语方言持续标记的比较研究》，中央民族大学出版社 2006 年版。

马建忠：《马氏文通》，商务印书馆 1983 年版。

麦耘：《广州话以"佢"回指受事者的句式》，《第八届国际粤方言研讨会论文集》，中国社会科学出版社 2003 年版。

潘悟云：《温州方言的动词谓语句》，《动词谓语句》，暨南大学出版社 1997 年版。

彭兰玉：《衡阳方言的体貌系统》，《汉语方言语法研究和探索——首届国际汉语方言语法学术研讨会论文集》，黑龙江人民出版社 2003 年版。

彭兰玉：《衡阳方言语法研究》，中国社会科学出版社 2005 年版。

彭利贞：《现代汉语情态研究》，中国社会科学出版社 2007 年版。

彭睿：《语法化"扩展"效应及相关理论问题》，《语法化与语法研究（四）》，商务印书馆 2009 年版。

平田昌司主编：《徽州方言研究》，好文出版 1998 年版。

钱乃荣：《杭州方言志》，好文出版 1992 年版。

钱乃荣：《上海话语法》，上海人民出版社 1997 年版。

钱乃荣：《上海语言发展史》，上海人民出版社 2003 年版。

乔全生：《晋方言语法研究》，商务印书馆 2000 年版。

［日］桥本万太郎：《语言地理类型学》，余志鸿译，北京大学出版社 1985 年版。

饶秉才、欧阳觉亚、周无忌：《广州话方言词典》，香港商务印书馆1981年版。

饶长溶：《"不"偏指前项的现象》，《语法研究和探索》（四），北京大学出版社1998年版。

邵敬敏：《汉语方言疑问范畴比较研究》，暨南大学出版社2010年版。

邵敬敏：《现代汉语通论》，上海教育出版社2001年版。

邵敬敏：《现代汉语疑问句研究》，华东师范大学出版社1996年版。

邵敬敏、周娟、彭小川、邵宜、甘于恩、曾毅平：《汉语方言疑问范畴比较研究》，暨南大学出版社2010年版。

沈家煊：《也谈能性述补结构"V得C"和"V不C"的不对称》，《语法化与语法研究》（二），商务印书馆2005年版。

沈开木：《"不"字的否定范围和否定中心的探索》，《语法研究和探索》（三），北京大学出版社1985年版。

施其生：《汕头方言的动词谓语句》，《动词谓语句》，暨南大学出版社1997年版。

石汝杰：《苏州方言体和貌的表达方式》，《明清吴语和现代方言研究》，上海辞书出版社2006年版。

石毓智：《汉语语法》，商务印书馆2010年版。

石毓智：《肯定和否定的对称和不对称》（增订本），北京语言文化大学出版社2001年版。

石毓智：《语法化的动因和机制》，北京大学出版社2006年版。

宋文辉：《"被"的语法化散论》，《语法化与语法研究（三）》，商务印书馆2007年版。

孙立新：《陕西户县方言的注册"着"》，《汉语方言语法研究和探索——首届国际汉语方言语法学术研讨会论文集》，黑龙江人民出版社2003年版。

孙锡信：《祖堂集》中的疑问代词，《汉语历史语法丛稿》，汉语大词典出版社1997年版。

［日］太田辰夫：《中国语历史文法（修订译本）》，蒋绍愚、许昌华译，北京大学出版社2003年版。

汪国胜：《大冶方言语法研究》，湖北教育出版社1994年版。

汪化云：《鄂东方言研究》，巴蜀书社2004年版。

王福堂：《汉语方言论集》，商务印书馆2010年版。

王静、王洪君：《动词的配价与被字句》，《现代汉语配价语法研究》，北京大学出版社1995年版。

王力：《汉语史稿》（重排版），中华书局1980年版。

王力：《汉语语法史》，《王力文集·第十一卷》，山东教育出版社1990年版。

王力：《中国现代语法》，《王力文集·第二卷》，山东教育出版社1985年版。

王培光、张惠英：《说"个、的"可以表示完成、持续》，《汉语方言语法研究和探索——首届国际汉语方言语法学术研讨会论文集》，黑龙江人民出版社2003年版。

王群生：《湖北荆沙方言》，武汉大学出版社1994年版。

王照：《官话合声字母》，文字改革出版社1957年版。

威妥玛著：《语言自迩集——19世纪中期的北京话》，张卫东译，北京大学出版社2002年版。

吴福祥：《敦煌变文语法研究》，岳麓书社1996年版。

吴福祥：《南方民族语言里若干接触引发的语法化过程》，《语法化与语法研究（四）》，商务印书馆2009年版。

伍云姬编：《汉语方言共时与历时语法研讨论文集》，暨南大学出版社1999年版。

武汉地方志编撰委员会：《武汉市志（1980—2000）》，武汉出版社2008年版。

武汉市统计局编：《武汉统计年鉴2018》，中国统计出版社2018年版。

项梦冰：《连城客家话语法研究》，语文出版社1997年版。

邢福义：《现代汉语》，高等教育出版社1991年版。

徐慧：《益阳方言语法研究》，湖南教育出版社2001年版。

徐晶凝：《现代汉语话语情态研究》，昆仑出版社2008年版。

徐烈炯、邵敬敏：《上海方言语法研究》，华东师范大学出版社

1998 年版。

许宝华、宫田一郎主编:《汉语方言大词典》,中华书局 1999 年版。

许宝华、汤珍珠主编:《上海市区方言志》,上海教育出版社 1988 年版。

杨德峰:《量词前数词"一"的隐现问题》,《中国对外汉语教学学会第五次学术讨论会论文选》,北京语言学院出版社 1996 年版。

杨平:《助词"得"的产生和发展》,《语言学论丛》(第二十三辑),商务印书馆 2001 年版。

叶蜚声、徐通锵:《语言学纲要(修订版)》,北京大学出版社 2010 年版。

易亚新:《常德方言语法研究》,学苑出版社 2007 年版。

游汝杰:《西洋传教士汉语方言学著作书目考述》,黑龙江教育出版社 2002 年版。

遇笑容、曹广顺:《中古汉语中的"VP – neg"式疑问句》,《纪念王力先生百年诞辰学术论文集》,商务印书馆 2002 年版。

袁家骅:《汉语方言概要》(第二版),文字改革出版社 1983 年版。

袁家骅:《汉语方言概要》,语文出版社 2001 年版。

袁毓林、徐烈炯:《再议处置性代词句》,《中国语言学论丛》第 3 辑,北京语言大学出版社 2004 年版。

詹伯慧:《汉语方言及方言调查》,湖北教育出版社 1991 年版。

张斌:《现代汉语语法十讲》,复旦大学出版社 2005 年版。

张洪年:《香港粤语语法的研究(增订版)》,香港中文大学出版社 2007 年版。

张惠英:《汉藏系语言和汉语方言比较研究》,民族出版社 2002 年版。

张敏:《上古、中古汉语及现代南方方言里的"否定—存在演化圈"》,Anne Yue,eds. *International Symposium on the Historical Aspect of the Chinese Language*:*Commemorating the Centennial Birthday of the Late Professor Li Fang-kuei*, Vol. II. Seattle:University of Washington, 2002。

张邱林:《陕县方言的选择问》,《21 世纪汉语方言语法新探索——第三届汉语方言语法国际研讨会论文集》,暨南大学出版社 2008 年版。

张双庆：《香港粤语的动词谓语句》，《动词谓语句》，暨南大学出版社 1997 年版。

张双庆主编：《动词的体》，香港中文大学中国文化研究所吴多泰中国语文研究中心，1996 年版。

张旺熹：《汉语句法的认知结构研究》，北京大学出版社 2006 年版。

张一舟、张清源、邓英树：《成都方言语法研究》，巴蜀书社 2001 年版。

赵晓阳：《域外资源与晚清语言运动：以〈圣经〉中译本为中心》，北京师范大学出版社 2019 年版。

赵元任、丁声树、杨时逢、吴宗济、董同龢：《湖北方言调查报告》，国立中央研究院历史语言研究所、商务印书馆 1948 年版。

赵元任：《汉语口语语法》，吕叔湘译，商务印书馆 1979 年版。

赵元任：《中国话的文法》，丁邦兴译，香港中文大学出版社 1982 年版。

赵元任：《钟祥方言记》，商务印书馆 1939 年版。

周长楫编撰：《厦门方言词典》，江苏教育出版社 1993 年版。

周小宾：《普通话和广州话的人称疑问代词》，《双语双方言（五）》，汉学出版社 1997 年版。

朱建颂：《武汉方言词典》，江苏教育出版社 1995 年版。

朱建颂：《武汉方言概要》，华中师范大学出版社 2009 年版。

朱建颂：《武汉方言研究》，武汉出版社 1992 年版。

朱德熙：《语法讲义》，商务印书馆 1982 年版。

佐佐木勋人：《由给予动词构成的处置句》，《语法研究与探索（11）》，商务印书馆 2002 年版。

二 中文论文

鲍红：《安徽安庆方言"着"的虚词用法》，《方言》2007 年第 3 期。

毕晟：《武汉方言中的"VV 神"》，《高等函授学报》（哲学社会科学版）2000 年第 5 期。

毕晟：《武汉方言中的差比句》，《华中师范大学研究生学报》2005

年第 2 期。

蔡维天：《论汉语模态词的分布与诠释之对应关系》，《中国语文》2010 年第 3 期。

曹逢甫：《从主题—评论的观点看"把"字句》，《中国语言学报》1987 年第 1 期。

曹志耘：《汉语方言里表示动作次序的后置词》，《语言教学与研究》1998 年第 4 期。

曹志耘：《吴语汤溪方言的否定词——兼与若干方言的比较》，《中国语学》2005 年第 252 期。

陈法今：《闽南方言的两种比较句》，《中国语文》1982 年第 1 期。

陈妹金：《北京话疑问语气词的分布、功能及成因》，《中国语文》1995 年第 1 期。

陈妹金：《汉语与一些汉藏系语言疑问句疑问手段的类型共性》，《语言研究》1993 年第 1 期。

陈平：《汉语零形回指的话语分析》，《中国语文》1987 年第 5 期。

陈平：《论现代汉语时间系统的三元结构》，《中国语文》1998 年第 6 期。

陈山青、施其生：《湖南汨罗方言的处置句》，《方言》2011 年第 2 期。

陈淑梅：《谈约量结构 X 把》，《语言研究》2004 年第 4 期。

陈卫强：《汉语方言反复问句研究》，《广西社会科学》2006 年第 9 期。

陈小荷：《主观量问题初探——兼谈副词"就"、"才"、"都"》，《世界汉语教学》1994 年第 4 期。

池昌海、王纯：《温州话动词重叠式分析》，《浙江大学学报》（人文社会科学版）2004 年第 5 期。

储泽祥：《赣语岳西话的过程体与定格体》，《方言》2004 年第 2 期。

丛冰梅：《约量词语研究综述》，《成都大学学报》（社会科学版）2004 年第 2 期。

崔希亮：《"把"字句的若干句法语义问题》，《世界汉语教学》

1995 年第 3 期。

大西博子:《上海话的"拿"字句》,《中国语学》2001 年 248 号。

戴浩一:《时间顺序和汉语的语序》,黄河译,《国外语言学》1988 年第 1 期。

戴耀晶:《试论现代汉语的否定范畴》,《语言教学与研究》2000 年第 3 期。

戴昭铭:《天台话的否定词和否定表达方式》,《方言》2001 年第 3 期。

邓思颖:《从南雄珠玑方言看被动句》,《方言》2004 年第 2 期。

邓思颖:《汉语方言受事话题句类型的参数分析》,《语言科学》2006 年第 6 期。

丁雪欢:《湖南沅江话中的一种动词重叠结构》,《方言》2001 年第 2 期。

董秀芳:《词汇化与话语标记的形成》,《世界汉语教学》2007 年第 1 期。

董秀芳:《来源于完整小句的话语标记"我告诉你"》,《语言科学》2010 年第 3 期。

段观宋:《禅籍中"得"的用法》,《东莞理工学报》2000 年第 4 期。

范继淹:《是非问句的句法形式》,《中国语文》1982 年第 6 期。

方梅:《篇章语法与汉语篇章语法研究》,《中国社会科学》2005 年第 6 期。

方梅:《自然口语中弱化连词的话语标记功能》,《中国语文》2000 年第 5 期。

干敏:《九江方言中的处置式"佢"字句》,《现代语文》2011 年第 19 期。

高艳明、何鸣:《国外情态研究之术语困局:语气、情态辨析》,《外语学刊》2019 年第 4 期。

龚千炎:《现代汉语里的受事主语句》,《中国语文》1980 年第 5 期。

顾阳:《时态、时制理论与语言时间参照》,《人大复印资料语言文字学》2007 年第 11 期。

郭风岚：《北京话话语标记"这个"、"那个"的社会语言学分析》，《中国语文》2009 年第 5 期。

郭建荣：《孝义方言的动词重叠式》，《语文研究》1987 年第 1 期。

郭利霞：《九十年代以来汉语方言语法研究述评》，《汉语学习》2007 年第 6 期。

郭锐：《汉语动词的过程结构》，《中国语文》1993 年第 6 期。

韩宝育：《歧山话正反问句时、体与情态意义的表达》，《中国语言学报》2006 年第 12 期。

何春燕：《语用否定的类型及使用动机》，《解放军外国语学院学报》2002 年第 3 期。

贺巍：《汉语方言语法研究的几个问题》，《方言》1992 年第 3 期。

贺巍：《获嘉方言的疑问句》，《中国语文》1991 年第 5 期。

侯兴泉：《广东封开南丰话的三种正反问句》，《方言》2005 年第 2 期。

胡德明：《话语标记"谁知"的共时与历时考察》，《语言教学与研究》2011 年第 3 期。

胡茜：《黄石方言程度表达》，《湖北教育学院学报》2006 年第 3 期。

黄晓雪：《宿松方言中句末带"佢"的祈使句》，《语言研究》2011 年第 2 期。

黄晓雪：《"持拿"义动词的演变模式及认知解释》，《语文研究》2010 年第 3 期。

黄晓雪、李崇兴：《方言中"把"的给予义的来源》，《语言研究》2004 年第 4 期。

黄晓雪：《说句末助词"在"》，《方言》2007 年第 3 期。

蒋绍愚：《内部构拟法在近代汉语语法研究中的运用》，《中国语文》1995 年第 3 期。

金昌吉、张小荫：《现代汉语时体研究述评》，《汉语学习》1998 年第 4 期。

金立鑫：《"把"字句的句法、语义、语境特征》，《中国语文》

1997 年第 6 期。

金小栋、吴福祥：《汉语方言多功能虚词"连"的语义演变》，《方言》2016 年第 4 期。

金晓艳：《汉语篇章中后时连接成分的隐现》，《世界汉语教学》2005 年第 4 期。

金晓艳：《后时连接成分的连用与合用》，《汉语学习》2006 年第 2 期。

李崇兴、胡颖：《武汉方言中由"V + 他"形成的祈使句》，《江汉大学学报》（人文科学版）2006 年第 6 期。

李佳：《武汉方言的句法程度表示法》，《文学教育》2007 年第 2 期。

李劲荣：《汉语量范畴研究的若干问题》，《宁夏大学学报》（人文社会科学版）2007 年第 5 期。

李临定：《"被"字句》，《中国语文》1980 年第 6 期。

李荣：《汉语方言分区的几个问题》，《方言》1985 年第 2 期。

李晓琪：《关于能性补语式中的语素"得"》，《语文研究》1985 年第 4 期。

李延梅、汪沛：《陕北方言反复问句的句法形式》，《河南科技大学学报》（社会科学版）2003 年第 3 期。

李泽然：《哈尼语动词的体和貌》，《语言研究》2004 年第 2 期。

李宗江：《"V 得（不得）"与"V 得了（不了）"》，《中国语文》1994 年第 5 期。

李宗江：《关于话语标记来源研究的两点看法——从"我说"类话语标记的来源说起》，《世界汉语教学》2010 年第 2 期。

梁锦祥：《元语言否定的否定对象》，《外语学刊》2000 年第 3 期。

梁晓波：《否定的认知分析》，《外语研究》2004 年第 5 期。

廖秋忠：《汉语篇章中的连接成分》，《中国语文》1986 年第 6 期。

廖秋忠：《〈语气与情态〉评介》，《国外语言学》1989 年第 4 期。

刘翠香：《山东栖霞方言的持续体》，《方言》2007 年第 2 期。

刘存雨：《庄延龄〈汉口方言〉所记十九世纪七十年代的汉口方音》，《方言》2018 年第 4 期。

刘丹青:《汉语否定词形态句法类型的方言比较》,《中国语学》2005 年 252 号。

刘丹青:《汉语给予类双及物结构的类型学考察》,《中国语文》2001 年第 5 期。

刘丹青:《苏州方言的发问词与"可 VP"句式》,《中国语文》1991 年第 1 期。

刘丽艳:《话语标记"你知道"》,《中国语文》2006 年第 5 期。

刘林:《河北盐山方言的句尾"着"》,《语言研究》2007 年第 4 期。

刘祥柏:《六安丁集话体貌助词》,《方言》2002 年第 2 期。

刘祥柏:《体貌助词研究与定量分析》,《中国语文》2002 年第 3 期。

刘勋宁:《现代汉语词尾"了"的语法意义》,《中国语文》1988 年第 2 期。

刘子瑜:《也谈结构助词"得"的来源及"V 得 C"述补结构的形成》,《中国语文》2003 年第 4 期。

陆俭明:《由"非疑问形式 + 呢"造成的疑问句》,《中国语文》1982 年第 6 期。

陆明:《上海近代西医医院概述》,《中华医史杂志》1996 年第 1 期。

吕叔湘:《疑问·否定·肯定》,《中国语文》1985 年第 4 期。

罗自群:《现代汉语方言表示持续意义的"住"》,《中国语文》2005 年第 2 期。

罗自群:《现代汉语方言持续标记的类型》,《语言研究》2004 年第 1 期。

潘悟云:《汉语否定词考源——兼论虚词考本字的基本方法》,《中国语文》2002 年第 4 期。

彭小川:《广州话的动态助词"开"》,《方言》2002 年第 2 期。

彭小川、林奕高:《充当语篇连接成分的"相反"辨疑》,《汉语学习》2006 年第 4 期。

钱敏汝:《否定载体"不"的语义—语法考察》,《中国语文》1990

年第 1 期。

钱乃荣：《现代汉语的反复体》，《语言教学与研究》2000 年第 4 期。

桥本万太郎：《汉语被动式的历史区域发展》，《中国语文》1987 年第 1 期。

覃金玉：《长阳方言中的虚词"哒"初探》，《湖北三峡职业技术学院学报》2008 年第 1 期。

覃远雄：《汉语方言否定词的读音》，《方言》2003 年第 2 期。

屈承熹：《汉语篇章语法：理论与方法》，《俄语语言文学研究》2006 年第 3 期。

邵敬敏、王鹏翔：《陕北方言的正反是非问句——一个类型学的过渡格式研究》，《方言》2003 年第 1 期。

邵敬敏、周娟：《汉语方言正反问的类型学比较》，《暨南学报》（哲学社会科学版）2007 年第 2 期。

沈家煊：《"语用否定"考察》，《中国语文》1993 年第 5 期。

沈庶英：《谈约量时间词》，《世界汉语教学》2000 年第 1 期。

盛银花：《安陆方言的程度补语考察》，《语言研究》2006 年第 3 期。

盛银花：《湖北安陆方言的否定词和否定式》，《方言》2007 年第 2 期。

施其生：《汕头方言动词短语重叠式》，《方言》1998 年第 2 期。

石定栩：《上海话疑问成分"哦"的语义及句法地位》，《中国语文》2007 年第 5 期。

石毓智：《被动标记"让"在当代汉语中的发展》，《语言学论丛》2004 年。

石毓智：《汉语的领有动词与完成体的表达》，《语言研究》2004 年第 2 期。

石毓智：《汉语方言中被动式和处置式的复合标记》，《广西师范大学学报》2008 年第 2 期。

石毓智、刘春卉：《汉语方言处置式的代词回指现象及其历史探源》，《语文研究》2008 年第 2 期。

石毓智、王统尚:《方言中处置式和被动式拥有共同标记的原因》,《汉语学报》2009年第2期。

史尘封:《论语用否定》,《修辞学习》2004年第2期。

史素芬:《山西武乡方言的选择问句》,《语文研究》2002年第2期。

史锡尧:《"不"否定的对象和"不"的位置》,《汉语学习》1995年第1期。

唐钰明:《汉魏六朝被动式略论》,《中国语文》1987年第3期。

唐钰明:《唐至清的"被"字句》,《中国语文》1988年第6期。

唐钰明、周锡复:《论上古汉语被动式的起源》,《学术研究》1985年第5期。

唐钰明、周锡复:《论先秦汉语被动式的发展》,《中国语文》1985年第4期。

陶红印:《从语言、语法和话语特征看"知道"格式在谈话中的演化》,《中国语文》2003年第4期。

田然:《近二十年汉语语篇研究述评》,《汉语学习》2005年第1期。

汪国胜:《湖北大冶方言两种特殊的问句》,《方言》2011年第1期。

汪国胜:《湖北方言的"在"和"在里"》,《方言》1999年第2期。

汪化云:《黄冈方言的"V不VP"及其相关句式》,《汉学研究》2006年第2期。

王东、罗明月:《河南罗山方言"把+O+V+他"式处置式》,《信阳师范学院学报》2007年第6期。

王锋:《试论白语的否定词和否定形式表达》,《大理学院学报》2006年第7期。

王红梅:《动词重叠研究的方言视角》,《方言》2009年第2期。

王健:《"给"字句表处置的来源》,《语文研究》2004年第4期。

王健:《汉语方言中的两种动态范畴》,《方言》2005年第3期。

王莉:《温州话"道"的将行体用法及其本字》,《方言》2004年第 2 期。

王苹:《宁波方言中动词重叠结构类型探析》,《宁波大学学报》(人文科学版) 2008 年第 3 期。

王瑞梅:《〈西洋记〉把字句句法结构分析》,《湖北第二师范学院学报》2010 年第 6 期。

王士元、袁毓林:《现代汉语中的两个体标记》,《当代语言学》1990 年第 1 期。

王衍军:《朝鲜时代汉语教科书能性述补结构试析》,《语言科学》2013 年第 6 期。

吴福祥:《从"VP – neg"式反复问句的分化谈语气词"麼"的产生》,《中国语文》1997 年第 1 期。

吴福祥:《从"得"义动词到补语标记:东南亚语言的一种语法化区域》,《中国语文》2009 年第 3 期。

吴福祥:《汉语伴随介词语法化的类型学研究》,《中国语文》2003 年第 1 期。

吴福祥:《汉语方言中的若干逆语法化现象》,《中国语文》2017 年第 3 期。

吴福祥:《汉语能性述补结构"V 得/不 C"的语法化》,《中国语文》2002 年第 1 期。

吴福祥、金小栋:《东南方言多功能"趁"的语义演变》,《方言》2019 年第 4 期。

吴福祥:《南方方言几个状态补语标记的来源(二)》,《方言》2002 年第 1 期。

吴福祥:《南方方言几个状态补语标记的来源(一)》,《方言》2001 年第 4 期。

吴福祥:《南方方言能性述补结构"V 得/不 C"带宾语的语序类型》,《方言》2003 年第 3 期。

吴福祥:《南方语言正反问句的来源》,《民族语文》2008 年第 1 期。

吴福祥:《再论处置式的来源》,《语言研究》2003 年第 3 期。

项梦冰、曹晖:《大陆的汉语方言语法研究》,《云南师范大学》

1992 年第 6 期。

萧国政：《武汉方言"着"字与"着"字句》，《方言》2000 年第 1 期。

肖亚莉：《贵州锦屏方言的否定词》，《方言》2010 年第 1 期。

辛永芬：《豫北浚县方言的代词回指型处置式》，《中国语文》2011 年第 2 期。

辛永芬：《豫北浚县方言的反复问句》，《汉语学报》2007 年第 3 期。

邢福义：《"起去"的普方古检视》，《方言》2002 年第 2 期。

邢福义：《"有没有 VP"疑问句式》，《华中师范大学学报》1990 年第 1 期。

邢向东：《陕北晋语沿河方言的反复问句》，《汉语学报》2005 年第 3 期。

熊一民：《武汉方言的重叠式"VV 神"》，《武汉教育学院学报》2001 年第 4 期。

徐丹：《北京话中的语法标记词"给"》，《方言》1992 年第 1 期。

徐杰、李英哲：《焦点和两个非线性语法范畴："否定"、"疑问"》，《中国语文》1993 年第 2 期。

徐杰：《"重叠"语法手段与"疑问"语法范畴》，《汉语学报》（下卷）2000 年。

徐纠纠：《叙述文中"他"的话语分析》，《中国语文》1990 年第 5 期。

徐烈炯：《非对比性的方言语法研究》，《方言》1998 年第 3 期。

徐烈炯、邵敬敏：《"阿 V"及其相关疑问句式比较研究》，《中国语文》1999 年第 4 期。

杨敬宇：《南宁平话的体貌标记"过"》，《方言》2002 年第 4 期。

杨平：《带"得"的述补结构的产生和发展》，《古汉语研究》1990 年第 1 期。

叶玉英：《楚系出土文献所见 *n－、*l－不分现象及其源流与成因考》，《中国语文》2020 年第 4 期。

殷何辉：《孝感方言中带句尾成分"它"的主观意愿句》，《汉语学报》2010 年第 3 期。

游汝杰：《吴语里的反复问句》，《中国语文》1993 年第 2 期。

喻遂生：《重庆方言的"倒"和"起"》，《方言》1990 年第 3 期。

喻遂生：《重庆话名词的重叠构词法》，《语言学论丛》1998 年第 15 号。

袁毓林：《论否定句的焦点、预设和辖域歧义》，《中国语文》2000 年第 2 期。

远藤雅裕：《汉语方言处置标志的地理分布与几种处置句》，《中国语学》2004 年 251 号。

乐耀：《北京话中"你像"的话语功能及相关问题探析》，《中国语文》2010 年第 2 期。

曾立英：《"我看"与"你看"的主观化》，《汉语学习》2005 年第 2 期。

张克定：《汉语语用否定的限制条件》，《河南大学学报》1999 年第 1 期。

张丽丽：《汉语使役句表被动的语义发展》，LANGUAGE AND LINGUISTICS Vol. 7，No. 1，2006。

张敏：《汉语方言双及物结构南北差异的成因：类型学研究引发的新问题》，《中国语言学集刊》2011 年第 2 期。

张敏：《语义地图模型：原理、操作及在汉语多功能语法形式研究中的应用》，《语言学论丛》总 42 期，2010 年。

张明媚、黄增寿：《古汉语中"得"的研究综述》，《西南交通大学学报》2008 年第 9 期。

张清源：《成都话的动态助词"倒"和"起"》，《中国语言学报》1991 年第 4 期。

张诗妍：《武汉方言中的程度副词"这"》，《大众文艺》2009 年第 2 期。

张德岁、蒋宗霞：《皖北方言表达程度的方式》，《阜阳师范学院学报/社科版》2006 年第 5 期。

张旺熹：《"把"字结构的语义及其语用分析》，《语言研究》1991 年第 1 期。

张旺熹：《"把"字句的位移图式》，《语言教学与研究》2001年第3期。

张旺熹：《汉语人称代词类话语标记系统的主观性差异》，《汉语学习》2009年第3期。

张先亮：《"可不是"的语篇功能及词汇化》，《世界汉语教学》2011年第2期。

张秀松：《语言类型学视角的汉语情态研究现状与展望》，《云南师范大学学报》（对外汉语教学与研究版）2020年第1期。

张谊生：《近代汉语预设否定副词探微》，《古汉语研究》1999年第1期。

张谊生：《现代汉语预设否定副词的表义特征》，《世界汉语教学》1996年第2期。

张谊生：《预设否定叠加的方式与类别、动因与作用》，《语言科学》2011年第5期。

张泽宁：《〈六祖坛经〉中助动词得、须、可、敢、能的使用法》，《广东广播电视大学学报》2004年第13卷。

赵长才：《结构助词"得"的来源与"V得C"述补结构的形成》，《中国语文》2002年第2期。

赵国军：《汉语量范畴研究综述》，《贵州师范大学学报》（社会科学版）2009年第6期。

赵葵欣：《Parker（1878）所记汉口话口语词考释》，《中国言语文化学研究》2021年第10号。

赵葵欣、陈前瑞：《武汉方言的"在"》，《江汉大学学报》1996年第2期。

赵葵欣：《武汉方言句尾"它"字句考察》，《福冈大学研究部论集A：人文科学编》2013年13卷2号。

赵葵欣：《武汉方言中的两种问句》，《汉语学习》1993年第6期。

郑定欧：《说"貌"——以广州话为例》，《方言》2001年第1期。

郑贵友：《汉语篇章分析的兴起与发展》，《汉语学习》2005年第5期。

钟叡逸、蔡维天：《非典型疑问词的句法层级和语用效应——从比较语法看客家话的"么个"》,《中国语文》2020 年第 2 期。

周磊:《乌鲁木齐方言的体貌标记"底"的语法功用》,《方言》2006 年第 3 期。

周琴:《泗洪话处置式句法格式研究》,《南京晓庄学院学报》2008 年第 4 期。

周维维:《篇章连接成分"话是这么说"》,《现代语文》2006 年第 2 期。

朱冠明:《关于"VP 不"式疑问句中"不"的虚化》,《汉语学报》2007 年第 4 期。

朱冠明:《汉语单音情态动词语义发展的机制》,《解放军外国语学院学报》2003 年第 6 期。

朱冠明:《湖北公安方言的几个语法现象》,《方言》2005 年第 3 期。

朱冠明:《情态动词"必须"的形成》,《语言科学》2005 年第 3 期。

朱德熙:《"V – neg – VO"与"VO – neg – V"两种反复问句在汉语方言里的分布》,《中国语文》1991 年第 5 期。

朱德熙:《北京话、广州话、文水话和福州话里的"的"字》,《方言》1980 年第 3 期。

朱德熙:《汉语方言里的两种反复问句》,《中国语文》1985 年第 1 期。

左福光:《四川宜宾方言的被动句和处置句》,《方言》2005 年第 4 期。

左林霞:《孝感话的"把"字句》,《孝感学院学报》2001 年第 5 期。

陈淑梅:《鄂东方言的量范畴研究》,博士学位论文,华中科技大学,2006 年。

陈小荷:《丰城赣方言语法研究》,博士学位论文,北京大学,1989 年。

陈晓云:《阳新方言被动句研究》,硕士学位论文,华中师范大学,2007 年。

胡琪:《武汉方言副词研究》,硕士学位论文,华中师范大学,2009年。

胡玉华:《〈世说新语〉助动词研究》,硕士学位论文,陕西师范大学,2001年。

李善熙:《汉语"主观量"的表达研究》,博士学位论文,中国社会科学院,2003年。

刘云:《现代汉语认识情态副词研究》,博士学位论文,北京大学,2010年。

彭晓亮:《西医东渐上海滩——仁济春秋》,上海档案信息网,2020年。(上海市档案局 http://www.archives.sh.cn/shjy/scbq/201203/t20120313_5993.html2020.05.27)。

彭玉兰:《现代汉语约量表达及相关问题研究》,硕士学位论文,南京师范大学,2007年。

王红梅:《汉语方言动词重叠比较研究》,博士学位论文,暨南大学,2005年。

王静:《"觉醒的中国":传教士眼中的辛亥革命》,博士学位论文,华中师范大学,2012年。

王淑良:《安化羊角塘方言被动句的句法》,硕士学位论文,湖南大学,2006年。

魏兆惠:《处置句中代词回指的普通性及差异性》,第六届汉语语法化问题国际学术研讨会论文,2011年。

吴春相:《现代汉语时量范畴研究》,博士学位论文,上海师范大学,2006年。

吴福祥:《侗台语被动式的层次和渊源》(提纲),第六届汉语语法化问题国际学术研讨会论文,2011年。

吴翩翩:《武汉方言语气词研究》,硕士学位论文,华中师范大学,2009年。

向柠:《湖南武冈方言被动句研究》,硕士学位论文,湖南师范大学,2005年。

杨娟:《现代汉语模糊量研究》,博士学位论文,南京师范大学,2007年。

占升平：《湖南省常宁市方言处置句式研究》，硕士学位论文，湖南师范大学，2005年。

张敏：《汉语方言反复问句的类型学研究》，博士学位论文，北京大学，1990年。

张喜芹：《汉语语用否定研究》，硕士学位论文，暨南大学，2009年。

张义：《武汉方言的否定句》，硕士学位论文，华中师范大学，2005年。

三　外文著作及论文

井上優、黃麗華：『否定から見た日本語と中国語のアスペクト』，『現代中国語研究』2000年第1期。

太田辰夫：『中国語史通考』，白帝社1988年版。

国立国語研究所：『形容詞の意味・用法の記述的研究』，秀英出版1975年版。

小嶋美由紀：「上海語と粵語における再述代名詞と非現実ムード」，『言語情報科学』2010年第8巻。

佐々木勲人：『南方方言におけるGIVEの処置文』，『中国語学』1999年246号。

時衛国：『中国語と日本語の程度表現形式の様相について』，『愛知教育大学研究報告人文・社会科学』2003年第52巻。

波多野太郎編：『中国語学資料叢刊』，不二出版1984年版。

編集者不明：『清語階梯語言自邇集』，慶應義塾出版部1880年版。

山梨正明、有馬道子：『現代言語学の潮流』，勁草書房2003年版。

梁淑珉：『時量を問う疑問代詞の歴史的變遷』，『中国語学』2009年256号。

六角恒廣：『中国語書誌』，不二出版1994年版。

Branner, David P. 1999 "The Linguistic Ideas of Edward Harper Parker", *Journal of the American Oriental Society*, Vol. 119, No. 1.

Chan Sin-Wai & David E. Pollard 2001 *An Encyclopaedia Translation：Chinese-English, English-Chinese*, Hong Kong：Chinese university Press.

Chappell, Hilary & Alain Peyraube 2006 "The diachronic syntax of causative structures in Early Modern Southern Min", Dah-an Ho, H., Samuel Cheung, Wuyun Pan &Fuxiang Wu (eds.) *Linguistic Studies in Chinese and Neighboring language*, Taipei: Academia Sinica.

Coblin, South, "Glimpses of Hankou Phonological History", *Journal of Chinese Linguistics*, Vol. 37, No. 2, 2009.

Coblin South, "Waifs and Strays Brought Home: Edward H. Parker's Early Hànkǒu Colloquialisms", 载何大安、姚玉敏、孙景涛、陈忠敏、张洪年主编《汉语与汉藏语前沿研究：丁邦新先生八秩寿庆论文集》，社会科学文献出版社2018年版。

Comrie Bernard & Norval Smith, "Lingua Descriptive Studies: Questionnaire", *Lingua*, Vol. 42, No. 1, 1977.

Croft, William, "The evolution of negation", *Journal of linguistics*, Vol. 27, No. 1, Mar., 1991.

Dahl Östen, *Tense and Aspect Systems*, New York: Blackwell Publishers, 1985.

Halliday, M. A. K. and Hasan, R., *Cohesion in English*. London: Longman, 1976.

Haspelmath, Martin, "The grammaticization of passive morphology". *Studies in Language*, Vol. 14, Issue1, Jan., 1990.

Heien Bernd & Tania Kuteva, *World Lexicon of Grammaticalization*, Cambridge: Cambridge University Press, 2002.

Hubert W. Spillett, *A Catalogue of Scriptures in the Languages of China and the Republic of China*, Swindon: British and Foreign Bible Society, 1975.

Ingle James Addison, *Hankow Syllabary*, Hankow: Kung Hing, 1899.

Kemmer Suzanne, *The Middle Voice*, Amsterdam, 1993.

Leech, G. N., *Principles of Pragmatics*, London: Longman, 1983.

Lewis Jones, "The Revolution in China", *China's Millions*, December 1911, p. 181.

Li, Renzhi, *Modality In English And Chinese: A Typological Perspec-*

tive. Dissertation. com, Boca Raton, Florida, USA. 2004.

Narrog, Heiko and Bernd Heine, *The Oxford Handbook of Grammaticalization*. Oxford: Oxford University Press, 2011.

Narrog, Heiko, *Modality, Subjectivity, and Semantic Change: A Cross-Linguistic Perspective*, Oxford: Oxford University Press, 2012.

Palmer, F. R., *Modality and the English Modals*, London: Longman. 1979.

Palmer, F. R., *Mood and Modality*, Cambridge: Cambridge University Press. Second edition 2001.

Parker, Edward H., "The Comparative Study of Chinese Dialects." *Journal of the North China Branch of the Royal Asiatic Society*, new series No. 12, 1878.

Parker, Edward H., "The Hankow Dialect", *China Review*. Vol. 3, No. 5, 1875.

Peyraube, Alain, "Les structures en BA en chinois vernaculairemédiéval et moderne", *Cahiers DelinguistiqueAsie Orientale*. Vol. 14, No. 2, 1985.

Peyraube, Alain, "Recent Issues in Chinese Historical Syntax", In C. T. James Huang, and Y. H. Audrey Li (eds.), *New Horizons in Chinese Linguistics*. Dordrecht: Kluwer Academic Publishers, 1996.

Plank, Frans, "The modals story retold", *Studies in Language* Vol. 8, No. 3, 1984.

Portner, P., *Modality*, Oxford: Oxford University Press, 2009.

Schiffrin D., *Discourse Markers*, Cambridge: Cambridge University Press, 1987.

Tai James H-Y., "Temporal sequence and Chinese word order", In Haiman J. ed. *Iconicity in Syntax*, Amsterdam: John Benjamins Publishing Company, 1985.

Traugott, Elizabeth Closs & Richard B. Dasher, *Regularity in Semantic Change*, Cambridge: Cambridge University Press, 2002.

Van der Auwera, J.; Kehayov, P.; Vittrant, A., "Acquisitive modals", in Hogeweg, L.; de Hoop, H.; Malchukov, A., eds. *Cross-linguistic*

Semantics of Tense, Aspect and Modality. Amsterdam-Philadelphia: John Benjamins. 2009.

van der Auwera, Johan and Vladimir A. Plungian, "Modality's Semantic Map", *Linguistic Typology* Vol. 2, No. 1, 1998.

Wu Yunji, "An Etymological Study of Disposal and Passive Markers in Hunan Dialects", *Journal of Chinese Linguistics* Vol. 27, No. 2, 1999.

Yue-hashimoto, Anne, *Comparative Chinese Dialectal Grammar*, Paris: EHESS, CRLAO, 1993.

Ziegeler Debra, "The Grammaticalization of modality", in Heiko Narrog and Bernd Heine, eds. *The Oxford Handbook of Grammaticalization*, Oxford: Oxford University Press, 2011.

修订版后记

《武汉方言语法研究》出版八年后能有机会修订再版，要感谢华中师范大学汪国胜教授的策划组织，也很高兴拙作能加入《汉语方言语法研究丛书》系列。本次修订主要在以下两个方面做了补充和完善。

一是根据掌握的新资料对相关内容进行了充实，使之更确切、翔实。这最主要体现在第二章，比如关于《马可福音》武汉方言译本，八年前只看到非常简单的一两行记录，而译者 L. H. Paterson 的情况就更毫无头绪。这次却有了 Hubert W. Spillett 在《中国及中华民国汉译圣经目录》（*A Catalogue of Scriptures in the Languages of China and the Republic of China*，Swindon：British and Foreign Bible Society，1975：167）里关于这本圣经方言译本的确切记录，而同时译者 L. H. Paterson 的面貌也清晰起来。这位低调的传教医师二十多岁来到武汉，待了近二十年后去了上海，曾任上海仁济医院院长。《马可福音》汉口话译本是他来汉十多年后用王照注音字母翻译记录的。这些情况得以明了的契机其实正是《武汉方言语法研究》这本书。西悉尼大学的 Kenny Wang 博士多年来致力于收集整理圣经的各种译本，偶尔读到我的书便来函询问。而我也因为王博士的帮助了解到了更多《马可福音》汉口话译本及其作者的信息，这些都补充进了本次的修订版中。这实在是有趣的经历，在此也特别感谢王博士的帮助。再比如由于近两年读到了英国汉学家 Edward Harper Parker（1849—1926）在 1875 年、1878 年关于汉口话的一些文献资料，使本书第二章对汉口话语音演变的研究可以追溯到 19 世纪中期，比原来的研究提早了五十年。这些都是新资料带来的新成果。

二是，修订版对某些章节做了较大调整，加入了近年来笔者的一些后续研究。比如第八章关于武汉方言处置和被动的问题，修订版对句末回指处置句的描写更加细致，还考察了这一句式在汉语方言中的共性及差异，更加全面地展现了这一特殊处置句式在汉语方言中的面貌。另外，修订版还加入了一章对武汉方言情态范畴的研究（第九章），这也是八年前想做而未能做下去的一个范畴。最近几年里一直继续着这方面的考察，这次的修订版反映了其中一部分研究成果。但是其实也还只是一个开始，情态范畴的系统性研究还未完成，这也是今后将要继续研究的课题之一。另外，本次修订还改写了一部分现有研究综述，毕竟八年来汉语方言语法研究有了很大发展，本书也力求反映学界新的研究方法和研究成果。

八年前书稿完成时如释重负，因为多年来零零碎碎、持续不断地研究终于得到系统整理，有了一个相对完整地呈现。八年后修订版交稿时却诚惶诚恐，因为做过几次方言类型学研究后发现，有时候找到的方言资料描写不细致，甚至几份资料之间出现矛盾，于是常常提醒自己在描写方言现象时一定要尽可能地细致、真实，要成为可信、可靠的方言资料。本书是否达到了这一要求有待今后的检验。

八年来没有改变的是研究的乐趣。弄清楚一个问题的来龙去脉确实是十分快乐的，尽管不是所有的问题都能找到完美的答案，但是思考是很有意思的。武汉方言语法研究还有很多想做、要做的课题，希望这种来自探求的乐趣一直持续下去。

最后当然是感谢。感谢所有多年来一直支持、帮助我的人——亲人、师长、朋友。来日多年，从九州至关西再到关东，得到更加安定、优厚的研究环境，真的十分幸运。唯有继续努力才能不负这种幸运吧。

谨以此书献给我的父亲赵积梁、母亲司光亚。

赵葵欣

2021 年元旦

于武藏比企岩殿

《汉语方言语法研究丛书》书目

安陆方言语法研究
安阳方言语法研究
长阳方言语法研究
崇阳方言语法研究
大冶方言语法研究
丹江方言语法研究
高安方言语法研究
河洛方言语法研究
衡阳方言语法研究
辉县方言语法研究
吉安方言语法研究
浚县方言语法研究
罗田方言语法研究
宁波方言语法研究
武汉方言语法研究
宿松方言语法研究
汉语方言持续体比较研究
汉语方言完成体比较研究
汉语方言差比句比较研究
汉语方言物量词比较研究
汉语方言被动范畴比较研究
汉语方言处置范畴比较研究
汉语方言否定范畴比较研究
汉语方言可能范畴比较研究
汉语方言小称范畴比较研究
汉语方言疑问范畴比较研究